Gastliche Kirche

Lisbeth Zogg Hohn
Danielle Cottier

T V Z

Gastliche Kirche

Handbuch zur Gemeindeentwicklung mit dem Modell Generationenkirche

TVZ
Theologischer Verlag Zürich

Gedruckt mit freundlicher Unterstützung von:
Reformierte Landeskirche Aargau
Evangelisch-reformierte Kirche des Kantons Basel-Landschaft
Reformierte Kirchen Bern-Jura-Solothurn
Evangelisch-reformierte Kirche des Kantons St. Gallen
Evangelisch-reformierte Kirche Schweiz EKS
Reformierte Kirche Kanton Zürich
Kontextplan – Lebensräume mit Qualität

Der Theologische Verlag Zürich wird vom Bundesamt für Kultur für die Jahre 2021–2024 unterstützt.

Bibliografische Information der Deutschen Nationalbibliothek
Die Deutsche Nationalbibliothek verzeichnet diese Publikation in der Deutschen Nationalbibliografie; detaillierte bibliografische Daten sind im Internet über http://dnb.dnb.de abrufbar.

Umschlaggestaltung
Mario Moths, Marl
Unter Verwendung von Fotografien von Daniela Zillig-Klaus, Madeleine Kuhn-Baer, Piotr Metelski, Peter Messingschlager und Lisbeth Zogg Hohn

Westermann Druck, Zwickau
ISBN 978-3-290-18508-4 (print)
ISBN 978-3-290-18509-1 (E-Book: PDF)

www.tvz-verlag.ch

Allen kirchlichen Orten gewidmet, die Neues versuchen.

«Es ist gut, dass man einfach mal losläuft und andere mitnimmt. Dann passieren Sachen einfach. Wenn man dranbleibt und ein echtes Interesse da ist, wächst etwas in eine gute Richtung. Ich bin der Überzeugung, bei allen Schleifen, die man einbauen und allen Rückschlägen, die man einstecken muss: Man muss sich Zeit nehmen und den Mut haben aufzubrechen.»

Peter Messingschlager, Pfarrei Bruder Klaus Liestal

«Mich bereichert es zu erleben, dass es möglich ist, als Kirche aufzubrechen. Alles ist verschieden, und trotzdem funktioniert es.»

Miriam Albisetti, Reformierte Kirche Bümpliz, Bern

«Seht, ich schaffe Neues,
schon spriesst es,
erkennt ihr es nicht?
Ja, durch die Wüste lege ich einen Weg
und Flüsse durch die Einöde.»

Jesaja 43,19

INHALT

VORWORT

Kirche entwickeln als Gemeinschaftswerk

Wie sieht die Kirchgemeinde von morgen aus? Menschennah, generationenfreundlich und selbstbewusst. Denn der gesellschaftliche Wandel fordert die Kirchen heraus.

Neue Wege sind gefragt, um sie mit Mut, Freiheit und Vertrauen zu erkunden. Wege, die frisch gepfadet oder neu gegangen werden, erfordern Pioniergeist und Experimentierfreude und manchmal auch Umkehr und Umweg.

Wer einen Weg sucht, ist froh über eine Vision und einen Kompass.

Die Vision, von der wir uns leiten lassen, ist die *gastliche Kirche.* Sie ist der Boden, auf dem alles steht, und sie prägt die Grundhaltung, mit der wir arbeiten und die in allem spürbar werden soll.

Zusammen mit mehr als dreissig Projektgemeinden der deutschsprachigen Schweiz tüfteln wir seit Jahren an der Umsetzung der gastlichen Kirche. Als Kompass dafür hat sich das *Modell Generationenkirche* bewährt, das wir in diesem Buch vorstellen. Es gibt Impulse und Ideen und zeigt Möglichkeiten, innovative Vorhaben zu realisieren. Es beinhaltet konzeptionelle Grundlagen und Best Practice. Es ist ein Werkzeugkasten, der zum Ausprobieren und Weiterentwickeln einlädt.

Praxisorientiert und experimentell vorzugehen, war uns wichtig. Wie zeigt sich die Situation vor Ort? Wo liegen die Ressourcen und das Potenzial? Was funktioniert? Was macht Freude? Welche Haltung schafft Vertrauen? Was führt weiter? Das Handbuch ist so das Resultat einer jahrzehntelangen Kirchenforschung und erzählt von Erfahrungen und Erkenntnissen, Innovation und Inspiration, Konzepten und Krisen, Menschen und Möglichkeiten.

«Das ist die Stärke des Modells: Es wurde vor Ort zusammen mit den Leuten entwickelt und kann an neue Situationen angepasst werden», meint Pfarrer Sebastian Doll als Fazit der Gemeindeentwicklung der Evangelisch-Reformierten Landeskirche Glarus.

Wie dieses Buch lesen?

> Die *5-Säulen-Struktur*, die durch die Inhalte des Handbuchs führt, ist auf der hinteren Buchklappe zu finden.
> *Zitate* von kirchennahen bis kirchenfernen Menschen geben der Basis eine Stimme.
> *Porträts* von sechs Projektgemeinden und Zitate aus Interviews geben Einblick in die Praktikabilität des Modells Generationenkirche.
> Die *Webseite generationenkirche.ch* bietet weiterführende Dokumente und Tools. ⤓
> Zur Unterscheidung der Begriffe: *Gemeindeentwicklung* ist lokal und meint die Projekte und Prozesse vor Ort. *Kirchenentwicklung* beschäftigt sich generell mit Zukunftsfragen der kirchlichen Organisationen beziehungsweise Institutionen.
> Ein Handbuch ist ein *Steinbruch*: Picken Sie sich motivierende Elemente heraus und verwandeln Sie diese in eigene Praxis. Verwenden Sie, was Sie brauchen können – Modellelemente, Erfahrungsberichte, Grafiken etc.

Wir freuen uns über das, was entstanden ist.
Wir freuen uns an allem, was weiter wächst.
Wir freuen uns, wenn es Ihnen dient.

Danielle Cottier und Lisbeth Zogg Hohn
Im Herbst 2022

Modell
Generationenkirche

MODELL

1. KURZPORTRÄT

Das Modell Generationenkirche ist ein Werkzeugkasten, um die gastliche Kirche zu verwirklichen. Es beinhaltet die 5-Säulen-Struktur, vier Handlungsfelder und die drei Zugänglichkeiten nieder-, mittel- und hochschwellig. In zehn Kernsätzen haben wir verdichtet, was für uns in den Jahren der praktischen Arbeit wichtig wurde.

Die zehn Kernsätze der Generationenkirche

1. **Veränderung braucht Visionen**
   Am Anfang stehen Visionen und eine gemeinsame Ausrichtung. Darauf baut alles Weitere auf: Schwerpunkte, Nutzungskonzepte, Budgetzahlen, Stellenprofile und vieles mehr.

2. **Kirchen sind gastliche Orte, vielfältig und geistreich**
   Sie sind Begegnungsräume für Jung und Alt, Stadt und Land, Menschen verschiedener Lebensstile und Kulturen. Es lebt, ist geborgen, heiter und stärkend.

3. **Menschen stehen im Zentrum der Reform**
   Die vielfältigen Interessen und Bedürfnisse der Menschen sind Ausgangspunkt der Reform. Denn die Menschen sind die Kirche. Und die Kirche hat viele Stimmen.

4. **Menschen glauben divers**
   Es gibt eine Vielzahl von eigenständigen und individualisierten Formen des Glaubens, unabhängig davon, wie kirchennah oder kirchenfern die Menschen sind. Dies zeigen Gespräche mit Kindern, Jugendlichen und Erwachsenen.

5. **Die Kirche bewertet nicht**
   Die Kirche heisst Menschen willkommen, alle in ihrer Eigenart, und urteilt nicht. Dies erfordert eine Auseinandersetzung mit dem kirchlichen Selbstverständnis.

6. **Gemeinschaft ist beweglich**
   Gemeinschaft kann überall wachsen, regelmässig oder punktuell, manchmal geplant, oft überraschend, ein Wechselspiel zwischen Nähe und Distanz. Sie ereignet sich nebeneinander, durcheinander und miteinander, manchmal sogar gegeneinander.

7. **Potenzial entdecken und fördern**
   Die Fähigkeiten und Spezialitäten von Mitarbeitenden,

Freiwilligen, Ehrenamtlichen und Gemeindegliedern können sich entfalten, Eigeninitiativen werden gefördert. Wir fragen nach Chancen und Talenten, die noch schlummern.

8. **Eine weite Kirchenlandschaft schafft Frei- und Spielraum.**
   Für die meisten ist Kirche ein Ort auf Zeit – zum Verweilen und Begegnen, Essen und Spielen, sich Austauschen und Besinnen, Feiern und Gestalten. Ob Alltagskirche, Lernkirche, Feierkirche oder Kulturkirche – niederschwellige Zugänge führen weiter. Ob Rückzugs- und Zufluchtsbereich, Denk- und Kulturraum, ein Daheim für Neues und Fantasie – die Kirche kreiert einen Kontrapunkt zu den Herausforderungen unserer Zeit.

9. **Räume sind Botschafter der Gastlichkeit.**
   Kirchgemeinden sind (meist noch) reich an Liegenschaften und Räumlichkeiten. In einer Zeit, in der öffentlicher Raum knapp und teuer ist, werden kirchliche Innen- und Aussenräume zu interessanten Lebens- und Begegnungsorten.

10. **Kirche bringt sich ein.**
    Die Kirche ist vor Ort präsent und engagiert sich für das Zusammenleben. Sie zeigt Profil durch tatkräftiges Handeln und bietet Raum für Vielfalt und Begegnung.

Vorgehensweise, Methoden und Tools

Um die Vision der gastlichen Kirche zu konkretisieren, bietet das Modell:

> Die 5-Säulen-Struktur, um eine Organisation gesamtbetrieblich aufzubauen, weiterzuentwickeln oder zu analysieren. Die Säulen sind: Selbstverständnis, Angebote, Räume innen/aussen, Betriebsorganisation und Kommunikation extern.
> Eine Systematik, um die Kirchenlandschaft mit ihren Angeboten zu ordnen und weiterzuentwickeln: Mit drei Zugängen (niederschwellig, mittelschwellig, hochschwellig) und vier Handlungsfeldern (Alltagskirche, Lernkirche, Feierkirche, Kulturkirche).
> Das Konzept der Kulturplattformen, um gastliche Räume zu schaffen.
> Eine partizipative und fachübergreifende Arbeitsweise.
> Inhaltliche Grundlagen und methodische Tools, die zeigen, wie Konzepte bis ins Detail umgesetzt werden können.
> Impulse zum Erkennen und Bearbeiten von Prozessthemen wie Machtinteressen, Blockaden, Konkurrenz, Ängsten.

Die zehn Kernsätze der Generationenkirche

Gastliche Kirche

KIRCHE

2. KIRCHE IM WANDEL

Die christlichen Kirchen in der Schweiz verfügen zwar durchaus noch über eine gewichtige gesellschaftliche Stellung. Zugleich stecken sie in einer schweren Krise, die geprägt ist von Traditionsverlust, Mitgliederschwund und sinkenden Einnahmen. Das verlangt eine Neuorientierung: Wer sind und was bedeuten die christlichen Kirchen heute für die Menschen und für die Zivilgesellschaft? Wovon müssen sie sich verabschieden? Wo liegen ihre Chancen? Auf welche Ressourcen können sie zählen? Und wie finden sie zu einer neuen Rolle und zu einem zukunftsorientierten Selbstbewusstsein? Fest steht: Die Kirche kann sich neu erfinden.

Konfirmation 1921, Reformierte Kirche Flawil

Von der Mitte an den Rand

Machtverlust

Die Gesellschaft und auch die Kirchen befinden sich in einer Wendezeit. Die Autorität von Institutionen und Ansprechpersonen wird ständig hinterfragt. Diese müssen sich immer wieder als bedeutsam erweisen. Die Vorstellung der Kirche als Zentrum des Lebens ist vorbei.

Die christlichen Kirchen in der Schweiz waren bis weit ins 20. Jahrhundert eng mit der Gesellschaft verflochten: mit Staat, Politik, Recht, Bildung, Wirtschaft, Kultur oder Wissenschaft. Sie waren gefestigt und einflussreich. Nun hat sie der gesellschaftliche Wandel erfasst. Traditionen und bisherige Orientierungssysteme brechen weg. Werte, Lebensformen und -bedingungen verändern sich schnell. Die Menschen sind nicht mehr in klar vorgegebenen sozialen Strukturen und Institutionen eingebunden. Das betrifft die Kirchen ganz direkt: Sie werden zu einem gesellschaftlichen Nebenschauplatz. Sie besitzen nicht mehr Autorität kraft der Tradition und Geschichte. Ihre Glaubwürdigkeit steht auf dem Prüfstand. Frühere Allianzen und Abhängigkeiten lösen sich auf. Die Mitgliederzahlen brechen fast überall ein. Die Finanzkraft geht zurück, namentlich bei den Reformierten, die älter, weniger und ärmer werden.[1] Eine düstere Zukunftsprognose gehört mittlerweile zum öffentlichen Bewusstsein. Diese Aussagen beziehen sich auf die Situation in der Schweiz, die ähnlich auch für weitere europäische Länder gilt.

«Ich begegne in meinem Alltag vielen Leuten, die mit Kirche nichts am Hut haben, aber eine tiefe Spiritualität leben.»
Fredy Dinkel,
Liestal Bruder Klaus

Der Wandel gibt Anlass für eine Standortbestimmung, damit auch für eine kritische Selbstreflexion. Leider und viel zu oft haben auch Kirchen ihre Macht missbraucht, gerade, wenn Menschen nicht gehorchen wollten. Gespräche, die wir mit Kindern, Jugendlichen und Erwachsenen geführt haben, zeigen: Dieses dunkle Erbe ist immer noch Teil des kollektiven Bewusstseins und beeinflusst bis heute die Kirchenbilder. So sagte beispielsweise eine dreissigjährige Frau, die der Kirche den Rücken gekehrt hat: «Damit habe ich grosse Probleme: Verherrlichung Gottes, Machtanspruch der Kirche, Unterdrückung, Christianisierung in-

1 Vgl. Jörg Stolz und Edmée Ballif, Die Zukunft der Reformierten. Gesellschaftliche Megatrends – kirchliche Reaktionen, TVZ 2010.

digener Völker, Kreuzzüge.» Eine solche Aussage ist zwar pauschal und entspricht den heutigen Realitäten der Kirchen nicht mehr. Aber sie spiegelt den langen Schatten der Vergangenheit, der das Image der Kirchen immer noch trübt.

Selbstverständlich ist Kirchengeschichte nicht einfach schwarz-weiss. Viele Grauschattierungen kommen vor, viel Gutes ist geschehen. Aber nicht nur. Es braucht Vergangenheitsbewältigung. Die kritische Selbstreflexion aus der Position der verlorenen Macht ist zwar eine Gratwanderung, aber auch eine Chance, wenn sie mit einer ernst gemeinten lebensfreundlichen Neuausrichtung verbunden wird.

«Kein Druck, nicht unterschwellig ein schlechtes Gewissen vermitteln; keine moralisierende Kirche.»
59, wohlwollend

Fest steht: Die Kirchen haben ihre *Deutungshoheit* über Glaubensfragen und Normen verloren. Die Menschen akzeptieren nicht mehr, dass allein Kirchen bestimmen, was moralisch gilt und was geglaubt werden soll. Sie entscheiden selbst, was und wem sie glauben. Glaube und Religion sind pluralisiert und werden autonom praktiziert. Das neue Wort dafür heisst Spiritualität. Was für die Kirchen Kontrollverlust bedeutet, ist aus gesellschaftlicher Sicht eine religiöse Emanzipations- und Demokratiebewegung hin zur persönlichen Aneignung eines Glaubens. Werte, Spiritualität, Gemeinschaft werden von verschiedenen gesellschaftlichen Playern bespielt, oft kontrovers, manchmal auch instrumentalisierend und banal. Auf dem religiösen Markt ist die Kirche heute nur noch eine Akteurin unter vielen.

Umgang mit der Identitätskrise

«Jedes Jahr, wenn ich Ostereier färbe, so wie es unsere Mutter getan hat, ergreift mich eine Traurigkeit, weil etwas verloren gegangen ist.»
40, wohlwollend

Der Verlust an Macht und Einfluss, Mitgliedern und Finanzen muss verkraftet und betrauert werden. Bitter ist die Marginalisierung der Kirchen und das Verschwinden von Sinnzusammenhängen und Deutungsmustern – an Überliefertem und Brauchtum, an theologischem und biblischem Wissen, an religiöser Sprache und erhellenden Bezügen.

Wie gehen die Kirchen damit um? Was loslassen? Was mitnehmen? Was neu wagen? Worauf vertrauen? Der Umgang mit diesen Fragen kann zu Unstimmigkeiten und Richtungsstreiten führen.

Eine mögliche Reaktion besteht darin, sich auf das Kerngeschäft und auf Besitzstandswahrung zu beschränken oder Altem nachzutrauern – wie etwa der exklusiven Bedeutung des Gottesdiensts und der Gemeinschaft oder der verlorenen Macht. Andere aber möchten Neues ausprobieren und auf die Menschen zugehen. Schwierig wird es, wenn diese Haltungen sich blockieren und man sich gegenseitig im Streit zermürbt. Oder wenn die Machtfrage im Zentrum steht und jene, die an Erneuerung interessiert wären, vertrieben werden – und umgekehrt.

Wir meinen: Es gilt, sich mit dem Wandel anzufreunden. Er ist eine Chance für Reform und Neuorientierung. Die Entflechtung von Spiritualität und institutioneller Autorität schafft Freiraum, Unabhängigkeit und einen weiten Horizont. Neuanfänge werden möglich: Sich von den Altlasten der Macht befreien und Zwänge loslassen; sich verbinden mit den biblischen Leitmotiven des Aufbruchs und der Gastlichkeit; sich auf die Menschen ausrichten.

Heilige Orte als Lebensraum. Blaue Moschee in Istanbul

«Seht, ich schaffe Neues»

«Ich spüre: Eine Veränderung ist im Gang. Das interessiert mich.» Behördenmitglied

Die Christenheit verfügt über jahrtausendealte Traditionen, um die polaren Energien der Selbsterhaltung und der Veränderung zu verbinden und aufeinander zu beziehen. Das Evangelium hat erneuernde Kraft, weit über die Institution hinaus, manchmal auch an ihr vorbei. «Denkt nicht an das, was früher war, und was vormals war – kümmert euch nicht darum. Seht, ich schaffe Neues, schon spriesst es, erkennt ihr es nicht? Ja, durch die Wüste lege ich einen Weg und Flüsse durch die Einöde» (Jes 43,18–19). Die Kirche bleibt sich selbst treu, indem sie sich öffnet und bewegt, den Blick auf das, was ist, richtet und sich auf Veränderungen einlässt; hellhörig und hellsichtig, geistesgegenwärtig und liebevoll.

Die Verse aus dem Buch Jesaja nennen ein Kriterium für das Neue. Die Bilder, die der Prophet hier für das Handeln Gottes entwirft, beschreiben Elementares: Einen Weg durch die Wüste legen – damit man gemeinsam unterwegs sein kann; Flüsse durch die Einöde fliessen lassen – damit etwas wächst.

«Die reformierte Kirche muss sich auch nach 500 Jahren verändern und anpassen; sie soll Selbstbewusstsein beweisen und zeigen, was sie alles zum Wohle der Gesellschaft macht.» 36, nah

Der Prophet provozierte mit dieser Vision die judäische Oberschicht im babylonischen Exil. Diese haderte mit Gott, wie sich aus dem Kontext erschliessen lässt. Gott solle sie endlich aus dem Exil herausführen, so wie er es doch auch früher getan hatte, als er sein Volk aus Ägypten befreite. Hatte er nicht damals das Schilfmeer gespaltet, für sein Volk einen Weg durchs Wasser freigelegt und die Verfolger in den Wellen ertrinken lassen? Solcherart Wunder und Heldentaten wurden auch jetzt im Exil erwartet. Der Prophet hielt dem entgegen: Es geht nicht um die Wiederherstellung des Früheren. Das ist vorbei. Gott handelt nun nicht mehr spektakulär, sondern leise und er verbindet das Getrennte. Das ist das Neue, das ist das Wunder: Die Sorge für das Leben jetzt und hier im Exil.

Eine erwachsene, ihrer langen Geschichte bewusste Kirche fokussiert nicht auf das Ausserordentliche. Sie hilft, das ganz normale Leben zu ermöglichen – das eigentliche Wunder.

Dieser vor mehr als 2500 Jahren verfasste Text dokumentiert: Immer schon gab es Wendezeiten, Brüche und Neuanfänge. Er ermutigt, sich an den Chancen zu orientieren, die jede Zeit beinhaltet.

Zehn Chancen

1. Wertewandel als Basis

Die Kirchen sind wie die ganze Gesellschaft vom Wertewandel erfasst.

Chance: Sie verzichten auf den Anspruch zu sagen, wie es ist und sein sollte; sie bejahen den Wandel, auch wenn dies Zeit, Kraft und Verzicht erfordert. Sie greifen das Thema Veränderung auf und laden ein zum Dialog über Werte, das Zusammenleben und Konfliktlösungen. Damit tragen sie in einer polarisierten Gesellschaft zu differenzierten Betrachtungsweisen bei und zu einem konstruktiven Miteinander.

«Eine Kirche, die mir nützt, vertraut auf die Gaben der Menschen und steht öffentlich für christliche Werte ein – wie Selbst- und Nächstenliebe, Gerechtigkeit auf der ganzen Welt, Frieden, Umwelt.»
46, wohlwollend

2. Aktiv in der Zivilgesellschaft

Die Bedeutung der Kirche ist nicht allein an Macht, Finanzen und Mitgliederzahlen gebunden. Reformierte, römisch- und christ-katholische Kirchen in der Schweiz sind meist öffentlich-rechtliche Körperschaften und damit akzeptierte Partnerinnen. An vielen Orten wirken sie faktisch als Volkskirchen. Wichtige biografische Ereignisse, speziell Abdankungen, werden im kirchlichen Rahmen begangen – obwohl das Interesse an kirchlichen Dienstleistungen abnimmt, und niemand genau weiss, wie die Situation in zehn Jahren aussehen wird.

Chance: Kirchgemeinden spielen eine aktive Rolle im Zusammenleben und in der Zivilgesellschaft – auch wenn niemand auf sie wartet. Sie sind an Brennpunkten präsent und ermöglichen damit, Kirche positiv und überraschend zu erfahren. Sie spielen die Karte Volkskirche geschickt und zugewandt, sodass es als Mehrwert empfunden wird, die Dienstleistungen der Kirche nutzen zu können – auf die viele aufgrund der jährlich beglichenen Kirchensteuer einen Anspruch haben.

3. Begegnungsraum

Kirche ist ein Ort, wo sich Gleichgesinnte treffen – und viel mehr! Sie verbindet Jung und Alt, Milieus und Kulturen, Land und Stadt. Mit anderen Religionen führt sie einen Dialog. Grenzüberschreitende Vielfalt gehört seit den Anfängen zu ihrer DNA.

Chance: Sie ist ein zugänglicher Lebens- und Begegnungsort und bietet Möglichkeiten für Austausch und

«Treffen, Gemeinschaft fördern von Jung und Alt, Zusammenhalt, Zusammenführen der Generationen. Aber spannend.»
37, wohlwollend

Beziehung mit Gleich- und Andersgesinnten, mit sich selbst und dem Göttlichen. Sie wird zu einem die Zivilgesellschaft bereichernden *dritten Ort* – neben privaten Rückzugsbereichen, Arbeitsplätzen und Freizeitstätten. Damit antwortet sie auf die oft geäusserte Sehnsucht nach Gemeinschaft in durchlässigen Formen und verschiedenen Intensitäten.

Der Begriff Kirche als dritter Ort (englisch: *third place*) gehört zu einem von Ray Oldenburg entwickelten soziologischen Konzept (1989) und meint, dass es neben privaten Rückzugsorten wie der eigenen Wohnung und den Arbeitsplätzen sogenannte *dritte Orte* gibt. Das sind Zwischenräume mit öffentlichem Charakter, wo Soziales und Individuelles sich überschneiden. Man kauft dort ein, verweilt, erlebt etwas, erholt oder bewegt sich, begegnet anderen und vieles mehr. Neben Bahnhöfen, Bildungseinrichtungen, Sport- oder Kulturstätten, Läden und Restaurants gehören auch religiöse Orte dazu. Das Konzept wurde mittlerweile differenziert, zum Teil auch kritisiert. Wir finden, die Idee der Kirche als *third place* bietet eine interessante Perspektive für die Profilierung kirchlicher Orte und haben sie in Form der *niederschwelligen Drehscheibe* weiterentwickelt.[2]

«Ich will als erwachsene und selbst denkende Person ernstgenommen und angesprochen werden.»
50, wohlwollend

4. Ort zum selber Glauben

Die Ablösung von Institutionen und althergebrachten Autoritäten ist nicht nur negativ; ebenso wenig der Individualismus in Glaubensfragen. Das autonome Glauben ist eine Bereicherung für das Zusammenleben und die Gemeinschaft innerhalb und ausserhalb der Kirche, denn Autonomie, als Vollzug der Freiheit, ermöglicht erst eine Gemeinschaft auf Augenhöhe.

Chance: Die Kirche freut sich über das Selber-Denken und Selber-Glauben. Sie fördert die religiöse Selbstermächtigung wie die Eigen- und Widerständigkeit gegen jede Art der Indoktrinierung – im Einklang mit vielen jüdisch-christlichen Traditionen. Dies macht Glaube und Religion wieder interessant. Worte wie *Religion* und *Spiritualität* stehen für den offenen Glaubensraum.

«Ich bin in einer Familie gross geworden, die die Kirche ablehnte. Ich habe ein eigenes theologisches Verständnis entwickelt und stütze mich auf die Geschichten von Jesus und Werte wie Toleranz, Respekt, Mitgefühl; alle sind willkommen.»
Undine De Cambio, Evangelische Kirche Uznach und Umgebung

2 Vgl. Kapitel 8, Die niederschwellige Drehscheibe.

5. Denkort

Kirchen sind Bildungseinrichtungen, die Wert legen auf den Dialog, insbesondere bei sperrigen Themen.

Chance: Kirche bietet Raum und Zeit zum Nachdenken. Solch offene und entspannte Denkräume braucht es mehr denn je. Jede und jeder kann sich einmischen, im Kern geht es trotzdem friedlich und respektvoll zu und her. Die Kirchen haben das Know-how, können differenzieren und sind konstruktive Denkorte: Oasen mitten in einem aufgeladenen gesellschaftlichen Klima.

«Thematisierung von tiefgründigen und berührenden Themen.»
81, nah

6. Erholungsraum

Viele Menschen leiden unter Stress und Hektik, Zeitmangel und hohen Leistungsanforderungen.

Chance: Die Kirchen kommen dem Bedürfnis nach leistungsfreien Auszeiten entgegen und bieten Rückzugsorte ohne Konsumzwang. Hier können sich Menschen erholen und besinnen, innehalten und Kraft tanken. Kirchen sind aufgrund ihrer geistlichen Traditionen und ihres Reichtums an Räumen dafür prädestiniert.

«Einfach hineinsitzen, Ruhe haben und den Gedanken nachhängen.»
50, nah

7. Zufluchtsort

Im Alltag sind die Kirchen für die meisten höchstens ein punktueller Bezugspunkt. Nichtsdestotrotz zeigt sich in persönlichen und gesellschaftlichen Krisenzeiten ihre Bedeutung.

Chance: Sie nehmen Stellung – mit Mut und Solidarität, Deutungskraft und Standfestigkeit. Sie stellen sich auf die Seite der Schwachen. Sie bieten Anlaufstellen, Beistand und Hilfe – physisch bis geistlich. Die Betroffenheit findet Ausdruck und Antworten.

«Wenn ich jemanden brauche, dann kommt sicher jemand und hilft. So habe ich das beim Tod meines Vaters erlebt.»
43, wohlwollend

8. Einkehr und Umkehr

Die Welt steht immer wieder an Wendepunkten. Menschen können darauf Einfluss nehmen, in welche Richtung es geht. Auch in einzelnen Biografien gibt es solche Wendepunkte.

Chance: Umkehr ist ein christliches Leitmotiv. Jeder und jede kann nachdenken, verzeihen, sich neu ausrichten, persönlich und mit anderen. Die Kirchen bieten Kompetenz, Gespür und Visionen, um lebens- und gesellschaftswendende Momente wahrzunehmen, zu initiieren und zu begleiten.

9. Ritualkompetenz

Traditionellerweise werden familiäre Rituale in einem kirchlichen Setting begangen. Mittlerweile müssen sich die Kirchen gegenüber säkularen Formen der Ritualbegehung behaupten.

Chance: Kirchen sind weiterhin hervorragende Orte für Rituale. Ausgebildete Geistliche verfügen über immense Erfahrung, Sprachfähigkeit und Sensibilität. Die sakrale Ausstrahlung der Kirchenräume schafft eine Atmosphäre, um besondere Ereignisse in grössere Sinnzusammenhänge einzubetten. Die Kooperation mit Ritualbegleiterinnen und -begleitern auf dem freien Markt bietet neue Möglichkeiten.

10. Kreativraum

Kirche und Kultur sind seit Jahrhunderten ein Zweigespann – sich gegenseitig inspirierend, herausfordernd, kritisierend.

Chance: Auch jene, die sich mit Distanz zur Kirche verorten, zeigen Interesse an einer innovativen Kulturkirche. Kirchen bieten Plattformen für kreatives Schaffen und lebendige Kulturformen, für Volks- bis Hochkultur, für Bewährtes und Neues, für Sinnsuche und Sinnenfreude.

Ressourcen

Neben den Chancen gilt es auch nach den Ressourcen zu fragen. Das gibt Selbstvertrauen und Kraft und hilft, mit Verunsicherung und Veränderung umzugehen. Kirchen sind reich. Dazu gehören:

> Das Vertrauen in eine der Welt zugewandten Gotteskraft, die zu neuen Aufbrüchen motiviert.
> Die jüdisch-christlichen Quellen: Altes und Neues Testament, Traditionen und Erfahrungswissen, Theologie, Kunst und Geschichte.
> Der Reichtum an Menschen und ihren vielfältigen Perspektiven. Die Gemeindeglieder von nah bis distanziert mit ihren Werten und ihrem persönlichen religiösen Erleben und Glauben.
> Die Mitarbeiterinnen und Mitarbeiter mit ihren Talenten, Erfahrungen und ihrer Begeisterungsfähigkeit.
> Die Menschen, die sich ehrenamtlich (Behörde) beziehungsweise freiwillig (Projekte) engagieren, ob kontinuierlich oder punktuell.
> Der Reichtum an kirchlichen Liegenschaften mit ihren Innen- und Aussenräumen. Sie sind mit ihrer Ausstrahlung Botschafter des Evangeliums und haben das Potenzial für alltagsnahe Lebens- und Begegnungsräume.
> Inner- und ausserkirchliche Beziehungsnetze und Kooperationen, zum Beispiel mit Vereinen, Interessengruppen, NGOs. Vernetzung schafft Gelegenheiten und Beziehung, Vertrauen und Integration.
> Jeder kirchliche Ort an sich ist eine Ressource, mit seinen Angeboten und Dienstleistungen, seiner Geschichte und der gelebten Kultur.
> Visionen und Fantasie, Unternehmungslust und Gestaltungsfreude.

↓ Chancen und Ressourcen der Kirche

3. MENSCHEN IM ZENTRUM

Bei der gastlichen Kirche stehen die Menschen im Zentrum. Dieser Perspektivenwechsel ist nötig, denn die Kirche hat immer noch viele Stimmen. Der dabei entstehende Chor singt mal in Dur, mal in Moll; mal tönt er harmonisch, mal dissonant, aber mit Kraft und Hoffnung. Die Stimmen der Menschen helfen der Kirche, sich neu zu erfinden, mit und bei ihnen zu sein, auch in deren Alltag.

Von den Menschen aus denken

Was treibt die Menschen um? Wie glauben und wie zweifeln sie? Wie wird Kirche für sie lebensdienlich? Je nach Alter und Lebenslage, Milieu und Kultur lauten die Antworten anders. Die unterschiedlichen Kirchenbezüge und das ökumenische und interreligiöse Zusammenspiel machen es noch komplexer. Mit etwas Distanz wird mitten in der Vielfalt der Stimmen dennoch eine Gemeinsamkeit hörbar: Kirche ist attraktiv als *Lebensraum und Begegnungsort* für Menschen verschiedener Alter und Lebensstile.

Die gastliche Kirche und damit das Modell Generationenkirche machen sich stark für einen Perspektivenwechsel und denken Kirche konsequent von den Menschen aus. Die Hinwendung zu den Menschen erfordert, dass die Institution Kirche realisiert und akzeptiert, nicht allein für Glaubensfragen zuständig zu sein. Dazu gehört das Interesse und die Bereitschaft, hinzuhören und sich auf einen Dialog einzulassen, im Sinne einer offenen Such- und Weggemeinschaft[3].

«Es beginnt und hört auf mit den Menschen. Jesus fragte: ‹Was brauchst du?› Solches Fragen bedeutet nicht, dass man allen immer gerecht werden kann. Aber man kriegt einen besseren Blick für die Menschen, ihre Themen und Bedürfnisse.»
Matthias Schneebeli,
Pfarrer Evangelische Kirche
Uznach und Umgebung

Was brauchst du?
Was bewegt und beschäftigt dich?
Was hoffst du?
Was interessiert dich?
Was vermisst du, was fehlt dir?
Wonach sehnst du dich?
Was glaubst du?
Wie siehst und erlebst du die Kirche?
Was erwartest du von ihr?

Selbstverständlich sind Kirchen weiterhin beteiligt und federführend beim Nachdenken über Glaubensfragen. Das bedingt ein Profil und eine klare Haltung. Herzstück ist ein weites Kirchenbild, das auf einer Theologie der Gastlichkeit basiert. Dies bedeutet: Die Kirche positioniert sich nicht durch Abgrenzung zum normalen Leben da draussen, sondern durch ihren Bezug zu den Menschen und deren Lebenslagen und Bedürfnissen.

3 Zum Beispiel entsprechend der *Vision Kirche 21* der Reformierten Kirchen Bern-Jura-Solothurn.

«Dass man so angenommen wird, wie man ist. Die Kirche passt sich den Bedürfnissen an und zwingt sich nicht auf.»
18, nah

Die Fokussierung auf die Menschen führt zu einer methodischen Herausforderung: Wie mit Vielfalt umgehen? Führt das nicht zu Beliebigkeit und Profilverlust? Solche Stimmen sind immer wieder zu hören: «Jetzt stellen jene, die man nie sieht, sogar Forderungen!» – «Was hat das noch mit Kirche zu tun?» – «Kirche ist kein Wunschkonzert.» – «Man kann es sowieso nicht allen recht machen!» Solche Äusserungen vertiefen die Gräben zwischen denen drinnen und denen draussen.

Wie viel Bedürfnisorientierung darf sein? Dies ist ein umstrittenes und heiss diskutiertes Thema. Wir gehen davon aus, dass sich eine Gemeinde nur gemeinsam und im Dialog mit den Menschen entwickeln lässt; deren Interessen und Bedürfnisse spielen dabei eine grosse Rolle. Die Erfahrungen der Projektgemeinden zeigen immer wieder neu, wie daraus Weiterführendes wächst, wie Miriam Albisetti bestätigt: «Es befreit, wenn Kirche nicht erst im Gottesdienst beginnt und man sich auf die Bedürfnisse der Menschen ausrichtet.»[4]

4 Präsidentin Reformierte Kirche Bümpliz, Bern.

Zielgruppeneinteilung

Menschen – das sind individuelle Persönlichkeiten und heterogene Gruppierungen, die sich immer wieder anders zusammenfinden, je nach Kontext und Anlass. Orientierung an den Menschen bedeutet deshalb: mit Vielfalt umgehen.

Wir verwenden hier das Wort *Zielgruppen*. Andere Wörter dafür lauten: Bezugsgruppen, Dialoggruppen, Anspruchsgruppen. Kurz: Es sind die Menschen, mit denen die Kirche zu tun hat und die mit der Kirche zu tun haben. Denn Menschen sind Kirche und Kirchen sind Menschen.

Folgende Einteilung kombiniert Altersgruppen und Lebensphasen, um auf die spezifischen Bedürfnisse und Interessen eingehen zu können. Sie beinhaltet bewusst eine logische Unschärfe zugunsten der Praktikabilität. Eltern, aber auch Grosseltern gehören zum Beispiel sowohl dem Familiennetz wie der Gruppe der Erwachsenen an. Sie können in beiden Rollen angesprochen werden.

<table>
<tr><td rowspan="2">Familien mit Kindern
im Vorschulalter

Familien mit Kindern
Unter-/Mittelstufe</td><td>Jugendliche
Oberstufe
bis Konf./Firmung
mit ihren Familien</td><td>Junge Erwachsene
20 bis 29

Erwachsene
30 bis 65

Erwachsene 65plus
Erwachsene 80plus</td></tr>
<tr><td>Jugendliche
nach Konf./Firmung
bis 19</td><td>Erwachsene fragil</td></tr>
<tr><td colspan="3">Verwandtschaftsnetz
Wahlverwandschaften, soziale Netze
Generationennetz (mehrere Generationen zusammen)</td></tr>
</table>

Zielgruppeneinteilung

Ortsbezug, Domizilform

- Einheimisch
- Neu zugezogen
- Wochenendaufenthalt (z.B. wegen Partner/-in; familiären Bezieh.)
- Tourist/-in
- Ferienwohnung
- Ruhestandswohnsitz
- Punktueller Aufenthalt (z.B. wegen der Arbeitsstelle), Expat

Nationalität

- Schweizer/-in
- Andere Nationalität
- Binational
- Hilflos
- Abhängig

Geschlecht

- Mann, Junge
- Frau, Mädchen
- Divers

Alter, Lebensphase

- Kind
- Jugendliche/-r
- Junge Erwachsene/-r
- Erwachsene im mittl. Alter
- Pensioniert
- Hohes Seniorenalter

Familiäre Rollen

- Kind / Tochter / Sohn
- Ehefrau / Ehemann
- Partner/-in
- Alleinerziehend
- Familienfrau / Familienmann
- Patchworkmutter / Patchworkvater
- Kümmert sich um die alten Eltern
- Grossmutter / (Ur)Grossvater / Wahlgrosseltern
- Enkel / Enkelin
- Gotte / Götti
- Verwandt
- Wahlverwandt

Lebensform

- Wohngemeinschaft
- Allein lebend / Single
- In Partnerschaft
- Verheiratet
- Geschieden
- Verwitwet
- In Nachfolgebeziehung

Religions-/ Konfessionszugehörigkeit

- Reformiert/Evangelisch/Lutherisch
- Katholisch, Christkatholisch
- Orthodox
- Freikirche
- Mischehe ökumenisch
- Mischehe interreligiös
- Konfessionslos
- Andere Religion
- Keine Religion

Kirchenbezug

- Nah
- Wohlwollend
- Distanziert
- Ablehnend

Milieu (nach Sinus)

- Bürgerliche Mitte
- Trad. ältere Generationen
- Postmaterielle («Linke»)
- Arrivierte
- Statusorientierte
- Mod. Performer
- Konsumorientierte Arbeiter
- Experimentalisten
- Eskapisten (Aussteiger)

Spezielle Bedingungen

- Aus einem anderen Kulturkreis
- Einer Minderheit angehörend
- Binationale Partnerschaft
- Behindert, invalid
- Krank
- Arbeitslos
- Asyl suchend usw.

Selbstwirksamkeit

- Aktiv, mobil
- Pensioniert aktiv
- Fragil
- Hilflos, abhängig

Hobbys, Talente, Interessen, z.B.

- Musik
- Spiel
- Kunst, Reisen
- Theater, Tanz
- Fussball, Sport
- Reisen
- Bücher, lesen
- Hunde
- Essen, trinken, kochen
- Freunde, Geselligkeit
- Garten, Natur
- Bewegen, wandern
- Velofahren
- Tiere
- Handwerk
- Philosophie usw.

Tool für Recherchen und Befragungen, Evaluation und Planung von Angeboten, zielgruppenspezifische Kommunikation

Hüte für unterschiedliche Perspektiven
Um die Vielfalt der unterschiedlichen Perspektiven fassbar zu machen, verwenden wir vier farbige Hüte. Sie helfen, sich in die Lage anderer hineinzuversetzen und sich deren Erfahrungen, Sichtweisen und Überzeugungen zu vergegenwärtigen. Die Hüte symbolisieren je die Mitarbeitenden, Freiwilligen, Behörden und Zielgruppen und können weiter ausdifferenziert werden: der Hut für die Mitarbeitenden in Berufsgruppen, der Hut für die Behörde in Ressorts, der Hut für die Zielgruppen in verschiedene Kirchenbezüge, Altersgruppen, Kulturen usw.

Im Modell Generationenkirche wird Kirche aus diesen vier unterschiedlichen Perspektiven gedacht. Besonderes Gewicht legen wir dabei auf die Perspektiven der Zielgruppen mit ihren unterschiedlichen Kirchenbezügen.[5]

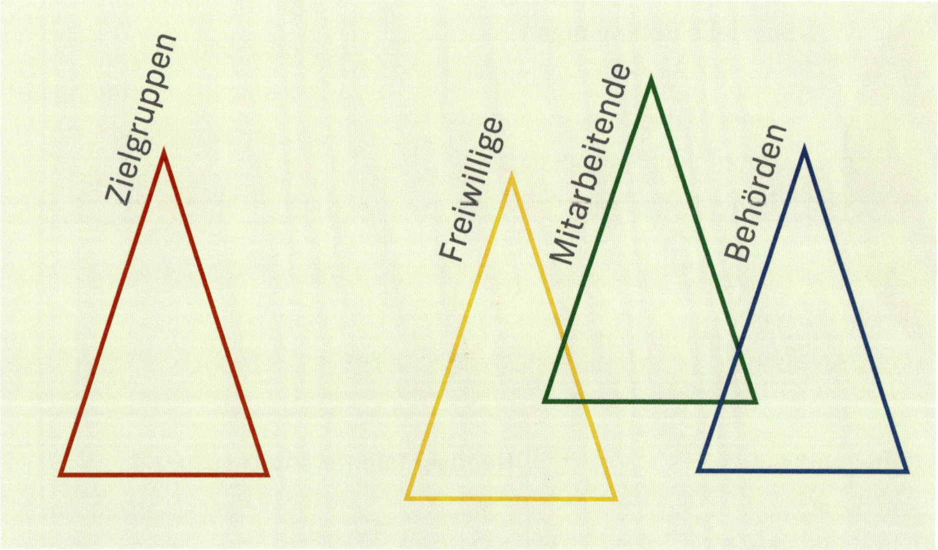

Vier Hüte für die vier zentralen Rollen in der Kirche

Zielgruppengespräche

Menschen wollen wahrgenommen und angehört werden. Aus diesem Grund führten wir mit Kirchgemeinden quer durch die Schweiz sogenannte Zielgruppengespräche durch, um die Menschen persönlich anzusprechen und mit

5 Mehr dazu in Kapitel 13, Partizipation.

ihnen in Kontakt zu treten. Die Befragten drückten aus, wo sie sich verorten und was sie denken. Wir waren berührt und herausgefordert von diesen Stimmen. Sie motivierten uns, das Modell Generationenkirche zu entwickeln. Kirche ist ein Thema – trotz aller Kirchenkritik.

1100 dieser Gespräche sind in einer zentralen Datenbank erfasst, dazu kommen weitere Protokolle in losen Sammlungen. Insgesamt zeigt sich eine vielgestaltige kirchliche Landschaft. Die Befragten gaben viele Impulse, wie die Kirche näher zu den Menschen in ihrem Alltag und ihren Bedürfnissen rücken könnte.

Die Befragungen wurden von 2007 bis 2019 in sechs Kantonen beziehungsweise in 18 reformierten Kirchgemeinden und einer Pfarrei durchgeführt, unter anderem in der Evangelisch-Reformierten Landeskirche Glarus, in der Pfarrei Bruder Klaus Liestal und in der Evangelischen Kirche Uznach und Umgebung, die alle in diesem Buch porträtiert sind. Das Ziel war, die Menschen mit ihrer Sicht auf Kirche und Glaube zu Wort kommen zu lassen und gleichzeitig mehr über ihre Lebenssituation zu erfahren. Die jüngste befragte Person war 4 Jahre alt, die älteste 93-jährig.

Das *Befragungskonzept* lässt sich für verschiedene Gemeindesituationen adaptieren und ermöglicht, mit den Menschen direkt Kontakt aufzunehmen. Zuerst legt man fest, welche Bevölkerungsgruppen und Quartiere erreicht werden sollen. Danach werden Vertreterinnen und Vertreter dieser Gruppen gesucht, die bereit sind, nach einer Einführung die Interviews selbstständig durchzuführen (Eltern für Eltern, Distanzierte für Distanzierte; ein bis zehn Gespräche). Die Befragenden kontaktieren Personen aus ihrem Umfeld, stellen ihnen anhand eines Leitfadens Fragen und notieren die Antworten detailgetreu. An einem Treffen zum Abschluss erzählen die Befragenden von ihren Erfahrungen und Eindrücken.

Die Fragestellungen sollten offen formuliert sein, um Informationen qualitativer Art zu sammeln. Quantitative Eckdaten kommen ergänzend dazu. Das Ziel ist, dass die Befragten möglichst ihr eigenes Verständnis einbringen. Wir haben die Erfahrung gemacht, dass viele Menschen es schätzten, mit dieser offenen Haltung kontaktiert zu werden, und bereit waren, sehr persönliche Einblicke in ihr Denken und Empfinden zu geben.

Die letzten Zielgruppengespräche von uns fanden 2019 statt. Wir gehen davon aus, dass die generellen Tendenzen weiterhin zutreffen – da es sich um grundlegende Bedürfnisse handelt –, obwohl die Kirchendistanz zunimmt.

Einige ausgewählte Fragen aus den Zielgruppengesprächen

Räume
Erwachsene, Jugendliche: Wie müssten die Innen- und Aussenräume von der Atmosphäre und Stimmung her sein, damit es für Sie attraktiv ist und Sie sich wohl fühlen? Wie wäre es für Ihre Augen, Ohren, Hände, Füsse, Nase?

Kinder: Wie würdest du den Garten, den Park gerne einrichten, wenn du könntest?

Kulturkirche
Wie stellen Sie sich eine Kulturkirche vor?

Alltag
Erwachsene: Was stärkt Sie in Ihrem Alltag?
Was erschwert, belastet Ihren Alltag?

Kinder: Was gefällt dir an einem ganz normalen Tag?
Wann bist du besonders glücklich?

Gastliche Kirche
Welche Haltung und Einstellung Ihnen gegenüber möchten Sie von der Kirchgemeinde/Pfarrei und den Verantwortlichen erleben? Wie zeigt sich die gastfreundliche Haltung ganz konkret im Alltag?

Zielgruppenperspektiven einnehmen

Auch ausserhalb von organisierten Interviews bringt es viel, sich in andere Menschen zu versetzen und ein Thema aus dieser Sicht zu erkunden, allein oder im Team. Was prägt ihre Situation? Was beschäftigt? Was erhoffen sie sich von der Kirche? Was würde ihnen ablöschen? Wie würden sie die Räume nutzen?

Damit aktiviert man das Erfahrungswissen über die Befindlichkeiten anderer, das alle aufgrund ihrer Alltagsbegegnungen in sich tragen.

Was bringen Zielgruppengespräche?

- Sie sind ein Angebot. Mit dem Besuch signalisiert die Kirchgemeinde Interesse an den Anliegen, Bedürfnissen und Sorgen der Mitglieder. Die Kontaktaufnahme wird meist sehr geschätzt.
- Die Menschen bekommen eine Stimme. Die Interviews liefern wertvolle Informationen. Besonders horizonterweiternd sind Gespräche mit sogenannten Kirchenfernen.
- Die Kirchgemeinde wird sensibilisiert für die Heterogenität der Gemeindeglieder, deren Bedürfnisse und Glaubensweisen. Sie gewinnt Anhaltspunkte, um ihre gegenwärtigen Tätigkeiten zu beurteilen, die Kirchenbilder zu erweitern und die zukünftige Ausrichtung zu konturieren.
- Die Interviews bieten viel Stoff für die Berichterstattung in kirchlichen und ausserkirchlichen Medien.

Verstehen, was die Menschen sagen

Die Rezeption der Interviews ist anspruchsvoll. Eine Projektgemeinde meldete uns zurück, dass die Zielgruppengespräche zwar gut dokumentiert waren, es aber doch Mühe bereitete, die Aussagen in ihrer Bedeutung mit dem Kirchgemeindeleben zu verbinden und in eine zukünftige Ausrichtung zu integrieren. Denn die Antworten decken ein breites Feld ab und sind oft widersprüchlich. Sie sind deshalb nie als eine Art Befehl zu werten. Es geht darum, Informationen zu sammeln, Trends zu erspüren und Hinweise zu bekommen, um den eingeschlagenen Weg zu überprüfen und realistische Weichenstellungen zu finden.

Dies setzt wiederum den Perspektivenwechsel voraus, um die Heterogenität nicht als Störung, sondern als Chance begreifen zu können: Man ist damit einverstanden, dass es richtig, ja notwendig ist, von den Menschen und ihren Bedürfnissen her zu denken.

Wir plädieren dafür, auch unrealistische oder provozierende Äusserungen nach den darin zum Ausdruck kommenden Bedürfnissen und Interessen abzutasten und diese zu verstehen versuchen. Als Beispiel: Befragt man Kinder, wie sie den Aussenraum gestalten würden, bekommt man ein Feuerwerk von Wünschen zu hören. Neben für Erwachsene Nachvollziehbarem wie Spielmöglichkeiten, Bäume, Schatten, Blumen und Sitzgelegenheiten gibt es viel Phantastisches: Mitten in der Kirche ein Pool, ein Schwimmbad, ein kleiner See, eine Wasserrutschbahn, ein grosses Fussballfeld, eine Rutschbahn vom Kirchturm, ein Kiosk mit Eis und vieles mehr.

Diese Wünsche können in den seltensten Fällen eins zu eins aufgenommen und umgesetzt werden. Trotzdem sind sie ernst zu nehmen: Welche Bedürfnisse und Interessen drücken sie aus? Zum Beispiel die Sehnsucht nach dem Element Wasser; nach Möglichkeiten für raumgreifende Bewegung; nach aktiver Inbesitznahme der Kirche (anstelle des Stillsitzens); nach dem Beleben und Bespielen des Aussenraums; nach feinem Essen und Trinken.

Zehn Erkenntnisse aus den Zielgruppengesprächen[6]

1. Kirche hat Bedeutung

Trotz der Individualisierung und obwohl es nicht mehr zur Norm gehört, einer Kirchgemeinde oder Pfarrei anzugehören oder sich am Gemeindeleben aktiv zu beteiligen, bleiben viele Mitglied – in positiv-kritischer Distanz. Das ist bemerkenswert, zumal es heute einfach ist, aus der Kirche auszutreten. Ja, den Mitgliederschwund gibt es, doch die Kirchen sind immer noch reich an Mitgliedern.

«Viele Leute haben keinen direkten Bezug mehr zu einer Kirchgemeinde oder Pfarrei. Aber sie empfinden sich bewusst der Kirche als zugehörig. Für ihre spirituellen Bedürfnisse braucht es niederschwellige Anlaufstellen und Angebote.»
Karl Johannes Rechsteiner, Kommunikationsfachmann Katholische Kirche im Kanton Bern

2. Die da draussen – von nah bis distanziert

In den Anfängen der Befragungen stellten wir fest, dass die Interviewten ihren persönlichen Bezug zur Kirche immer wieder von sich aus thematisierten und kommentierten, oft auch rechtfertigten. Wir entwickelten deshalb eine explizite Frage dazu: «Wie beschreiben Sie Ihren Bezug zur Kirche?» Zur Auswahl standen: nah, wohlwollend, distanziert, ablehnend, keine Antwort. Entscheidend war, dass die Befragten sich selber definieren konnten. Damit ist es keine Zuschreibung, sondern eine Selbstdeklaration.

Das Fazit überrascht nicht: Die Bezüge zur Kirche sind unterschiedlich und viele Menschen sind nicht mehr in traditionelle Gemeindestrukturen eingebunden. Bemerkenswert scheint uns aber, dass die Gruppe derjenigen, die sich als wohlwollend bezeichneten, viel grösser ist als erwartet.

> *Nah:* 19 % der Befragten (Tendenz abnehmend) empfinden sich als *kirchennah.* Sie fühlen sich den gewachsenen Traditionen und Gemeindestrukturen verbunden. Die Nahen gehören eher zu älteren Generationen und werden durch Angebote wie Gottesdienste, Begegnungs- und Bildungsveranstaltungen angesprochen. Wichtig sind ihnen

6 Die Erkenntnisse zu den Zielgruppengesprächen sind in folgenden Publikationen thematisiert und auf www.generationenkirche.ch zugänglich: Lisbeth Zogg Hohn: Interessiert, persönlich, präsent, lebensnah, Auswertung der Zielgruppengespräche 2014 zuhanden der Reformierten Landeskirche Glarus; Lisbeth Zogg Hohn: Erkenntnisse aus den Zielgruppengesprächen. Herzlich, warm und ohne Gefühl von Schranken, 2018; Reformierte Kirchen Bern-Jura-Solothurn: Kirche hat viele Stimmen, 2013.

«Ich habe es recht, so wie die Kirche zu mir ist. Ich möchte es nicht anders haben.»
86, nah

Gemeinschaft, Verbindlichkeit, Geborgenheit und vertraute Formen. Der Bedeutungsverlust der Kirche beschäftigt sie. Manchmal sind sie an verschiedenen kirchlichen Orten aktiv. Es gibt daneben auch neue Arten der Kirchennähe, losgelöster vom Herkömmlichen, mit stärkerem Bezug zum christlichen Glauben an sich und weniger aufgrund einer Identifikation mit der Institution.

> *Distanziert:* Ebenfalls eine Minderheit (20 %, Tendenz zunehmend) beschreibt ihr Verhältnis zur Kirche als *distanziert*, eher Männer, Jugendliche und junge Erwachsene. Traditionelle Formen sind ihnen fremd. Sie fühlen sich schnell vereinnahmt und grenzen sich von Erwartungen und offensiven Frömmigkeitsstilen ab. Manche haben Mühe mit der Geschichte der Kirche. Trotz ihrer Distanz sind sie – noch – Mitglieder der reformierten Kirche. Viele von ihnen suchen und leben persönliche Formen von Spiritualität und Glaube. Wichtig sind ihnen Freiheit, Respekt, Toleranz, Weltoffenheit, Beziehungsqualität, Dialog, Kunst und Kulturelles, Engagement für die Schwächeren – und eine Kirche, die das umsetzt.

> *Wohlwollend*: So versteht sich die Mehrheit der Befragten (52 %). Die Wohlwollenden bilden das *finanzielle Rückgrat* der Kirche, mit einer lockeren, punktuellen Beziehung zu ihr. Die kirchlichen Angebote nutzen sie bei Bedarf, beispielsweise an Weihnachten; bei Taufe, Konfirmation, Hochzeit oder Abdankung; Unterricht; Mittagstisch, Begegnungsangebote, Kirchenfeste; punktuelle Mitarbeit; Chorprojekte usw. Sie finden Zugang zum Christentum durch die Verbundenheit mit Menschen, durch Werte wie Friede und Gerechtigkeit, durch Urvertrauen und Stille. Sie schätzen Kontakt und Begegnung. Für eine befristete Mitwirkung sind sie manchmal zu haben. Aber sie zählen sich nicht zu den Insidern. Wichtig ist ihnen das persönliche Erleben des Spirituellen – im Alltag, in zwischenmenschlichen Beziehungen, in Natur und Kunst, im sozialen Engagement, in Werten wie Freiheit, Respekt und Wertschätzung, ab und zu in der Kirche.

> *Ablehnend*: Diese Gruppe erwartet nichts mehr von der Kirche und hat sich verabschiedet. Auch sie beschäftigt sich manchmal mit Religion und Spiritualität und hegt Ideen zu einer zeitgemässen Kirche. Gespräche mit Ablehnenden geben überraschende Impulse.

Der Kirchenbezug ist auch abhängig von der Altersklasse und der Lebensphase. Während ältere Generationen mit einem mehr oder weniger engen Bezug zur Kirche aufwuchsen, sind jüngere Generationen losgelöster. Sie müssen kaum schwierige Erfahrungen aufarbeiten. Manche haben die Kirche positiv erlebt. Für andere ist sie wie ein leeres Blatt Papier. Dies schafft eine neue Offenheit für Entdeckungen, was Kirche bedeuten und bringen könnte, natürlich davon abhängig, wie aktuell und frisch sie sich positioniert. «Ich bin überrascht, wie interessant die Bibel ist», staunt ein 30-Jähriger, der sich gegenüber der Kirche als wohlwollend bezeichnet.

Der Bezug zur Kirche verändert sich auch innerhalb eines Lebenslaufs. Karin Gubser zum Beispiel war der Kirche gegenüber wohlwollend distanziert. «Mich jetzt wieder, im Rahmen meiner Anstellung, auf die Kirche einzulassen, finde ich spannend.»[7]

Wie sieht Ihre persönliche Kirchenbiografie aus?

In unserer Arbeit beobachten wir, wie die Gemeindeglieder von Insidern kategorisiert werden: «Da sind die Treuen, die kommen. Und da sind all jene, die sich nie blicken lassen – ausser wenn es ihnen passt und nützt.» Diese Kategorisierungen prägten und prägen bis heute das kirchliche Leben und leider auch das Bemessen des Erfolgs – und treffen nun wie ein Bumerang die Kirche selbst. Denn die Zivilgesellschaft hat sie übernommen und dreht sie gegen die Kirche. Plötzlich sind es die Kirchennahen und die Institution selbst, die beurteilt und abgewertet werden: «Kirche? Geht's noch?»

Weiter gibt zu denken: Viele Personen, die von Insidern als distanziert eingeschätzt wurden, bezeichneten ihren Kirchenbezug selbst als wohlwollend. Dies zeigt, dass diese Schubladisierungen nicht wirklich funktionieren. Wissen kirchliche Akteure zu wenig über die Distanzierten und Wohlwollenden, weil sie sich zu sehr auf Kirchennahe ausrichten? Gibt es doch unausgesprochene Bedingungen der Zugehörigkeit und Erwartungen, beispielsweise dass man

«Obwohl ich Kirchensteuern bezahle, gelte ich als Karteileiche, weil ich den Erwartungen meiner Kirchgemeinde nicht entspreche. Das verletzt mich.»
62, distanziert

7 Sozialdiakonin Reformierte Kirche Flawil.

aktiver teilnehmen sollte? Welche Folgen hat es, wenn zwischen Zugehörigkeitsintensitäten unterschieden wird?

Wir meinen: Kirche darf und kann sich die Ausgrenzung der Mehrheit ihrer Mitglieder nicht leisten, aus theologischen, psychologischen und wirtschaftlichen Gründen. Die bewertende Kategorisierung führt zu Verwerfungen, sie schadet allen und verstellt den frischen Blick auf das, was ist und möglich wäre. Welche Folgen dies haben kann, drückt eine Frau so aus: «Ich fühle mich falsch verstanden, wenn ich als distanziert bezeichnet werde. Ich habe in der Kirche leider ungute Dinge erlebt, die mich dazu veranlasst haben, auf Abstand zu gehen – zur Kirche, nicht zu den Inhalten.» Während früher christlicher Glaube und Kirchenzugehörigkeit annähernd deckungsgleich waren, sind dies heute für viele zwei verschiedene Dinge.

Obwohl wir diese Kategorien problematisieren und mittelfristig überflüssig machen möchten, arbeiten wir im Moment mit ihnen. Wichtig ist uns, dass es keine Zuschreibungen, sondern Selbstdeklarationen sind. Wir möchten damit sichtbar machen, dass Kirche auch für Wohlwollende und Distanzierte ein Thema ist.

Es stellt sich die Frage, wie Kirche gastlich, durchlässig und willkommen heissend gegenüber allen wird. Wie schafft es die sogenannte Kerngemeinde, eine unbefangene Sicht auf Wohlwollende und Distanzierte als vollwertige Kirchenmitglieder zu gewinnen – ohne die Erwartung, diese müssten näher rücken?

> **Chance:** Eine Umwertung der Kirchenferne öffnet neue Perspektiven – als etwas Positives, Interessantes, Weiterführendes. Ziel ist es, für die reale Vielfalt des Glaubens Luft, Raum und Weite zu schaffen. Entdecken, dass Kirche sich auch von den Rändern und ihren Kritikern und Kritikerinnen her erneuert.

«Kirche – ein Raum für gelebte Spiritualität. Aber in freier Form, mit viel mehr Raum für offenere Interpretationen.»
Frau, 44, distanziert

3. Vielfalt der Spiritualität

Menschen wandern auf dem Pilgerweg. Sie schauen den Gottesdienst am Fernseher. Sie abonnieren den SMS-Adventskalender. Sie schmücken ihr Haus anlässlich des Adventsfenster-Projekts und laden das ganze Dorf zu sich ein. Sie singen eine Messe beim Chorprojekt. Sie essen bei den muslimischen Nachbarn. Sie besichtigen Kirchen in Griechenland und zünden dort Kerzen an. Sie schliessen

sich einer Kulturreise der Nachbarkirchgemeinde an. Sie singen mit ihren Kindern religiöse Lieder und nehmen mit der ganzen Familie am Kerzenziehen teil. Sie beteiligen sich an schamanischen Ritualen, machen Yoga usw.

Glaube, Spiritualität und religiöses Erleben sind so vielfältig wie die Gesellschaft. Auch wenn sich die Menschen gegenüber den religiösen Institutionen distanzierter verhalten und sich ins Private zurückziehen, sind sie deshalb nicht weniger *religiös.*

Der Glaube an Gott oder an eine höhere Macht, die eigene religiöse Sprache und Praxis werden als etwas Persönliches und von der Kirche Losgelöstes gehandhabt. Sie sind individualisiert. Jeder Mensch wählt selbst, was und wie er glaubt und wo dies stattfindet: im stillen Kämmerlein, in der Familie, in Gruppen, auf Reisen, in der Musik und in der Natur, im verantwortlichen Handeln. Manchmal auch in der Kirche.

Die Vielfalt der Spiritualitäten und die Orte, wo diese gelebt werden, reichen weit über Gemeindegrenzen und institutionelle Formen hinaus. Die Übergänge zu esoterischen oder freikirchlichen Zugängen und anderen Religionen sind fliessend. Das institutionelle Christentum scharf davon abzugrenzen, interessiert die wenigsten. Der einzelne Mensch hat das letzte Wort; auch dann, wenn er sich etwas sagen lässt.

Eine Frage in den Zielgruppengesprächen mit Jugendlichen und Erwachsenen war: «Wo und wann findet für Sie persönlich religiöses Erleben statt, erleben Sie Gott / das Göttliche?» Die Antworten zeigten eine überraschende Bandbreite auf. Erwachsene antworteten: Überall, in der Musik, beim Hören von Mozart, in der Stille, in der Natur, in den Bergen, im Wetter, in einer schönen Kirche, zusammen mit Freunden, bei guten Gesprächen, beim Lesen eines guten Buchs, als Gottvertrauen, als innere Stimme, im Gottesdienst, bei Ritualen, beim persönlichen Gebet, beim Meditieren, beim Einschlafen, auf Reisen, an mystischen Orten, in der Kunst, in einem Film, im Haus der Religionen, im Alltag, bei kleinen Dingen, bei Geburt und Tod, mit meinem Kind, an Weihnachten und Ostern, wenn die Sonne scheint usw. Jugendliche nannten: Beim Klavier-Spielen, Schreiben, Zeichnen, Reiten, Lesen, Tanzen, Singen, Musik-Machen und -Hören, Lernen, in der Natur, am Wasser, zu Hause, in der Kirche, in Kunst, Philosophie, Schönheit, in Kleinigkeiten, wenn ich mit anderen zusammen bin, mit Freunden, in vertrauter Beziehung usw.

«Was ist, wenn Gott selbst es satt hat, in unseren Kirchen festgehalten zu werden? Wenn sich Gott bei den Menschen daheim in ihren Beziehungen, in der Natur wohler als in den Kirchen fühlt, wo Gott oft auf traditionelle, vorgebetete, intellektualisierte, verstaubte Gottesbilder mit überwiegend männlicher Ausprägung reduziert und festgeschrieben wird?»
Elisabeth Fischli, engagiert in der Evangelisch-Reformierten Landeskirche Glarus

Chance: Es überrascht und berührt, wie offen die Befragten Auskunft über ihr religiöses Erleben gaben. Diese Vielfalt des eigenständigen Glaubens bedeutet für die Kirchen ein grosser Reichtum und schafft viele Anknüpfungspunkte.

Abgesehen davon, fällt auf, wie oft die Natur als Quelle der Kraft und der Lebensfreude erwähnt wird: Garten, Blumen, Berge, Wald, Jahreszeiten, Sonne, Wasser, frische Luft, Bewegung im Freien, Draussensein usw.

Aus den Antworten der Befragten lassen sich Schlüsselfaktoren für das religiöse Erleben erschliessen: Es sind Schönheit, Erhabenheit, eingebettet und geborgen sein, den Kreislauf von Werden und Vergehen erleben, mit allen Sinnen angesprochen werden, sich lebendig fühlen, die eigene Kraft fühlen, aus dem Alltag heraustreten, sich erholen, Ruhe finden, zu sich kommen, Kraft tanken, Teil des Ganzen sein, Freude, Flow, mit dem Göttlichen verbunden sein, Natur als Schöpfung empfinden, Geheimnis, Wunder …

Chance: Natur und Kirche als Orte des religiösen Erlebens gegeneinander auszuspielen, ist kontraproduktiv. Die Natur wird in das kirchliche Handeln einbezogen, zum Beispiel indem die Aussenräume der Kirche geöffnet und bewusst bespielt werden.[8]

Da bestimmte theologische Begriffe wie zum Beispiel Gott oft mit Vorverständnissen verknüpft sind, haben wir diese vermieden. So fragten wir nicht, ob die befragte Person an Gott glaube, sondern: «Haben Religiosität, Spiritualität, Glaube für Sie eine Bedeutung? Wenn ja, welche?» Die Frage wurde bewusst offen gestellt, damit die Menschen ihr eigenes Verständnis einbringen konnten.

Bis zu 70 % der Befragten erklärten, dass Religiosität, Spiritualität, Glaube für sie eine Bedeutung habe. Dazu kamen jene, die mit «manchmal» antworteten. Nahe bis Kirchenferne beschrieben zudem, was das für sie bedeutete, meist mit weltlichen Begriffen: Beistand, Dankbarkeit, Demut, Gebet, Geborgenheit, ein Gegenüber haben, gehört zum Leben wie Atmen, Essen und Trinken, Gewissen, Grundbedürfnis, Grundlage, Geschenk, Halt, Hilfe, die Welt verstehen, Hilfe bei Schwierigem, hält mich fest, Hoffnung in Ungewissheit, Kraftquelle, lässt mich entwickeln, Lebensgrundlage, Lebensinhalt, Lebensregel, Lebenssinn, Liebe, Mut, Moralvorstellung, Netz, Orientierung, Regeln, Schutz, Sinn, Tradition, Trost, Vertrauen, Verantwortung, Zufriedenheit, Zuversicht, Zweifel …

«Ich fühle Gott manchmal im Alltag. Ich weiss, dass Gott mir Kraft für die Schule gibt.»
16, wohlwollend

Neben den einzelnen Stimmen ist die Zusammenstellung sämtlicher Antworten pro Befragungsort interessant. Dies vermittelt einen quantitativen und qualitativen Einblick in die Verteilung der Kirchenbezüge, Lebensalter und spirituellen Zugänge.

Weiter ist bemerkenswert, dass die Befragten kaum theologische Begriffe verwenden. Sie beschreiben die Wirkung des Glaubens auf ihr Leben mit säkularen Wörtern.

Chance: Die Kirche sucht Anknüpfungspunkte und Verbindungen, dazu gehört auch die Verbindung von einer theologischen und einer weltlichen Sprache.

8 Vgl. Kapitel 10, Generationenfreundliche Räume.

Für Insider
Wie stellen Sie sich zum Fakt des eigenständigen Glaubens der Menschen?

Können Sie Ja dazu sagen und sich darauf einlassen?

Wie verändert sich dadurch Ihr Kirchenbild?

Das Kirchenleben?

4. Unterschiedlichste Erwartungen

Kirche ist eine Projektionsfläche. Die Erwartungen sind gegensätzlich und lassen sich nicht unter einen Hut bringen. Für die einen ist sie zu wenig fromm und für andere viel zu fromm. Sie ist zu politisch – nein: zu wenig politisch. Sie soll sich viel mehr um die Menschen kümmern – sie soll mich Ruhe lassen. Sie soll sich endlich auf ihre Kerngeschäfte besinnen – nein: aus dem Elfenbeinturm herauskommen. Für die einen soll sie Bewährtes pflegen, für andere aktuell und experimentell sein. Oder beides gleichzeitig. Viele Leute haben eine traditionelle Vorstellung von der Kirche verinnerlicht: Sie sehnen sich zurück nach dem, wie es früher war; andere lehnen gerade dies vehement ab. Ein konservatives Kirchenbild wird oft auch von Distanzierten aufrechterhalten, weil sie sich Kirche wie früher vorstellen und nicht mitbekommen haben, dass sich kirchliche Orte entwickeln.

«Die Haltung der Kirche sollte unterstützend sein, nicht bevormundend und Zwang ausübend. Die heutige Haltung der Kirche empfinde ich als angenehm.»
38, wohlwollend

Chance: Kirchenbilder werden immer wieder thematisiert, mit dem Akzent auf Vielfalt, Freiheit und Aktualität.

5. Zwiespältiges Verhältnis zur Kirche

Von einer Mehrheit abgelehnt werden Erwartungsdruck und Vereinnahmung, Moralismus und Anbiederung. Es fällt auf, wie oft von den Befragten Bevormundung, Zwang und Kontrolle erwähnt werden. Auch heute noch! Ein als übergriffig empfundener Machtanspruch ist Bestandteil des kollektiven Gedächtnisses über Kirche. Zugespitzt wird diese Problematik, wenn man den gesellschaftlichen Kontext einbezieht. Der berufliche, schulische, familiäre oder soziale Leistungsdruck setzt den Befragten zu. Sie sehnen sich danach, sich in einem kirchlichen Umfeld entspannen, erholen oder Kontakte knüpfen zu können und nicht noch-

«Nicht aggressiv, nicht aufzwingend. Gedeckter Tisch, von dem ich nehmen kann, was ich brauche.»
58, wohlwollend

mals Erwartungen erfüllen zu müssen: Einfach nur mal sein. Die Erwartung an die Kirche ist, dass sie gegenüber ihren Mitgliedern keine Erwartungen hegt. Das ist zwar kaum zu schaffen, regt aber dazu an, den Umgang mit Erwartungen gegenüber den Gemeindegliedern zu hinterfragen und anzupassen. Gewünscht sind Toleranz und Respekt, Offenheit und Gastfreundlichkeit, gesehen und gehört werden, Alltagsnähe und Lebendigkeit, situationsgerechte Feiern und geistreiche Anstösse zum Nachdenken.

Chance: Was die Befragten wünschen, ist an vielen kirchlichen Orten Realität.

6. Hoffnungsträgerin

Kirche steht für Werte und Hilfe, Präsenz und Engagement für das Gemeinwohl. Das Idealbild ist: Sie engagiert sich sozial und steht auf der Seite der Schwachen. Man kann sich auf sie verlassen. «Sie ist für mich da, wenn ich es brauche oder möchte», formuliert eine 17-Jährige, die sich als wohlwollend bezeichnet. In Krisen suchen die Menschen bei ihr eine Anlaufstelle und Unterstützung, in Übergangssituationen Know-how und Begleitung, Feierlichkeit und Rituale. Eine 47-jährige Frau, ebenfalls wohlwollend, fasst ihre Sicht auf Kirche so zusammen: «Sie ist eine soziale Einrichtung, in der die zwischenmenschlichen Kontakte gepflegt werden. Sie ist eine Anlaufstelle in schwierigen

Lebensmomenten und ein Ort, wo Spiritualität gelebt werden kann, in der Form, die einem zusagt.» Die Selbstwahrnehmung der Insider – wir sind immer weniger und immer mehr am Rand – und das uncoole Image kontrastieren zu den Hoffnungen, die viele immer noch auf die Kirche setzen, und zur hilfreichen Rolle, die sie ihr zutrauen.

«Schön wäre es, wenn sie den Zusammenhalt und das Verständnis untereinander stärken könnte.»
39, distanziert

Chance: Kirche ist trotz allem und immer noch eine Hoffnungsträgerin.

7. Begegnungsort

Das Interesse an Begegnung und Austausch im Raum der Kirche wird oft genannt – mit Freiheit, unkompliziert und in unterschiedlicher Intensität, von locker-punktuell bis häufig und verbindlich. Ein 14-Jähriger meint: «Ich finde es gut, dass es auch um Treffpunkte geht und nicht nur ums Beten oder den Gottesdienst in der Kirche. Das Handeln ist wichtig, nicht nur das Reden.» Viele der Befragten sprechen der Kirche eine aktive Rolle beim Zusammenleben zu.

Chance: Kirche als Begegnungsort ist für viele Menschen interessant, egal ob mit nahem oder distanziertem Bezug.

8. Aktiv in der Zivilgesellschaft

Uns interessierte, wie die Menschen das Verhältnis zwischen Kirche und Gesellschaft sehen. «Die Kirche muss ein Gegenpol sein zur Politik und soziale und emotionale Bedürfnisse der Gesellschaft abdecken», formuliert eine 56-Jährige mit distanziertem Bezug ihre Sichtweise. Viele der Antworten gehen in diese Richtung: Kirche soll achtsam sein bei sozialen und gesellschaftlichen Entwicklungen. Und sie ist Ansprechpartnerin für die Sorgen der Menschen wie Krankheit, Geld- und Familiensorgen.

«Achtsamkeit für soziale und gesellschaftliche Entwicklungen.»
57, wohlwollend

Chance: Die Kirchen positioniert sich aktiv und engagiert in der modernen Gesellschaft. Und auch die Zivilgesellschaft weiss, was ihr die Kirchen mit ihren Inhalten, Engagierten und Leistungen wert sind.

9. Kirche und Alltagsleben

Die Lebensmittelpunkte der meisten Menschen sind: Familie und Arbeit, Freizeit und Hobbies, soziales Umfeld, Auseinandersetzung mit der Gegenwart. Die Berührungspunkte mit Kirche sind punktuell, aber nicht zu unterschätzen. In den Interviews wurden Fragen zum Alltag gestellt, um mögliche Bezüge der Kirche zum täglichen Leben auszuloten. Dabei zeigte sich eine Fülle von Aspekten, die für die Gemeindearbeit interessant sind.

Der Alltag ist streng, vor allem für Personen mittleren Alters und für Familien. Kinder, Jugendliche und Erwachsene bis zum Pensionsalter sind sehr gefordert, haben volle Agenden und müssen vieles unter einen Hut bringen. Viele, auch schon Kinder, haben eng getaktete Tage, leiden unter dem Leistungsdruck und sehnen sich nach freier Zeit, unverplanten Freiräumen und Ruhe. Das Bedürfnis nach Entlastung ist gross, speziell bei den Familien und dort bei Alleinerziehenden. Als belastende Faktoren wurden genannt: Kein eigenes Zimmer, schlechte Noten, Schlafmangel, Zeitmangel, Stress (Schule, Arbeit, Familie, Freundeskreis), Arbeitsdruck, Hektik, Erwartungen, Intrigen, Streit, Trennung, mangelnde Anerkennung, unkorrekte Umgangsweisen, Misstrauen, Unübersichtlichkeit, Krankheit, Todesfälle, Altwerden, Weltlage usw.

«Mich belastet Not und Krankheit und die ganze Welt, dass sie ins Unglück schlittert. Man ist so machtlos! Auch Schicksale von Bekannten, die schlimm dran sind, und niemand hilft. Oder Unfrieden, Ungutes, das nicht geregelt werden kann.»
84, nah

Was aber freut und beglückt, entspannt und bereichert die Menschen? Die Frage nach dem, was im Alltag stärkt, wurde gestellt, um herauszufinden, was von den Kirchgemeinden aufgenommen werden könnte. Genannt wurden:

- Elementare körperliche Bedürfnisse: Morgens aufstehen, sich bewegen, essen, schlafen, Kaffee trinken, gesund sein
- Entspannen, auftanken, verweilen, sich bewegen, Sport, spazieren, sich in der Natur aufhalten, zusammenleben mit Tieren
- Einer erfüllenden Tätigkeit nachgehen, Betätigungsmöglichkeiten (Spiel, Kreatives, Handeln, Hobbies)
- Erfolg, Gelingen, Anerkennung, Wertschätzung
- Soziale Bedürfnisse: Leute treffen, sich austauschen, in ein interessantes Umfeld eintauchen, mit anderen zusammensein (unkompliziert, friedlich, ohne Streit)
- Kulturelle Erlebnis-, Frei- und Denkräume
- Wichtige Momente speziell begehen
- Etwas Sinnvolles tun, Impulse für Sinn, ein Ziel, eine Aufgabe erhalten

Die Zeiten, als die Menschen der Kirche oder «ihrem» Pfarrer, «ihrer» Pfarrerin zuliebe Angebote besuchten, sind vorbei. Viele haben keine Zeit, um *regelmässig* dabei zu sein. Sie können sich, wenn, dann punktuelle Kontakte zur Kirche vorstellen. Für Familien ist der Sonntag oft der einzige freie Tag. Einige sind bereit, sich innerhalb klarer und überschaubarer Rahmenbedingungen zu engagieren. Ein Openend-Engagement ist für die wenigsten attraktiv. Alle, die inmitten der hohen Alltagsanforderungen Zeit und Kraft für ein freiwilliges oder ehrenamtliches Engagement investieren, haben Wertschätzung verdient.

«Mit dem Partner, mit Freunden, mit allen; bei Familienangelegenheiten; nicht mit dem Pfarrer.»
40, wohlwollend

Chance: Kirchliche Angebote müssen den Menschen nützen, sie erfreuen und entlasten – und nicht zusätzlich belasten, zum Beispiel durch einen grossen zeitlichen Aufwand. Kirche wird als Kür, nicht als Pflicht verstanden, als Freiraum und Ort der Begegnung mit sich und anderen. Die gesammelten Aussagen helfen, jene Bereiche auszubauen, die als stärkend empfunden werden, wie auftanken, begegnen, handeln, spielen, nachdenken, draussen sein, Räume nutzen können. Niederschwelliges ermöglicht den Menschen, Herr und Herrin über die eigene Zeit zu bleiben und, als Kontrapunkt zum verplanten Alltag, spontan den eigenen Impulsen folgen zu können.

10. Reden über den Glauben

«Es ist einfach kein Thema unter Freunden oder in der Familie.»
40, distanziert

«Pfarrperson. Gesprächsgruppe in Kirche, wo man sich kennt.»
70, nah

Wir stellten die Frage, ob, mit wem und wie oft die Befragten über Religiöses sprechen. Damit wollten wir herausfinden, ob das Reden über Glaubensthemen in der heutigen Gesellschaft tabuisiert ist.

Die Hälfte der Befragten gibt an, selten oder nie darüber zu sprechen. «Es ist einfach kein Thema unter Freunden oder in der Familie.» Die andere Hälfte gibt an, monatlich und öfter darüber zu sprechen, meistens mit Personen aus dem sozialen Netz wie Ehepartner/-in, Familie, Eltern, Schwiegereltern, Kinder, Grosseltern, Enkel, Freund und Freundin, Nachbarn, Kollegen und Kolleginnen. Jugendliche reden seltener über religiöse Fragen als Erwachsene, Männer weniger als Frauen. Für viele braucht es dafür einen geschützten, vertrauensvollen Rahmen, meistens im Alltag. Einige reden mit grosser Unbefangenheit darüber. Manchmal löst ein bestimmter Anlass ein Gespräch aus: Eine Frage, ein Ereignis, eine Krankheit. Eltern werden durch ihre kleinen Kinder dazu angeregt, sich mit religiösen Fragen auseinanderzusetzen. Es gibt religionssensible Lebensphasen und Zeiten: Familiengründung, Schicksalsschläge, Krankheit, Alter, Kindheit.

Gespräche mit kirchlichen Amtspersonen sind seltener. Die Schwelle, mit ihnen Religiöses zu besprechen, ist höher. Ausschlaggebend ist, ob bereits ein Vertrauensverhältnis besteht. Dies gilt auch für Gesprächsgruppen.

Für einen Teil der Befragten ist das Reden über den Glauben etwas Privates, Intimes, sogar ein Tabu. Es stellt sich die Frage, ob die Kirche mitverantwortlich für diese Tabuisierung ist, weil sie lange Zeit die Deutungshoheit in Glaubensfragen für sich in Anspruch nahm.

Chance: Ein offener Begegnungsraum, in dem alle ein- und ausgehen, baut Barrieren ab, schafft Zutrauen und fördert den zwischenmenschlichen Austausch auch über religiöse Themen. Die Hoffnung ist, dass das Reden über Glauben und Religion wieder salonfähig wird, wo immer, mit wem auch immer und auch ausserhalb eines definierten Settings wie zum Beispiel der Seelsorge. Unterstützend wirkt ein Klima, in dem fragen und zweifeln, nachdenken und bekennen einfach ganz normal ist.

Grafiken, Fragenkatalog, Resultate und Weiterführendes zu den Zielgruppengesprächen

«Sie stellt sich dem Druck von ‹immer mehr› entgegen. Sie engagiert sich, zum Beispiel in der Nachbarschaftshilfe. Sie ist offen, aber nicht beliebig. Sie vertritt eine klare Ethik und Werte. Sie ist einschliessend, nicht ausschliessend. Sie blendet ihre Stärke und ihre Schwäche nicht aus. Sie ist nicht dogmatisch, sondern fragt in der Situation: ‹Was braucht es jetzt? Was braucht dieser Mensch?›. Sie macht die Güte erlebbar, die man sonst in der Gesellschaft nicht spürt. Die Kirche setzt sich für Versöhnung ein. Es ist die Kunst zwischen Offenheit für alle und dennoch einer klaren Haltung.»
42, nah

4. THEOLOGIE DER GASTLICHKEIT

Die Gastfreundschaft ist der Kern: Die gastliche Kirche ist entgegenkommend und zugewandt – auch gegenüber denen, die sie als fremd empfindet, und seien das die eigenen Mitglieder. Sie schafft Raum und eine Atmosphäre, damit die Menschen aller Lebensalter und Art gerne einkehren. Die Gäste bekommen im Zentrum ihren Platz, nicht am Rand. Sie werden als Zugehörige gesehen. Es besteht Frei- und Spielraum, damit sie sich so einbringen können, wie es zu ihnen passt.

Gastfreiheit

In den Zielgruppengesprächen lautete eine Frage, welche Haltung die Menschen von der Kirche ihnen gegenüber erleben möchten. Folgende Adjektive wurden immer wieder genannt: annehmend, aufmerksam, ehrlich, einladend, engagiert, entgegenkommend, freundlich, herzlich, gastfreundlich, geborgen, gegenseitig, interessiert, lebhaft, loslassend, nett (vor allem von Kindern und Jugendlichen verwendet), ganz normal, offen, respektvoll, vorurteilslos, warmherzig, weltoffen, wertschätzend, wohlwollend, unbefangen, zugewandt. «Die Kirchgemeinde sollte Gastgeberin sein», fasst ein 82-Jähriger die Wünsche vieler Befragten von kirchennah bis distanziert zusammen.

Unter dem Stichwort der Gastlichkeit lässt sich zusammenfassen, was die Menschen an Kirche berührt und bewegt. Deshalb haben wir als Basis des Modells Generationenkirche eine Theologie der Gastlichkeit ausgearbeitet.[9] Diese ist anschlussfähig an verschiedene Konzepte und kirchliche Orte. Sie setzt einen Akzent bei den Beziehungen und schafft einen zukunftsoffenen Gestaltungsraum. «Wenn man einladend und gastfreundlich ist, kommt zum Tragen, was auch in der feministischen Theologie entwickelt wurde: Dass Gott Beziehung ist», meint zum Beispiel Martin Jud[10], der deshalb versucht, seine Pfarrrolle als Beziehungsqualität zu leben.

Folgende Ausführungen sind gedacht als Skizzen zum Weiterzeichnen, getreu dem Grundsatz, dass es einen Umgang mit Vielfalt und Heterogenität zu finden gilt und Gastlichkeit einen weiten Horizont öffnet.

Gemeinschaft lebt von Gastfreundlichkeit

Gastlichkeit eignet sich als Lösungsansatz sowohl für aktuelle gesellschaftliche Verwerfungen (Isoliertheit, Radikalisierung) wie für Engführungen in der Kirche.

In der hochdifferenzierten Wohlstandsgesellschaft driften Lebenswelten (*bubbles*) auseinander. Gruppen entstehen durch das Zusammenfinden von Gleichgesinnten und in Abgrenzung von anderen mithilfe differenter Symbole,

9 Vgl. auch: ⭳ Lisbeth Zogg Hohn, Theologie der gastfreundlichen Kirche.
10 Pfarrer Evangelische Kirche Uznach und Umgebung.

Werte und Lebensstile: «Wir sind anders als ihr!» Gemeinschaft wird damit exklusiv, sie schliesst die einen ein und damit die anderen aus. Dies kann zur Entfremdung zwischen den verschiedenen Bevölkerungsgruppen führen (Generationen, Geschlechter, soziale Milieus, Kulturen, Stadt und Land).

«Wenn ich jetzt in die Kirche komme, sprechen die Leute nicht miteinander, sie sind sich fremd. Ich wünsche mir, dass es wie ein Heimkommen wäre, dass man aufeinander eingeht.»
16, wohlwollend

Entfremdungsprozesse sind auch in der Kirche festzustellen. Nicht nur für Reformierte besteht das Problem, dass ihnen ein Teil der eigenen Mitglieder fremd geworden ist. Und umgekehrt: Die Kirche erscheint vielen als fremd. «Als eher seltener Gast fühle ich mich etwas abseits», beschreibt eine Frau ihre Befindlichkeit.

Eine der kirchlichen Kernaufgaben ist die Pflege der Gemeinschaft.[11] Diese wurde früher und wird manchmal auch heute im Gottesdienst verortet – meist eine Versammlung Gleichgesinnter. Wie lässt sich nun kirchliche Gemeinschaft vielfältiger denken und praktizieren, bis an die Ränder der Organisation? Weit, dynamisch, freiheitlich und im Bewusstsein, dass christliche Gemeinden niemals homogen sind? Es braucht eine Erweiterung des Gemeinschaftsbegriffs hin zur Gastfreundlichkeit. Es geht um den Einbezug und das Zusammenleben diverser Gruppen und um die Erfahrung von verlässlichen Beziehungen – auch als Antwort auf die Sehnsucht nach Offenheit und Gemeinschaft, die quer durch die Milieus immer wieder geäussert wird, und zwar auch unabhängig von der Kirche.

«Angenommen sein in der persönlichen Vielfältigkeit.»
60, nah

Eine gastliche Kirche – diese Vision ist uralt. Spuren und Ansätze dafür finden sich in der ganzen Bibel und immer wieder in Texten zeitgenössischer Theologen und Theologinnen. Bei der folgenden Skizze beziehe ich mich namentlich auf Jan Hendriks und seine Metapher *Gemeinde als Herberge.*[12]

Sich bei anderen beheimaten

Gäste sind unterwegs, also nicht zu Hause. Im Horizont der Ewigkeit sind wir alle Gäste, auf Pilgerschaft. Gastge-

11 Griechisch: koinonia. Neben der Verkündigung beziehungsweise dem Zeugnis (*martyria*), der Feier von Gottes Gegenwart (*leiturgia*) und dem Dienst am Nächsten (*diakonia*).

12 Jan Hendriks, Gemeinde als Herberge, Kirche im 21. Jahrhundert – eine konkrete Utopie, Gütersloh 2001. (Chr. Kaiser, Gütersloher Verlagshaus), 57.

bende bieten Heimat für eine bestimmte Zeit. Aber auch als Gastgebende können wir bei einem Gast einkehren und bei ihm zu Gast sein, nämlich dann, wenn dieser an seinem Leben Anteil gibt und so gastgebend wird. Und umgekehrt. Indem *Gast-Sein* und *Gastgebend-Sein* dynamisch und wechselseitig verstanden werden, zeigt sich ein neues Heimatverständnis: Heimat ist nicht dort, wo wir schon immer waren. Beheimatung entsteht immer wieder neu in Begegnungen. Der Horizont dieser Heimat ist die versöhnte Welt, das friedliche Zusammenleben, die Vorwegnahme des Gottesreichs. Die Glückserfahrung besteht darin, dass das Vertrauen sich lohnt und erwidert wird. Dass andere anders sind, wird zu einer Bereicherung.

Unwirtlichkeit ist der Gegenbegriff zur Gastlichkeit. Er beschreibt die feindselige Welt, in der man unbehaust, ausgesetzt und gefährdet ist.

> Physisch: Wüste, Eis, Fels, Einöde, Verletzung, Angriff …
> Sozial: Lieblosigkeit, Isoliertheit, Einsamkeit, Beziehungslosigkeit, nicht gesehen werden, bewertet und ausgeschlossen werden, nicht verstehen und verstanden werden, Ausbeutung, über den Tisch gezogen werden, Anpassungsdruck …
> Geistig: Sinnlosigkeit, Mutlosigkeit, Verzweiflung, Depression, Perspektivlosigkeit, Verlorenheit …

Im Kontrast dazu bietet ein *gastlich-wirtlicher Raum* Schutz, Geborgenheit und Akzeptanz. Die Botschaft lautet: «Du musst nicht kämpfen. Du gehörst dazu.» Jeder und jede wird wahr- und aufgenommen und hat Platz. Die Gäste können sich entspannen, auftanken, Kraft schöpfen und, wenn sie mögen, Beziehungen pflegen. Man ist im Trockenen und Warmen. Argwohn und Feindschaft sind hier fehl am Platz.[13]

Gastlichkeit öffnet die Herzen und neue Möglichkeiten. «Ich habe hier Offenheit, Innovation, Toleranz und das Gefühl erlebt, willkommen zu sein, egal mit welcher Haltung und Einstellung zum Glauben und zur Kirche man ankommt. Der Geist in dieser Kirchgemeinde hat mich un-

13 Wie die Herberge ist das Asyl eine Freistätte, ein Zufluchtsort und Obdach inmitten einer feindlichen Welt (griechisch: *asylon* = *unberaubt, unverletzt*).

glaublich angesprochen. Und wie unkonventionell und grosszügig man mit den Kleinkindern im Kirchenraum umging», beschreibt Undine de Cambio ihren Erstkontakt mit der Kirchgemeinde Uznach und Umgebung. Das hat sie hineingezogen.

Zwischen Freunden und Fremden entsteht eine Verbindung durch Beziehung und Liebe. Zumindest als Utopie. Diese Schlüsselbegriffe stehen für das implizite, gelebte Evangelium. Sie vermögen die unterschiedlichen Menschen zu integrieren. Dabei kommt es nicht auf Glaubensstil, Kultur oder Nation an. Sie machen die Kirche durchlässig für Kirchennahe und Kirchenferne, für Angehörige anderer Religionen oder atheistischer Haltungen.

Gastfreundschaft gegenüber Fremden

Gastlichkeit gegenüber Freunden, Freundinnen und Gleichgesinnten ist normal und selbstverständlich. Gegenüber Fremden ist es schwieriger, gastlich zu sein. Man kennt sie nicht. Sie haben andere Sitten und Werte, Lebensstile und Gewohnheiten. Kann man ihnen trauen? Das Fremde kann Angst machen. Es braucht eine Entscheidung, sich

der Andersartigkeit auszusetzen und dabei geduldig und offen zu bleiben. Es erfordert gegenseitig Respekt und Toleranz, weil für das fremde Gegenüber voraussichtlich und offensichtlich etwas anderes als normal gilt als für einen selbst. Man muss über den eigenen Schatten springen und sich selber Mut zusprechen: Ist es nicht eine Bereicherung, wenn andere anders ticken als ich?

Dabei mag die Überlegung helfen, dass man selbst ja für den anderen auch fremd ist. Fremdheit ist gegenseitig. Sie beschreibt nicht das Wesen eines Menschen, sondern eine Beziehung. Die Empfindung, dass jemand fremd ist, ist bedingt durch meine persönliche Perspektive, und diese ist relativ: Ich bin meinem Gegenüber, das mir fremd ist, ebenfalls fremd, weil wir uns nicht kennen.

«Andere Religionen einladen, kennenlernen.»
18, distanziert

Nun heisst das griechische Wort für Gastfreundschaft *philoxenia,* was übersetzt werden kann mit: *freundschaftliche Liebe zum Fremden.* Die Gastfreundschaft richtet sich auf Fremde aus! Ausgerechnet! Gerade sie werden freundlich empfangen, sie haben es auch am meisten nötig. Niemand muss sich einer Identitätsprüfung unterziehen. Martin Jud orientiert sich dabei an der Geschichte von Abraham und Sara: «Sie bewirten die vorbeikommenden Gäste, ohne zu wissen, dass sie es mit Gott zu tun haben. Das heisst für uns: Offen und respektvoll gegenüber allen, auch Fremden, sein, egal wer es ist. Nicht nur gegenüber den Leuten, die schon immer zu uns gehören.» [14]

Paulus spitzt das Verständnis der Gastfreundschaft nochmals radikal zu. Sie soll sogar gegenüber Menschen gelten, die als Feinde empfunden werden: «Von der Gastfreundschaft lassen wir nicht ab» (Röm 12,13). Der Kontext bettet diese Aufforderung ein: «Segnet, die euch verfolgen, segnet sie und verflucht sie nicht! Freuen wollen wir uns mit den Fröhlichen und weinen mit den Weinenden.» Paulus befindet sich damit in guter biblischer Gesellschaft, unter anderem der Bergpredigt.

«Ich erlebe das Göttliche in der Begegnung mit fröhlichen Menschen und mit Fremden.»
74, distanziert

Friedliches Zusammenleben ist nur möglich, wenn einander Fremde miteinander ein Auskommen und einen Modus Vivendi finden. Dies erweitert den Horizont. Wenn Fremde dazukommen, wird es bunter, reichhaltiger, vielfältiger, interessanter. Es macht glücklich, weil die Angst

14 Pfarrer Evangelische Kirche Uznach und Umgebung.

überwunden wurde. *Philoxenia* anerkennt die Unterschiede und bietet eine Strategie des Umgangs mit ihr. Die freundschaftliche Liebe zum Fremden lässt sich perfekt sowohl mit modernen Begriffen wie Diversität und Heterogenität verbinden als auch mit Sätzen wie: «Gott liebt dich.» – «Du bist gemeint.» – «Du bist einzigartig.» Eine Kirche, die sich an der *philoxenia* orientiert, schafft Orte des Seins und der Begegnung, damit sich die gegenseitige Fremdheit verändern kann in Richtung Austausch, Vertrautheit, vielleicht sogar Freundschaft.

Die Rede von der *philoxenia* lässt sich um die Dimension Gottes erweitern. Gott selbst erscheint den Menschen in der Bibel und auch uns gegenüber immer wieder anders: unvertraut, fremd, rätselhaft. Und umgekehrt: Auch die Menschen sind Gott immer wieder fremd geworden. So ist die Gastfreundschaft gegenüber Fremden eingebettet in die grosse Geschichte Gottes mit der Welt.

Der Umgang mit Fremdheit erfordert Raum und Zeit und eine variantenreiche Choreografie: Wie viel Nähe ist möglich? Wie viel Distanz ist nötig? Welche Bewegungsfreiheiten und Rhythmen fördern das Vertraut-Werden? Wie entsteht ein dynamisches Gleichgewicht zwischen Einzelnen und Gemeinschaft, Autonomie und Geborgenheit? Damit die Gäste, woher sie auch kommen, sich willkommen und aufgehoben fühlen und sagen können: «Hier bin ich richtig. Hier werde ich akzeptiert, wie ich bin.» Die einzelne Person zählt mit all ihren Eigenarten. Auch als Fremde und Fremder. Gemeinschaft entsteht mal im dichten, mal im lockeren Zusammenspiel von Einzelnen und Gruppen.

Die gastliche Kirche eignet sich für diese Zusammenfindungsprozesse. Martin Jud stellt fest: «Plötzlich kommt man durch die gastliche Haltung an Leute heran, die früher nie dabei waren.»[15] Eine Vertrauenskultur ersetzt das Klima des Misstrauens. Denn das Evangelium ist durch und durch gastlich.

---

15 Pfarrer Evangelische Kirche Uznach und Umgebung.

Heimat und Fremde

Wer ist fremd? Warum? Was macht jemanden zum Fremden, zur Fremden? Wie erfahre ich, was Fremde brauchen?

Was ist für mich Heimat? Wo? Was macht es aus, dass ich mich beheimatet fühle? Wann fühle ich mich bedroht?

Was hilft mir, Fremden zu vertrauen?

Bewusste Glaubenshaltung

Gastfreundschaft gegenüber Fremden beruht auf einer Entscheidung und einer Haltung. Die gastliche Kirche ist damit ein Gegenpol zu jenen Gruppenbildungsprozessen, die vor allem auf der Abgrenzung von anderen gründen, wie dies bei fremdenfeindlichen Bündnissen, Clans und den sogenannten identitären Bewegungen der Fall ist. Sie alle formulieren strikte Bedingungen der Zugehörigkeit und schliessen damit andere aus.

Fremden mit einem Vorschuss an Vertrauen zu begegnen, ist mehr als eine romantische Idee, die bei den ersten Stürmen der Realität zum Opfer fällt. Es ist der Kern des Evangeliums und gründet in einem unerschütterlichen Gott- und Menschenvertrauen. Die weltoffene Gastfreundschaft der Kirche ist eingebettet in die Beziehung zu Gott und verbunden mit der Weitergabe des Segens, der alles zusammenhält. Dies ist die direkte, konkrete Auswirkung der Glaubensüberzeugung, dass die Menschen Kinder Gottes sind und deshalb als Geschwister in der weltweiten Patchworkfamilie zusammengehören, eingebettet in die Gemeinschaft alles Geschaffenen.

Leichter gesagt als gelebt. Wer vertraut, macht sich verletzlich. Um diese Art Gastlichkeit zu praktizieren, braucht es eine vernünftige Glaubensentscheidung jeder einzelnen Person und der Organisation als Ganzes.

«Kirche soll mir Freiheit lassen, nicht einengend oder aufdringlich sein. Ich möchte kommen und dann wieder gehen können.»
22, wohlwollend

> *Vernünftig*, weil man sich nicht an Ängsten, sondern an der Erfahrung orientiert, dass Entgegenkommen und Akzeptanz in den meisten Fällen die positiven Kräfte im Gegenüber wecken.
> *Entscheidung zu einer inneren Haltung*, weil es gerade in Konfliktsituationen ein beharrliches daran Festhalten braucht, nicht aufgrund von Misstrauen, Kränkung und Frustration, sondern aufgrund von Vertrauen zu handeln.
> *Glaube*, weil es ein Festhalten am Versprechen Gottes ist, dass die Menschen als Geschwister zusammengehören. Im schlimmsten Fall auch entgegen dem Augenschein. Es ist das Vertrauen in die Kraft der Liebe.

Gastfreundschaft lebt von Freiheit

Im von Hendriks verwendeten holländischen Wort für Gastfreundschaft ist die Freiheit betont: *gastvrijheid.*[16] Gemeint ist: Die Gäste können kommen, auftanken und wieder gehen. Oder verweilen und das tun, wonach ihnen der Sinn steht. Sie haben Raum zur Teilnahme und Teilhabe in der von ihnen gewählten Form. Sie werden nicht vereinnahmt, müssen keine Bedingungen und Erwartungen erfüllen. Dies entspricht dem zentralen Bedürfnis, sich frei zu fühlen.

Die gastliche Kirche begegnet den Menschen bewertungsfrei. Sie versucht nicht, sie «drinnen festzuhalten» und tut alles Nötige, «damit sie ihren eigenen Weg gestärkt,

16 Hendriks, Gemeinde als Herberge, 59.

vielleicht auch mit Freude, weitergehen können.»[17] Sie sorgt für das Wohl der Gäste, rundum. «Man muss Bedürfnisse sehen und dafür einen Ort oder ein Angebot schaffen, sodass die Menschen spüren: ‹Das tut mir gut›! Es ist wichtig, wie ein Raum gestaltet ist. Was braucht es, damit die Atmosphäre stimmt? Das fängt beim frischen Blumenstrauss an. Oder beim Sonnenschutz auf der Spielwiese», betont Claire-Lise Kraft.[18]

Eine freigebende Haltung löst den Erwartungs- und Vereinnahmungsdruck, den viele von der Kirche spüren oder auf diese projizieren, aufgrund eines veralteten Kirchenbilds oder unerfreulicher Erfahrungen. «Wir haben nie gefragt: ‹Wie lebst du deinen Glauben?› Dies ist mit ein Grund, dass Leute unterschiedlicher Couleur bei uns mitarbeiten», beschreibt Pfarrer Markus Fässler die entspannte Kultur im Generationenhaus Sonnegg in Zürich-Höngg. Jede und jeder bestimmt selbst über die Art und Intensität der Zugehörigkeit und Beteiligung.

«Wärme und Geborgenheit; ich fühle mich akzeptiert, wie ich bin. Meine Kinder und ich sind hier geschützt.»
39, wohlwollend

Anderen Freiheit zugestehen, verlangt von den Gastgebenden, innerlich frei zu sein und zu vertrauen: Es ist gut, wie es ist.

Fulbert Steffensky formuliert es so: «Ich wünsche mir eine Kirche, die ihre Türen weit geöffnet hat. Es soll jeder eintreten können. Es soll jeder so lange bleiben können, sich die Geschichten und Lieder ausleihen können, wie er will. Ich wünsche eine Kirche, die Menschen aufnehmen kann und Menschen gehen lassen kann; eine Kirche, die es erträgt, gebraucht und abgewiesen zu werden.»[19]

Die gastfreundliche Gemeinde gibt den Gästen Gelegenheit, «ihre Geschichte zu erzählen und den Geschichten anderer zuzuhören; sie bietet ferner Möglichkeit zur Beratung, um gemeinsam zum Handeln zu kommen, aber bringt auch Geselligkeit, Ruhe und Entspannung.»[20] Wenn man *die eigene Geschichte erzählen* auch nonverbal versteht, öffnet sich ein weiter Raum. Geschichten werden erzählt im Spiel, im Handeln oder im einfachen Dasein, mittels

17 A.a.O., 55.
18 Sozialdiakonin Sonnegg Zürich-Höngg.
19 In: Fulbert Steffensky, Das Haus, das die Träume verwaltet. Von der Schönheit tradierter Glaubensformen, verlagsgemeinschaft topos plus, Kevelaer 2014, Bd. 871, 29.
20 Hendriks, Gemeinde als Herberge, 55.

Mimik und Gebärde, Bewegung und Musik, im kreativen Gestalten. Durch all diese Ausdrucksformen werden die Rollen dynamisch und die Gäste zu Gastgeberinnen und Gastgebern am eigenen Leben.

Gemeinschaft entsteht, wenn man über den Tellerrand schaut, am Leben des Gegenübers Anteil nimmt und an der eigenen Situation Anteil gibt, durch Austausch von Erfahrungen und Lebensweisheit. So wächst eine Kultur des Gemeinsamen. In der gastlichen Kirchgemeinde entsteht ein dynamisches Wechselspiel zwischen den verschiedenen Rollen – alle können sowohl Gast als auch gastgebend sein.[21] Im Modell Generationenkirche wird dies konkretisiert durch die Gewichtung der *Eigeninitiative.*[22]

Diese Art von Gastlichkeit führt zu weniger Verbindlichkeit. Menschen kommen und gehen, Lebensentwürfe treffen aufeinander. Ein niederschwelliger Begegnungsraum lässt sich nicht kontrollieren. Man muss andere Ansichten, Meinungen und Verhaltensweisen stehen lassen können. «Man akzeptiert auch Meinungen, die nicht verstanden oder nachvollzogen werden können», bringt es ein Interviewpartner auf den Punkt.

Offen sein heisst, Unterschiede auszuhalten und eine Kultur der Differenzverträglichkeit[23] zu pflegen. Die gastliche Kirche lässt sich nicht auf ein bestimmtes Milieu reduzieren, sondern sie will milieu- und kulturverbindend wirken. Sie ist in ihrer Mitte mit derselben Vielfalt konfrontiert, «wie wir sie auch in der Gesellschaft antreffen. Es wäre ein gewaltiger Beitrag der Kirche zur Gesellschaft, wenn es ihr gelänge, in ihrem eigenen Bereich eine wirkliche Gemeinschaft von Männern und Frauen, Schwarzen und Weissen, Fremden und Einheimischen, Reichen und Armen, Jung und Alt zu verwirklichen. Kurz gesagt: Wenn sie das lebte, was in der Urkirche bei der Taufe gesagt wurde: ‹Hier ist nicht Jude noch Grieche, hier ist nicht Knecht noch Freier, hier ist nicht Mann noch Frau.› (Gal 3,28). Das ist *Koinonia.* Es müssen sich nicht alle lieb haben, wohl aber müssen es alle miteinander aushalten. Die Kirche sollte nicht wie ein

21 ⤓ Lisbeth Zogg Hohn, Vom Rand in die Mitte, Exegese zu Mk 10,13-16. Der Text behandelt das Wechselspiel zwischen Gast-Sein und Gastgebend-Sein.

22 Vgl. zum Beispiel Kapitel 8 zur niederschwelligen Drehscheibe.

23 Begriff des Philosophen Hans Saner.

Spiegel fungieren, der reflektiert, was es in der Gesellschaft alles gibt, sondern wie ein Fenster, das eine Aussicht auf ein neues Panorama bietet. Kirche als Gegenkultur. Das würde ihr obendrein das Recht geben, bei der Gestaltung der Gesellschaft mitzuwirken.»[24]

Ganzheitlich gastlich

Die Kirche ist selbstverständlich nicht die einzige, die Gastlichkeit praktiziert. Sie ist diesbezüglich in vielerlei Hinsicht eine Anfängerin und kann zum Beispiel in der Gastronomie oder Hotellerie lernen, auf welche Details es ankommt. Ihre Nische und ihre Chance: Die Gastlichkeit ganzheitlich zu gestalten, den Himmel zu erden.

Dimensionen der kirchlichen Gastlichkeit

> Physisch: Entspannen, verweilen, warm haben, satt werden, bequem sitzen, sich geborgen fühlen, Raum haben, sich bewegen können

24 Hendriks, Gemeinde als Herberge, 52.

- Sozial, zwischenmenschlich: Dazugehören, in Kontakt sein, sich austauschen, gehört werden, mitwirken, etwas Sinnvolles tun
- Emotional: Wertschätzung erfahren und geben, respektiert werden
- Geistig, philosophisch, intellektuell: Sich interessieren und Interesse erfahren, Horizont erweitern, nachdenken, an Traditionen anknüpfen, etwas verstehen
- Spirituell, geistlich, religiös: Kraft tanken, zur Ruhe kommen, sich gehalten und verwurzelt fühlen, Mut finden, Segen bekommen und weitergeben

Diese Ebenen hängen zusammen und voneinander ab.

Kirche ohne Worte. Über das Implizite

Mit der Gastlichkeit im Zentrum stellt sich die Frage: Wie geht das mit dem Auftrag der Kirche zusammen, das Evangelium zu verkünden? Wie kommt das Evangelium eigentlich zu den Menschen? Das Was und das Wie und das Wozu hängen eng miteinander zusammen. Genau dieses Spannungsfeld zwischen dem Auftrag, den Absichten, dem Ausgesprochenen und den Wirkungen interessiert uns.

Für die explizite Verkündigung des Evangeliums bestehen Gefässe wie Gottesdienst, Gebets- und Bibellesegruppen, Unterricht, Seelsorge. Verantwortlich dafür sind meist die Pfarrpersonen.

Wie aber erreicht das Gesagte die Menschen? Eine Botschaft wird bedeutsam, indem sie gespürt, erlebt, geschmeckt, gefühlt, gesehen, verstanden, ergriffen wird – mit Herz und Hand, Bauch und Kopf, mit Haut und Haar und allen Sinnen. Sie wirkt, indem sie berührt. Das Ausgesprochene braucht das Unausgesprochene, um zu wirken: *die Haltung und die Atmosphäre.* Im Impliziten bewährt sich das Explizite. Dann wird die Botschaft real und kann in ihrer Bedeutung verinnerlicht werden.

«Willkommen sein, egal wer man ist und wie man aussieht.»
14

Menschen nehmen mit einem feinen Sensorium die Übereinstimmung zwischen dem Gesagten und dem Gelebten wahr. Das explizit Verkündete wird immer auf dessen existenzielle Bedeutung abgetastet. Ist es authentisch? Wird gelebt, was gepredigt wird? Was heisst es für meinen Alltag? Was nützt das Reden über die Liebe Gottes, wenn die kirchlichen Akteure untereinander zerstritten sind, man sich persönlich nicht wahrgenommen fühlt, die sterile Atmosphäre einen erstarren lässt, der Raum düster ist und muffig riecht, das Ordnungsregime alle Lebendigkeit unterdrückt? Dann passiert das pure Gegenteil von dem, was man anstrebt. Oder wie Matthias Schneebeli es ausdrückt: «Wo Jesus draufsteht, ist nicht unbedingt Jesus drin.»[25]

«Freundliche Haltung, den Gästen zeigen, dass sie willkommen sind. Respektvoller Umgang mit allen anderen. Sich nett begrüssen. Essen und Trinken anbieten.»
17, distanziert

Damit das Evangelium die Menschen erreicht und berührt, braucht es dessen ganzheitliche Übersetzung. Zum Gast wird durch Haltung, Räume und Atmosphäre gesagt: «Es ist schön, bist du da. So wie wie du bist.» Das Implizite ist besonders in einem niederschwelligen Setting aussagekräftig.

Pointiert gesagt: Alles ist Verkündigung, alles predigt. Zwar nicht in einem homiletischen Verständnis, der Lehre von der Predigt. Aber in seiner Wirkung.

Explizit und implizit gehören zusammen wie die zwei Brennpunkte einer Ellipse. Es sind sich ergänzende Zugänge zur Kirche. Es braucht Worte, die etwas benennen. Das Gesagte ist aber nicht deshalb bedeutsam und real, weil es ausgesprochen, sondern indem es gelebt und erlebt wird, als Haltung der Liebe.

25 Pfarrer Evangelische Kirche Uznach und Umgebung.

Wie wirkt das Implizite?

Während die explizite Verkündigung zur DNA der Kirche gehört, scheint die Wirkungsweise und das Potenzial der impliziten Verkündigung für viele Neuland zu sein. «Was hat das mit Kirche zu tun, wenn die Menschen sich auf ihrem Areal *nur* treffen, schwatzen und die Kinder dabei spielen? Das können die doch auch anderswo! Bei der Kirche muss doch noch mehr dazukommen.» Kirchgemeinden, die damit angefangen haben, das Implizite bewusst einzusetzen, sind dann auch, wenn neue Leute zum Team stossen, regelmässig mit Fragen konfrontiert. Markus Fässler hat das auch erlebt: «Wir wurden gefragt, ob Kaffee ausschenken das Eigentliche sei oder ob wir wir vom Kaffeetrinken über den Gottesdienst zum Eigentlichen kommen. Oder warum wir als Kirche Atelierkurse anbieten.»[26]

Gemeint ist: Kaffee trinken und Atelierkurse reichen nicht, damit es Kirche ist. Es bräuchte dazu die explizite Verkündigung. Eine Amtsperson müsste ausdrücklich und mit theologischen Worten den Segen geben. Was die einen vermissen, ist allerdings für andere ein Grund, das Weite zu suchen, weil sie das Explizite als überstülpend empfinden.

Das Implizite darf nicht unterschätzt werden. Man kann auf die Wirkung des Impliziten vertrauen, das ist für Sebastian Doll klar: «Ich stehe trotzdem am Sonntag auf der Kanzel, taufe und beerdige. Ich gehe einfach mit einer anderen Haltung auf die Menschen zu.»[27]

Zu verstehen, wie das Implizite funktioniert, hilft, es zu schätzen und zu nutzen. Es braucht einen expliziten Rahmen, erst dann kann es wirken. Den Menschen muss bewusst sein: Dies hier ist ein kirchlicher Ort – aufgrund des Namens, des Gebäudes, der Glocken, der Mitarbeitenden, der Angebote, der Infowand usw. Eine Kirche verweist per definitionem auf Gott und hat den Anspruch, in der Strahlkraft des Göttlichen zu stehen. Genau dies steht auf dem Prüfstand: Ist sie es wirklich? In der Aura einer Kirche ist die religiöse Dimension immer auch ohne Worte ein Thema, von positiv bis negativ. Wenn die Menschen nun an einem kirchlichen Ort entspannt Kaffee trinken, sich

26 Pfarrer Sonnegg Zürich-Höngg.
27 Pfarrer Evangelisch-Reformierte Landeskirche Glarus.

austauschen und daneben die Kinder spielen, bewerten sie diese Erfahrung anders als in einem familienfreundlichen Café. Denn es ist *nicht* das Gleiche, der Rahmen (*frame*) ist ein anderer. Die Erfahrung hat dadurch, dass es in der Kirche geschieht, eine andere Qualität und wird anders eingeordnet. In der Reformierten Kirche Flawil heisst es deshalb programmatisch: «Kirche ereignet sich auch bei Kaffee und Kuchen.»

Menschen, die ohne Worte eine gastliche Kirche erleben, verbinden diese Erfahrung mit ihrem persönlichen Kirchenbild, ihrem Glauben und Zweifeln. «Aha, auch das ist Kirche? Spannend.» Es stimuliert ihr Nachdenken über Gott und Kirche, es wird in ihren Köpfen und Herzen explizit. Die Bedeutungsbildung passiert immer bei den einzelnen Menschen. Sie entscheiden darüber, was sie wie aufnehmen und beherzigen. Dies gilt sowohl für das Explizite, wie dem Hören einer Predigt, wie für das Implizite. Wenn man nun berücksichtigt, dass viele Menschen argwöhnen, im Raum der Kirche manipuliert und bewertet zu werden, kann die Erfahrung der ganzheitlichen Gastfreundlichkeit ausschlaggebend sein, um die persönlichen Vorverständnisse über die Kirche zu überprüfen.

Für kirchliche Akteure kann es reizvoll sein, mit dem Impliziten und dem Expliziten zu spielen. Wo muss etwas ausgesprochen werden? Wo gerade nicht, weil es die Gastfreiheit tangiert? Das Explizite muss dem Setting des Angebots entsprechen, als Teil der authentischen Ausstrahlung. Es braucht Fingerspitzengefühl, es darf keine Mogelpackung sein. Dies wäre der Fall, wenn die explizite Botschaft durch eine Hintertür doch noch platziert würde. Wird beispielsweise zu einem Konzert in der Kirche eingeladen, ist es unpassend, den Anlass unerwartet mit einem Gebet zu beenden; ausser dieses liturgische Element wurde ausdrücklich angekündigt.

Ausserhalb des kirchlichen Areals sollte die kirchliche Urheberschaft immer kommuniziert werden, damit die Menschen realisieren: Aha, das ist ein christliches Angebot. Der Rahmen muss klar sein, damit die Menschen sich dazu verhalten und ihre Erfahrung entsprechend einordnen beziehungsweise sich auch abgrenzen können.

Konkretisierung der Offenheit

Das Implizite ist ein mächtiges methodisches Werkzeug. Es gehört zur gastlichen Haltung und zur niederschwelligen Arbeitsweise. Es öffnet Freiräume, fördert Beziehungen und respektiert den selbstbestimmten Glauben der Menschen – und regt damit an, über verflossene und aktuelle Kirchenbilder nachzudenken.

Es braucht das Vertrauen, dass im Lebensraum Kirche auch das Implizite wirkt. Alles, was dort geschieht, steht in der Strahlkraft des Göttlichen – das Spiel der Kinder, die persönliche Befindlichkeit, das Essen und Trinken, das Reden miteinander. Dafür muss der Anspruch auf Kontrolle aufgegeben werden. Claire-Lise Kraft beschreibt es so: «Die Beziehungen müssen nicht mehr alle über uns Mitarbeitende laufen. Die Gemeinschaft wird mit- und untereinander gelebt. Aber man muss loslassen können und darf dabei keine Machtprobleme haben. Diese neuen Gemeinschaftsformen und Beziehungen passieren eigeninitiativ.»[28]

28 Sozialdiakonin Sonnegg Zürich-Höngg.

Eine Kultur der Gastlichkeit aufbauen

Wie lässt sich eine Theologie der Gastlichkeit konkret und gesamtbetrieblich umsetzen – angepasst an die örtlichen Gegebenheiten und Möglichkeiten?

Die gastliche Kirche ist mehr als ein Projekt mit einem definierten Anfang und Ende. Es ist eine gemeinsam aufgebaute Kultur, eine Haltung und eine Atmosphäre. Sie zieht sich als roter Faden durch die gesamte Organisation, ist geschmeidig und entwickelt sich immer weiter.

Zusammenarbeit

Eine Kultur der Gastlichkeit entsteht nicht von selbst; insbesondere, wenn viele Menschen – vom Hausdienst bis zu den Freiwilligen – beteiligt sind. Die einzelnen Persönlichkeiten und das Zusammenwirken der verschiedenen Akteure spielen eine grosse Rolle, weil sie das Gastliche je in ihrer Eigenart und ihren Talenten entsprechend verkörpern – herzlich-warm oder trocken-zurückhaltend, extravertiert oder introvertiert, scheu oder selbstbewusst, wie auch immer. Die Unterschiede, das Gastliche zu leben, müssen Platz haben. Deshalb hilft es, wenn die Gastlichkeit als gemeinsame Ausrichtung und als Rahmen definiert ist. Auf dieser Grundlage lässt sie sich in den einzelnen Bereichen durchbuchstabieren.

«Ich finde, die Kirche sollte nett und hilfsbereit sein. Sie sollte die Menschen unterstützen und ihnen weiterhelfen.»
15, wohlwollend

Fehlerkultur

Die gemeinsame Haltung erfordert das praktische Einüben, das genaue Hinschauen und immer wieder Gespräche. Gleichzeitig gilt: Man darf Fehler machen. Für Markus Fässler ist es sehr wichtig: Weder Gäste noch Gastgebende werden gemassregelt. «Die Freiwilligen werden gebrieft. Alle wissen: Hier wird niemand erzogen, sondern wir helfen den Menschen bei ihren Bedürfnissen. Wenn zum Beispiel ein Glas ausleert, gibt es keinen Seufzer und kein Augenrollen, sondern man holt einen Lappen. Diese Kultur muss man setzen. Reibungspunkte werden immer wieder thematisiert. Mittlerweile funktioniert das gut.»[29] Eine Kultur der Gastlichkeit gibt den Gästen das Gefühl: Hier kann ich sein. Und hier kann ich handeln. Passiert ein Missgeschick, ist

«Nicht erziehend, nicht wertend.»
28, wohlwollend

29 Pfarrer Sonnegg Zürich-Höngg.

es nicht weiter schlimm. Dann kann ich Hilfe holen, und die Leute bleiben freundlich.

Einige Kriterien für die Gastlichkeit

> Willkommen heissend
> Achtsam und hilfsbereit
> Grosszügig und schön
> Verständlich und nachvollziehbar für Insider und Fremde
> Transparent und klar
> Freigebend, mit Gespür für Nähe und Distanz
> Wertschätzend und lösungsorientiert, mit einer Fehlerkultur
> Gelassen, entspannt, zuvorkommend

Der lange Atem der Liebe

Eine vertrauensvolle und lösungsorientierte Gastlichkeit ist nicht etwa Ausdruck von Naivität und Harmlosigkeit. Im Gegenteil, es ist pure Lebens-und Glaubenskunst. Man muss sich auch nicht alles gefallen lassen. Die Gastgebenden bestimmen die Spielregeln. Sie definieren Haltung und Atmosphäre, die geprägt ist durch Zugewandtheit und Interesse. Sie thematisieren Spannungen und suchen nach Lösungen. Selbstverständlich wird es immer wieder Konflikte geben. Nicht immer entpuppen sich Fremde als freundliche Zeitgenossen. Auch selbst fällt es einem nicht immer leicht, entgegenkommend zu sein. Einen Lebensraum zu gestalten, in dem alle in ein lebendiges Miteinander und Durcheinander treten können, ist vielschichtig und anspruchsvoll.

Als Leitplanken für das Zusammenleben unterschiedlicher Menschen dienen biblisch-visionäre Begriffe wie Friede, Gerechtigkeit, Erlösung, Gemeinschaft, Barmherzigkeit oder ethisch-soziologische Begriffe wie Solidarität, Wechselseitigkeit, Selbstwirksamkeit. Alles Wörter, die sowohl auf das einzelne Individuum wie auf das Zusammenleben zielen. Deshalb eignet sich der berühmte Text von Paulus zur Liebe wie kaum ein anderer als Handlungsanweisung und Leuchtturm für die Praxis der Gastlichkeit. «Die Liebe hat den langen Atem, gütig ist die Liebe, sie eifert nicht. Die Liebe prahlt nicht, sie bläht sich nicht auf, sie ist nicht taktlos, sie sucht nicht das ihre, sie lässt sich nicht zum Zorn reizen, sie rechnet das Böse nicht an, sie freut sich nicht über das Unrecht, sie freut sich mit an der Wahrheit.

Sie trägt alles, sie glaubt alles, sie hofft alles, sie erduldet alles» (1Kor 13,4–7). Die Liebe ist das Band, das alles zusammenhält.

Gesamtbetriebliche Umsetzung

Die gastliche Haltung erfordert eine sorgfältige Umsetzung anhand der 5-Säulen-Struktur, damit sie sich explizit und implizit entfalten kann.

Persönlicher Bezug zur Gastlichkeit
Wie verstehen Sie persönlich Gastlichkeit?

Wie sieht Ihre Vision einer gastlichen Kirche aus?

Welche Bedeutung geben Sie ihr im Zusammenhang mit der christlichen Botschaft?

Verschiedene Rollen: Gast und Gastgeberin
Was tue und brauche ich als Gast?

Was tue und brauche ich als Gastgeber/-in?

Sich einfühlen in andere
Was denken Sie: Als wie gastlich wird Ihre Kirchgemeinde von den Menschen erlebt?

Was macht es aus, dass es gastlich ist?

Aus verschiedenen Perspektiven: 5-jähriges Kind, 40-jähriger Mann, 72-jährige Frau, Person mit nahem und mit distanziertem Bezug; Person einer anderen Nationalität usw.

Grafiken und Weiterführendes zur Gastlichkeit

5. DIE 5-SÄULEN-STRUKTUR

Die fünf Säulen dienen im Modell Generationenkirche als Orientierungssystem, damit Gemeindeentwicklung als offener Prozess stattfinden kann. Sie schaffen eine gesamtbetriebliche Übersicht und ordnen komplexe Themen.

Selbstverständnis
Identität

Zielgruppen,
Milieus, Kulturen
Generationen

Bedürfnisse, Interessen
Talente

Selbstverständnis
Profil

Philosophie, Werte
Kirchenbilder

Wurzeln, Haltung
Ausstrahlung
Gastlichkeit

Angebote
Dienstleistungen

Dienstleistungen
Arbeitsbereiche
Handlungsfelder

Angebotsstrategie
Erfolgskriterien
Schwerpunkte

Zugänglichkeiten:
nieder-, mittel- und
hochschwellig

Vernetzung

Evaluation
Entwicklung

Instrument für die Kirchenentwicklung

Die 5-Säulen-Struktur umfasst alle Bereiche einer Organisation und eignet sich, um ganzheitlich und vorausschauend vorzugehen. Die fünf Säulen hängen zusammen, greifen wie Zahnräder ineinander und halten einander in Bewegung. Gleichzeitig kann auf eine Säule fokussiert werden, zum Beispiel auf die Räume. Man kann zwischen den einzelnen Säulen wechseln und dabei immer das Ganze im Blick behalten.

Einsatzmöglichkeiten

Die 5-Säulen-Struktur eignet sich als Planungsinstrument für grosse und kleinere Vorhaben:

> Bei Gemeindeentwicklungsprozessen
> Als Wahrnehmungsinstrument und Sehhilfe, um unterschiedlichste Beiträge aufzunehmen und einzuordnen
> Für die Planung von Projekten und Angeboten
> Um die Gastlichkeit zu gestalten
> Für ein Raumvorhaben wie die Planung eines Jugendraums oder die Einrichtung einer Spielinfrastruktur
> Um eine Stelle auszuschreiben
> Um die Website neu aufzusetzen

Räume innen/aussen

Nutzungsgruppen
Kulturplattformen

Räume als Botschafter
Atmosphäre
Ausstrahlung
Ästhetik, Stil
Gestaltung

Nutzungs- und Generationen-freundlichkeit

Architektur
Verbindungen
Einrichtung
Infrastruktur

Betriebsorganisation

Strukturen
Organisation
Abläufe

Finanzen
Investitionen
Finanzbeschaffung

Stellenprofile
Zusammenarbeit

Interne Kommunikation
Gefässe für die interne Gesprächskultur

Kommunikation extern

Kommunikative Haltung

Adressaten
Adressatinnen
Hauptbotschaften

Auftritt, Stil, Symbolik
Ausstrahlung
Erkennbarkeit
Logo, CI

Medien
Kommunikationsmittel

Wirkung, Feedback

Einzelne Elemente der gastlichen Kirche lassen sich relativ einfach im Rahmen überschaubarer Angebote und Projekte verwirklichen. Das ist sinnvoll, um etwas auszuprobieren und Erfahrungen zu sammeln. Im Kern geht es auch da meist um Veränderung. Dabei sind Enttäuschungen nicht auszuschliessen, wenn die guten Ideen im System dann doch nicht greifen: Wenn die Räume suboptimal sind, Interessen- und Ordnungskonflikte aufflammen, das Team nicht mitzieht, der Sigrist oder die Mesmerin blockiert. Oder wenn bei der Planung vergessen ging, wie die Betriebsorganisation funktionieren soll usw.

Umfassend und massgeschneidert

Langfristig funktionieren Gastlichkeit und Generationenfreundlichkeit dann, wenn sie konzeptionell aufgebaut und in die Organisation integriert sind. Die 5-Säulen-Struktur unterstützt die Verantwortlichen bei einem gesamtbetrieblichen Vorgehen. Das heisst: Alle fünf Säulen werden bearbeitet.

> In einem grösseren Prozess macht es Sinn, mit dem Selbstverständnis zu beginnen und eine gemeinsame Ausrichtung zu erarbeiten. Dies erfordert Zeit und Investitionen. Aber es verbindet und stärkt das Herz der Kirche. Die Beteiligten verfügen über inhaltliche Kriterien für anstehende Entscheidungen. Auf diesem Boden kann alles Weitere wachsen, zügiges Vorwärtsgehen über Jahre wird möglich. (*Säule Selbstverständnis*)

> Eine Angebotsstrategie setzt zukünftige Schwerpunkte. (*Säule Angebote*)

> Die Räume innen und aussen werden für eine generationenfreundliche Nutzung ausgestaltet. (*Säule Räume*)

> In der Betriebsorganisation werden die Machtthemen wie Finanzen, Organisation, Personal bearbeitet. (*Säule Betriebsorganisation*)

> Die externe Kommunikation ist sowohl während eines Prozesses wie im Alltagsbetrieb stets Thema und Mittel. (*Säule Kommunikation*)

Erfahrungen

- Je besser eine Kirchgemeinde organisiert und in ihrer Identität gefestigt ist, desto eher funktioniert ein Projekt, unabhängig von dessen Dimension.
- Je umfassender ein Vorhaben ist, desto unterstützender ist die gemeinsame Klärung des Selbstverständnisses und der zukünftigen Ausrichtung.
- Ob überschaubar oder gross, bei allen Projekten werden Widerstände und Konflikte reduziert oder sogar verhindert, wenn die Menschen, die es betrifft, von Anfang an miteinbezogen sind.

Beispiel Angebotsplanung

An wen richtet sich das Angebot? Wie werden die Interessen/Bedürfnisse der Adressaten und Adressatinnen aufgenommen?

Wie gestalten wir die Gastlichkeit?

Wie verbinden wir es mit dem kirchlichen Auftrag?
(Säule Selbstverständnis)

Was passiert genau? Wie gestalten wir das Programm?
Mit wem vernetzen wir uns?
(Säule Angebote)

Wo findet es statt? Welche Atmosphäre, welche Einrichtung unterstützen das Angebot?
(Säule Räume)

Wer ist involviert und wer muss einbezogen werden?
Was kostet es? Wie finanzieren wir es? Welchen Einfluss hat es auf den Betrieb?
(Säule Betriebsorganisation)

Wie bewerben wir es, wo, mit welchen Medien?
(Säule Kommunikation)

Grafik zur 5-Säulen-Struktur mit den Unterthemen

6. SÄULE SELBSTVERSTÄNDNIS UND IDENTITÄT

Dieses Kapitel widmet sich dem Selbstverständnis von Kirchgemeinden. Wie verarbeiten die kirchlichen Orte die Krise? Wie kann diese in etwas Stärkendes und Weiterführendes verwandelt werden? Es verlangt Veränderungsbereitschaft und Denkpausen, gemeinsame Gespräche und eine Neuorientierung. Dies befreit, fördert die Experimentier- und Dialogfreude und verbindet mit den jüdisch-christlichen Wurzeln.

Wozu dient ein Identitätsprofil?

Leitbild, Leitsätze, Identitätsprofil oder wie immer es genannt wird: Jeder kirchliche Ort hat einen Orientierungsrahmen mit Kirchenbildern, Werten, Wurzeln, Zielen, Haltungen, Tätigkeitsfeldern und Aufgaben. Vielleicht ist er ausdiskutiert und aufgeschrieben; oder er besteht implizit und unausgesprochen. Ein Identitätsprofil beziehungsweise Leitbild ist das zu Papier gebrachte Selbstverständnis.

Zur Klärung der Situation vor Ort dienen einige Fragen: Wurde dieser Orientierungsrahmen *gemeinsam* entwickelt? Ziehen alle Beteiligten am gleichen Strang? Gibt es ein *gemeinsames Vielfaches*, in dem alle Platz finden? Oder bestehen individuelle Selbstverständnisse nebeneinander? Falls ja, ist dies den Beteiligten bewusst? Haben Fragen zur inhaltlichen Ausrichtung im Alltag Platz? Wird es akzeptiert, wenn sie thematisiert werden? Im ungünstigsten Fall widersprechen sich verschiedene nicht ausdiskutierte Selbstverständnisse, mit dem Risiko belastender Konflikte und einer irritierenden Ausstrahlung. Deshalb ist die Frage nach der gemeinsamen Identität laut Mark Hampton «das Herzstück, die weiteren Themen können dann fast beliebig bearbeitet werden.»[30]

«Unser Profilprozess vor mehr einem Jahrzehnt schuf für unsere Kirchgemeinde bis heute eine Grundlage, um auf die Bedürfnisse der Menschen einzugehen und auf die anstehenden Veränderungen in der Kirchenlandschaft vorwärtsgewandt zu reagieren.»
Hans Looser, Präsident Vorsteherschaft Evangelisch-Reformierte Kirche Ebnat-Kappel

Fundament

Für die gastliche Kirche ist ein gemeinsam entwickeltes Selbstverständnis Basis und Wegweiser. Idealerweise besteht ein schriftlich verfasstes Identitätsprofil oder, bei einem überschaubaren Vorhaben, eine Absichtserklärung.

Das Ziel dabei ist es, dass die Ausrichtung von allen mitgetragen wird. Sie ist im Alltag umsetz- und erlebbar und trägt durch strukturelle und personelle Veränderungen. Das Selbstverständnis bietet der Behörde und den Mitarbeitenden eine Leitlinie für Richtungsentscheide und Lösungsideen im Kirchgemeindealltag. Anstehende Herausforderungen können auf dieser Grundlage angegangen werden. Es dient der Selbstvergewisserung, wie Peter Messingschlager festhält: «Wer sind wir als christliche Gemeinschaft an diesem Ort, in dieser Kultur und in dieser Zeit mit ihren Ausprägungen? Die Erarbeitung fordert heraus, sobald verschiedene Menschen daran beteiligt sind, mit je

30 Pfarrer Reformierte Kirche Flawil.

ihren eigenen Vorstellungen. Besteht ein Identitätsprofil, kann man immer wieder darauf zurückkommen, um etwas zu planen oder auf Erledigtes zurückzuschauen mithilfe der formulierten Kriterien.»[31] Es hilft, den Übergang bei personellen Wechseln zu gestalten, Stellen neu zu besetzen und neue Mitarbeitende zu integrieren. «Je präziser du sagen kannst, wer du sein willst, desto besser kannst du Leute mit den benötigten Kompetenzen gewinnen, die sagen: ‹Dieser Ort entspricht mir›», fasst Martin Jud seine Erfahrungen zusammen.[32] Das Identitätsprofil ist ein Kommunikationsmittel nach innen und aussen.

Nicht nur, was im Identitätsprofil steht, sondern auch wie es verfasst ist, sagt viel über Haltung und Kultur der Gemeinde aus. Es sollte den eigenen Fingerabdruck tragen, in Sprache, Stil, Umfang, Bildern, Publikationsform, nicht zuletzt auch bei der Kurzform für die Öffentlichkeit.

Vorgängige Recherchen zur aktuellen Situation können hilfreich sein (Situationsaufnahme). Denn ein Profil braucht Bodenhaftung und Flügel. Es knüpft an Bestehendes an und denkt weit in die Zukunft. Deshalb ist es auch nie ganz fertig. Die Möglichkeit muss bestehen, es an neue Situationen anzupassen.

Elemente eines Identitätsprofils

Es gibt unterschiedliche Vorgehensweisen, um ein Identitätsprofil zu entwickeln. Wir stellen hier unser Vorgehen vor:

Struktur Identitätsprofil

1. WER FÜR WEN? Zum vielgestaltigen Beziehungsnetz
2. WAS für ein Ort? Ausstrahlung
3. MIT WEM? Vernetzungen und Positionierung
4. WOHER und WOHIN? Wurzeln und Werte, Auftrag und Visionen
5. WIE? Haltung nach innen und aussen
6. WOMIT? Leitende Adjektive
7. WAS? Tätigkeiten

Mögliche weitere Aspekte: Temperament, Bedürfnisse, Interessen und Ziele

31 Gemeindeleiter Pfarrei Bruder Klaus Liestal.

32 Pfarrer Evangelische Kirche Uznach und Umgebung.

Struktur Identitätsprofil

Selbstverständnis

1. WER?
Identität
Wer gehört dazu?

1. FÜR WEN?
Zielgruppen, Adressaten
Wer wird angesprochen?
Für wen ist die Kirchgemeinde da?
(Reflexion versch. Kirchenbezüge)

4. WOHER und WOHIN?
Wurzeln, Werte, Auftrag, Vision
Auf welche Grundlage stellt sich die Kirchgemeinde/Pfarrei?
Von welchen Werten lässt sie sich leiten?

5. WIE?
Haltung nach innen und aussen
Wie wird das Selbst- und Auftragsverständnis in das Alltagsleben umgesetzt? Was prägt die gemeinsame Haltung?

Wirkungen und Tätigkeiten

2. WAS für ein Ort?
Ausstrahlung
Was strahlt die Kirchgemeinde/Pfarrei aus?
Was bekommen die Menschen?
Was können sie hier tun?
Was erreicht und berührt sie?

3. MIT WEM?
Vernetzung
Mit wem ist die Kirchgemeinde/Pfarrei verbunden?
Mit wem arbeitet sie zusammen?

6. WOMIT?
Leitende Werte
An welchen Adjektiven orientiert sich die Kirchgemeinde/Pfarrei?
(Alltagsleben, Bauen, Gestalten ...)

7. WAS?
Tätigkeiten
Was bietet die Kirchgemeinde/Pfarrei alles an?
(Handlungsfelder, nieder-mittel-hoch)

Liegenschaften und Räume
Wie nutzen wir unsere Räumlichkeiten?
Was ermöglichen sie?

Öffentliche Kommunikation
Wie treten wir auf? Wie und womit kommunizieren wir?

1. WER für WEN? Zum vielgestaltigen Beziehungsnetz

In Kirchen sind es immer viele, die mitdenken und mitgestalten. Pfarrpersonen, Behördenmitglieder, Verwaltung, sozialdiakonische und katechetische Mitarbeitende, Sigristen und Mesmerinnen, Musikerinnen und Organisten, Freiwillige und Gemeindeglieder – sie alle werden mit ihrem Know-how, ihren persönlichen Kirchenbildern und Visionen einbezogen.

Als Erstes muss geklärt werden, wer alles zur Kirchgemeinde zählt – rechtlich, geografisch und ideell. Und für wen die Kirchgemeinde da ist. Das Besondere an der Kirche ist, dass ihre Mitglieder im theologischen Verständnis einerseits Akteure, Mitfinanzierende und Gastgebende, andererseits Kunden beziehungsweise Gäste sind! Sie sind Subjekte der Kirche und gleichzeitig Adressaten und Adressatinnen. Es ist das gleiche zirkuläre Geschehen wie zwischen Gästen und Gastgebenden.[33]

Es ist eine Herausforderung, der Vielfalt Rechnung zu tragen, ohne zu werten – insbesondere, wenn die Kirche wie in vielen Kantonen der Schweiz als öffentlich-rechtliche Institution (Volkskirche) verfasst ist. Wie wird deutlich, dass Kirche mehr ist als die Gruppe der Aktiven und Kirchennahen? Dies erfordert einiges an sprachlicher Sensibilität, vor allem wenn das Pronomen *wir* verwendet wird. Wie kommt die Heterogenität der Gemeindeglieder zur Sprache und wie werden distanziertere Mitglieder im Kirchenverständnis integriert? Wir empfehlen, die breite Palette der Kirchenbezüge, Kirchenbilder, Glaubensweisen, Anliegen, Interessen und Bedürfnisse zu thematisieren und als Merkmal der Kirche heute zu beschreiben. Das Ziel: Die Einzelnen fühlen sich mit ihrem individuellen Bezug angesprochen, anerkannt und eingeladen, sich als Teil der gastlichen Kirche zu verstehen.

Zu bedenken ist ausserdem, wie jene vorkommen, die rechtlich nicht zur Gemeinde gehören, aber die Angebote der Kirchgemeinde nutzen, auch punktuell. Gehören zum Beispiel Passantinnen, Saisoniers, Touristen dazu? Wie wird die Durchlässigkeit zur weltweiten Kirche und zu anderen religiösen Gruppierungen gehandhabt?

---

33 Vgl. Kapitel 4.

Das Ziel ist ein Paradigmenwechsel: Jede und jeder kann sich bedingungslos mitgemeint und zugehörig fühlen. Nicht die Abgrenzung, sondern der *Bezug* zu den Mitgliedern, den Lebenswelten und den aktuellen Themen steht im Vordergrund.

Identitätsprofil Evangelische Kirche Uznach und Umgebung, 2009[34]

Kirche umfasst alle, die zu ihr gehören, sie aufsuchen, sich für sie engagieren und für sie arbeiten – traditionelle Kirchgänger/-innen genauso wie jene, die interessiert sind an der Umsetzung des Glaubens in Alltag, Kunst und Kultur, im sozialen Engagement oder als Werthaltung. Dazu gehören Menschen mit einer anderen Konfession oder Religion, die einen emotionalen Bezug zur Kirchgemeinde haben oder jene, die ihr en passant begegnen und sich angesprochen fühlen.

Identitätsprofil: Nah bei Gott – nah bei den Menschen, Pfarrei Bruder Klaus, Liestal[35]

Menschen haben ganz unterschiedliche Bilder und Ideen von Kirche und vielfältige Erfahrungen mit und in ihr: Sie gestalten ihren Glauben in vielfältigen persönlichen Formen und an verschiedenen Orten, in der Kirche, in der Familie, in der Natur.

Sie nutzen dabei auch die Angebote der Pfarrei.

Sie finanzieren mit ihren Steuern das Kirchenleben mit.

Sie feiern in der Kirche Feste zu grossen und kleinen Lebensübergängen.

Sie haben immer wieder mal Kontakt mit Kirche – in Liestal und andernorts.

Sie suchen die Kirche für einen Moment der Stille auf.

Sie sind regelmässig präsent und tragen die Pfarrei durch hohes persönliches Engagement mit.

Sie pflegen und leben grundlegende christliche Werte oft ganz unauffällig in ihrem Alltagsleben, in der Familie, der Nachbarschaft, am Arbeitsort.

---

34 ⭳ Evangelische Kirche Uznach und Umgebung, Identitätsprofil, Uznach 2009, 1. Siehe Download Kapitel 14.

35 ⭳ Pfarrei Bruder Klaus, Nah bei Gott – nah bei den Menschen, Profil, Liestal 2019, Langversion, 5. Vgl. Kapitel 18.

Sie alle bezeugen durch Wort und Tat die Wirklichkeit Gottes, des lebensspendenden Geistes.

Die Pfarrei Bruder Klaus will für sie alle ein gastfreundlicher Ort sein, mit offenen Türen für ihre unterschiedlichen Interessen, Bedürfnisse, Anliegen und Lebenslagen.

Unser Grundempfinden: Wir sind reich! Reich an Menschen, Beziehungen, Talenten, Erfahrungen, Räumen und Möglichkeiten.

2. WAS für ein Ort ist die Kirchgemeinde? Ausstrahlung

Welche Qualitäten strahlt die Kirchgemeinde beziehungsweise die Pfarrei aus? Wiederum aus Zielgruppenperspektive: Wie und als was wird sie von den Menschen aktuell

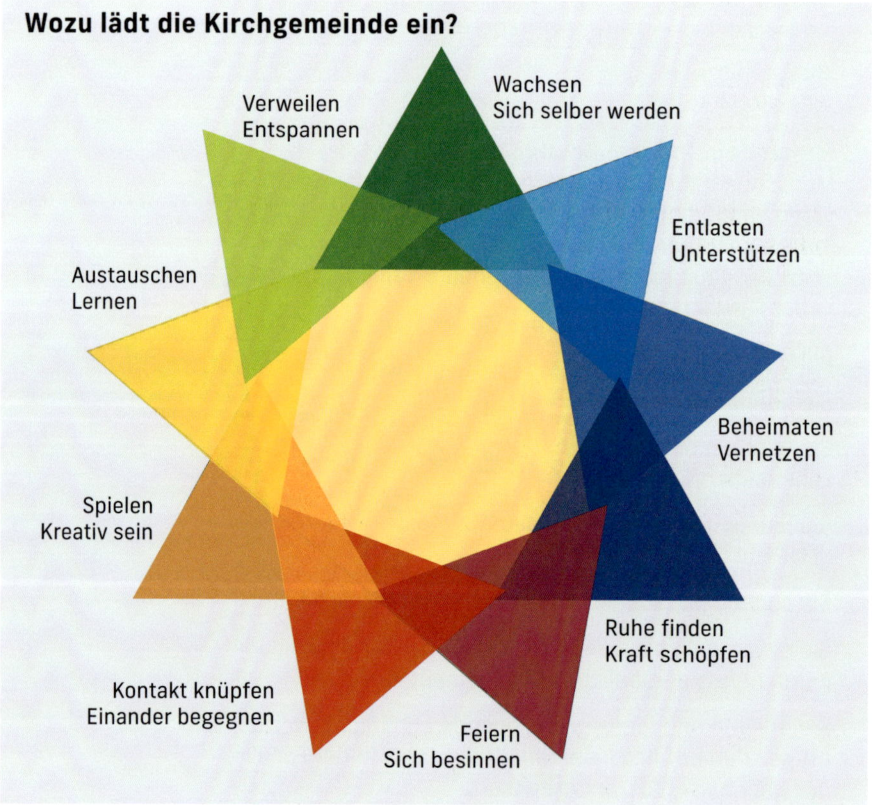

Die Evangelisch-Reformierte Kirche Ebnat-Kappel visualisierte ihre verschiedenen Qualitäten mit einem Stern[36]

---

36 ⤓ Vgl. Evangelisch-Reformierte Kirchgemeinde Ebnat-Kappel, Gastliche Kirche, 2011 (Identitätsprofil).

wahrgenommen? Es lohnt sich, Hypothesen aufzustellen, wie Kinder, Jugendliche, Erwachsene mittleren Alters, Senioren und Seniorinnen, Quartierbewohner/-innen usw. die Kirche sehen. Was kommt bei ihnen faktisch an? Dies ist meist etwas Emotionales, mehr oder weniger bewusst, verbunden mit konkreten Erfahrungen, manchmal auch mit diffusen Vorverständnissen.

Im nächsten Schritt wird die gewünschte zukünftige Ausstrahlung als Teil des Identitätsprofils ausgearbeitet. Dabei ist entscheidend, dass Kirche nicht auf den Gottesdienst reduziert wird, sondern als Lebens- und Begegnungsraum mit vielfältigen Zugängen wahrgenommen werden kann.

Die Erarbeitung der zukünftigen Ausstrahlung ist ein kreativer Prozess, der die verschiedenen Aspekte kombiniert. Dabei spielen auch das Temperament und die Kultur der Organisation eine Rolle.

Ausstrahlung
Was strahlt Ihre Kirchgemeinde aus? Was bekommen die Menschen? Was erreicht und berührt sie? Stand heute und Zukunft.

Die Qualitäten der Kirchgemeinde werden zusammengetragen, unter Berücksichtigung der Perspektiven – von jung bis alt, kirchennah bis distanziert. Man kann sie auch aus einer Befragung der Zielgruppen ableiten.

Mit welchem Bild oder Symbol können die Qualitäten anschaulich visualisiert und kommuniziert werden?

3. MIT WEM? Vernetzungen

Wenn sich die Kirche als gesellschaftliche Playerin mit einer klaren Kontur, mit Sichtbarkeit und Ausstrahlung positioniert, dann braucht das Selbstbewusstsein – entgegen allen Selbstzweifeln und dem Trend, Kirchliches abzuwerten: «Ach, Kirche, was will denn die!» Kirchgemeinden bieten viel und haben auch in der Zivilgesellschaft etwas zu sagen – sofern sie ihre Komfortzone verlassen. Selbstbewusstsein ist auch gefragt, um in Verhandlungen mit säkularen Akteuren das Image der gutmütigen Juniorpartnerin abzustreifen und Respekt einzufordern. Daniela Zillig-Klaus bestätigt, dass dies wahrgenommen wird und wirkt: «Im Laufe unseres partizipativen Prozesses äusserte sich ein hochrangiger Vertreter der Gemeinde mir gegenüber, dass er überrascht sei über die professionelle Arbeitsweise der Kirche, und dass man auf Augenhöhe miteinander diskutieren könne! Unsere Akzeptanz ist gestiegen und die Zusammenarbeit hat sich gefestigt.»[37]

Vernetzungen

Mit wem ist die Kirchgemeinde, Pfarrei, Landeskirche verbunden? Mindmap mit allen bestehenden Vernetzungen erstellen (inner- und ausserkirchlich).

Wie versteht die Kirchgemeinde ihre Rolle in der modernen Welt, im Gemeinwesen, in der Zivilgesellschaft, in der Weltgemeinschaft und für die Mitwelt?

Welche Partner/-innen sind für uns interessant? Wo ergeben sich Synergien?

4. WOHER und WOHIN? Wurzeln und Werte, Auftrag und Vision

Die Institution, die Organisation, das Netzwerk Kirche ist gemäss ihrem Selbstverständnis inspiriert durch den Bezug zu Gott. Sie hat einen geistlichen Auftrag und umkreist das Evangelium, indem sie die Nähe zu Gott und zu den Menschen sucht.

Auch hier gilt es ernst zu nehmen, dass die Definitionsmacht geteilt wird. Wie können die Wurzeln so formuliert werden, dass unterschiedliche Zugänge zur christlichen Botschaft Platz haben, im Sinne eines gemeinsamen Vielfachen? Gibt es Grenzen und wo liegen diese?

Wurzeln

Folgende Fragen dienen dazu, die unterschiedlichen Ausgangslagen zwischen theologisch ausgebildeten Fachpersonen und Laien bewusst zu machen und konstruktiv zu nutzen:

Welche Bedeutung hat für dich persönlich Religion, Spiritualität, Glaube?

Worin besteht für dich persönlich der Kern, das Herz, die Essenz des Christentums – mit *weltlichen* Worten oder einem Bild ausgedrückt?

---

37 Präsidentin Reformierte Kirche Flawil.

Was ermöglicht es dir, andere Glaubensweisen anzunehmen? Wo kommst du an Grenzen?

Die Wurzeln explizit zu machen, hilft verschiedene Glaubensstile von fromm bis säkular miteinander ins Gespräch zu bringen und in eine gemeinsame Vision zu integrieren. Der Mehrwert einer solchen Recherche besteht darin, dass man sich über Glaubensfragen unbefangen austauschen kann und auch nicht aufzulösende Spannungsfelder benannt werden.

Zu den Wurzeln gehören Werte. Als wertsetzende Institution ist die Kirche weiterhin anerkannt – nicht aufgrund ihrer Autorität, sondern aufgrund der Inhalte, die sie vertritt und für die sie steht. Viele vertrauen darauf, dass sie im Sinne des *Wächteramtes* Stellung bezieht. In einer pluralistischen Gesellschaft sind Werte nicht selbstverständlich gesetzt. Sie werden ausgehandelt und diskutiert, oft kontrovers, auch innerhalb der kirchlichen Organisationen. Sie sind abhängig von Kontexten und Interessen. Dazu kommt, dass Werte auch milieuabhängig sind. *Spass* zum Beispiel ist ein Wert für junge Milieus, der von anderen schnell abgewertet wird. Bestimmte Werte fungieren als *Erkennungscodes* für gesellschaftliche Gruppen, von denen sich andere sofort distanzieren, was es nicht einfacher macht.

«Die Kirche vermittelt Werte und fördert den Respekt gegenüber Natur und Mitmenschen.»
49, wohlwollend

Im Umgang mit Werten braucht es deshalb Fingerspitzengefühl, Milieusensibilität und Differenzierung. Und den Willen, sich gegenseitig anzuhören. Es muss eine Balance gefunden werden zwischen einem offenen Gesprächsraum und klaren Stellungnahmen. Werte lassen sich in drei Bereiche gliedern:

> *Freie Entfaltung der Persönlichkeit:* Menschenwürde, Freiheit, Einbezug, Selbstwirksamkeit, Selbstliebe, Humor, Freude, Glück, Spass, Kreativität, Selbstbestimmung, Eigeninitiative, Mut, Selbstbegrenzung, Versöhnung mit sich selbst, Würde …
> *Zusammenleben, Verantwortung und Solidarität:* Nächstenliebe, Verantwortung, Gastfreundschaft, Gegenseitigkeit, Lösungsorientiertheit, Respekt, Toleranz, Ehrlichkeit, Akzeptanz, Wertschätzung, Verschiedenheitsverträglichkeit, Vielfalt, Vergebung, Barmherzigkeit …

«Kirche soll auch politisch Stellung nehmen und sich mehr auf christliche Werte ausrichten und beziehen.»
59, wohlwollend

- *Gerechtigkeit, Friede, Bewahrung der Schöpfung (GFS):* Nachhaltigkeit, Hoffnung, Achtsamkeit, sorgsamer Umgang mit Ressourcen, Verzicht, Generationengerechtigkeit, Klimagerechtigkeit, Bewusstsein der Grenzen, Versöhnung ...

Werte
Welche Werte sind für die verschiedenen Zielgruppen und Milieus existenziell und leitend?

Von welchen Werten lässt sich die Kirchgemeinde/Pfarrei als Organisation leiten?

Wo und wie fördern wir den Dialog über Werte, um den Zusammenhalt zu stärken, vor Ort bis weltweit?

5. WIE? Haltung nach innen und aussen

Die gemeinsame Haltung zu skizzieren ist Aufgabe des Kernteams, im Rahmen der vorher gesetzten Leitlinien. Zu klären ist, wie das Selbst- und Auftragsverständnis in das Alltagsleben umgesetzt wird. Was prägt die eigene Haltung – als ganze Organisation und als einzelne Mitwirkende? Folgende Aspekte sind unseres Erachtens wichtig:

- Gastliche Haltung nach innen und aussen, der rote Faden durch alles
- Umgang mit Vielfalt
- Orientierung an den Ressourcen, Stärken und Talenten
- Wertschätzender Umgang miteinander, Feedback- und Fehlerkultur
- Strategien im Umgang mit Konflikten, Lösungsorientierung
- Authentizität

Beispiel Profil Sonnegg Zürich-Höngg[38]
Die Kirchgemeinde Höngg als Betreiberin des Sonnegg pflegt nach innen und aussen eine Kultur der gegenseitigen Wertschätzung und des Dialogs.

Sie orientiert sich an der lebensnahen, wertschätzenden und befreienden Haltung Jesu.

---

38 ⤓ Profil Projekt Sonnegg – Familien- und Generationenhaus, Reformierte Kirchgemeinde Höngg, 2009, 7.

Sie ist präsent, als Kirchgemeinde erkennbar und lebt implizite Verkündigung.

Sie verbindet sich mit den schöpferischen, kreativen Energien alles Lebendigen.

Sie sorgt für das Wohl der Gäste und Gastgebenden und interessiert sich für sie.

Sie nimmt unterschiedliche Perspektiven, Kulturen, Milieus, Werthaltungen wahr und ernst.

Sie nutzt die Spannungsfelder und Berührungspunkte zwischen den Generationen und Geschlechtern kreativ.

Sie orientiert sich an den Ressourcen, Begabungen und Erfahrungen ihrer Gäste, Gastgebenden und Mitarbeitenden. Sie traut den Menschen viel zu und gibt Raum zum Handeln.

Sie nimmt Rücksicht auf Grenzen und Abgrenzungen.

6. WOMIT? Leitende Adjektive

Die leitenden Adjektive helfen, das Selbstverständnis auf eine konkrete Handlungsebene herunterzubrechen, als Leitplanken im Kirchgemeindealltag. Sie sind hilfreich für alles: Planen, entscheiden, gestalten, Alltagsleben, Stellung beziehen, Konflikte lösen, Atmosphäre, Materialien. Die Adjektive auszutüfteln, ist ein spannender Prozess. Das Ziel ist, das Wesen und den Stil der Organisation zu erfassen und auf den Punkt zu bringen.

Leitende Adjektive (Werte)

Sich beschränken auf fünf bis sechs *aussagekräftige und umsetzbare* Wörter, die Handlungsräume öffnen und Idee und Konkretion verbinden. Für eher ungeeignet halten wir zum Beispiel die Adjektive *offen* oder *tolerant*, weil sie unseres Erachtens zu unpräzis sind.

Adjektive kombinieren: grosszügig und schlicht, beziehungsreich und geistreich, präsent und echt, benutzungsfreundlich und lösungsorientiert usw.

Wörter wählen, die verschiedene Ebenen ansprechen:

- *Einladend*: Haltung, Atmosphäre, Kommunikation, Räume, sinnliche Ebene, Evangelium
- *Beziehungsreich*: Kommunikation zwischen Menschen, Gruppen, Gott und Welt, Räume innen und aussen

- *Echt*: Haltung, Kommunikation, Materialien, Inhalte, Authentizität
- *Frisch*: Auslegung des Evangeliums, Auftreten, Farbe, Modernität, Atmosphäre, Geruch
- *Geborgen*: Befindlichkeit von Menschen, in Räumen, bei Gott. Beeinflusst die Gestaltung des Physischen (Materialien, Formen, Farben, umhüllende Räume, Nischen) und des Sozialen
- *Geistreich:* Humor, Inhalte, Gottesbezug
- *Grosszügig:* Umgang mit Geld, Ambiente der Räume, Umgang mit Konflikten, Haltung, Spielraum
- *Inspiriert:* Kreativität, Talentorientierung, Spiritualität, Zukunftsorientierung, weiter Horizont, offene Sinne
- *Präsent:* Geistig, sozial, körperlich; Aktualität, Aufmerksamkeit, vor Ort sein, sichtbar sein
- *Schlicht:* Anmutung, Stil, Ästhetik, Sprache, Haltung (Einfachheit)
- *Vielstimmig:* Klang, Vielfalt der Menschen, Partizipation, Art der Kommunikation

Welche Wörter würden Kinder für Ihre Organisation wählen? Alte Menschen? Jugendliche?

«Bei Schicksalsschlägen muss die Kirche da sein, die Menschen begleiten, da sein in schwierigen Zeiten und zuverlässig sein, zeigen, dass es weitergeht.»
49, wohlwollend

7. WAS? Tätigkeiten

Zu guter Letzt gehört zu einem Identitätsprofil, dass beschrieben wird, wo die Kirchgemeinde aktiv und präsent ist, was sie den Menschen an Zugängen bietet und was diese sich holen können. Falls eine Angebotsstrategie besteht, kann diese kurz skizziert werden.

Auszug aus dem Identitätsprofil Evangelische Kirche Uznach und Umgebung[39]

Zusammensein

- Sie schafft vielfältige Möglichkeiten für Begegnung und Austausch der Menschen – regional und lokal.
- Sie pflegt die Geselligkeit – zielgruppenbezogen bis generationenübergreifend, für Einheimische und Neuzugezogene.

39 ⤓ Identitätsprofil, Uznach, 6.

- Sie fördert die Eigeninitiative von Jung und Alt und bietet vielfältige Möglichkeiten der Beteiligung.
- Sie gibt Freiraum zum Erkunden von Grenzen.

Auszug aus dem Profil der Pfarrei Bruder Klaus, Nah bei Gott – nah bei den Menschen[40]

Auf den Punkt gebracht: Ein gastliches Haus sein

- Begegnung und Beziehung
- Beratung und Begleitung: Diakonie
- Gottesdienst und Seelsorge
- Weitergabe des Glaubens
- Migrationsgemeinschaften und Zusammenleben
- Mitwirkung und Eigeninitiative

Grafik mit der Struktur des Identitätsprofils und diverse Identitätsprofile

40 Profil, Liestal, 9.

7. SÄULE ANGEBOTE, DIENSTLEISTUNGEN

Was motiviert Menschen, ein Angebot zu besuchen – in einer Zeit, in der der Markt spielt und man sich aussucht, was einem entspricht? Was interessiert, macht Freude und wird als sinnvoll erlebt? Neben der Feier- und der Lernkirche rücken die Alltags- und die Kulturkirche in den Vordergrund. Sie öffnen neue Türen, wenn die Schwellen tief sind und man einfach mal einen Augenschein nehmen kann. Und dabei vielleicht entdeckt: «Oh, das ist ja interessant!»

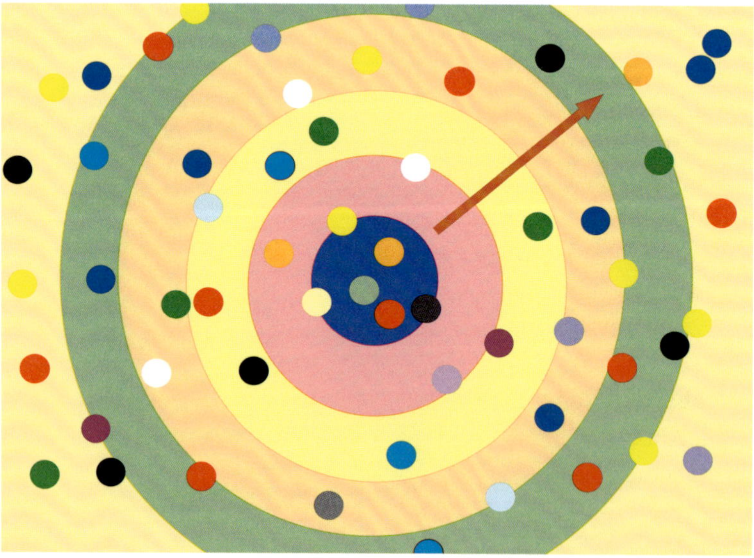

Kirche als weite Landschaft mit individuell wählbaren Zugängen

Kirche als Mitbewerberin

Was bietet eine Kirchgemeinde alles an? Was, für wen, in welchem Rhythmus und ja, auch mit welchem Erfolg? Eine Angebotsanalyse macht immer mal wieder Sinn, insbesondere vor einer Neuorientierung oder als Teil einer Situationsaufnahme. Dabei zeigen sich erfahrungsgemäss folgende Themen:

Weniger ist mehr: Schwerpunkte setzen

Die Menschen besuchen Veranstaltungen, die ihnen Freude machen und von denen sie persönlich profitieren; in ihrer Gemeinde, in der Nachbarsgemeinde, in der nahen Stadt. Manchmal reisen sie weit – für eine Konfirmation, ein Konzert oder einen spannenden Vortrag. Wozu sich an Gemeindegrenzen halten? Das bedeutet: Was die Kirche anbietet, muss auf dem Markt bestehen. Ihre Angebote befinden sich in Konkurrenz mit vielen weiteren Anbietenden: anderen Kirchgemeinden, christlichen Gemeinschaften, der katholischen Kirche und ausserkirchlichen Akteuren usw.

Verschärft wird dies durch ein Überangebot, wie Rückmeldungen aus einer Kirchgemeinde verdeutlichen: «Es ist ein enormes Angebot.» – «Es hat viel zu viel.» – «Ich könnte jeden Abend fünf Sachen machen, dann pickt man halt die Rosinen heraus.» – «Ich stelle fest, dass sich die Kirchgemeinde manchmal selbst konkurriert.» Die hohe Zahl der Angebote bindet Ressourcen. Dies geht zuweilen auf Kosten des Frei- und Entwicklungsraums für Innovatives. Die Lösung kann nicht sein, noch mehr anzubieten, sondern Schwerpunkte zu setzen und weniger zu machen, dies aber mit hoher Qualität. Die Kirchgemeinden können diesen Schritt entspannt tun, im Bewusstsein, dass es andere kirchliche Orte mit anderen Schwerpunkten gibt. Wichtig ist, sich abzusprechen, regional zusammenzuarbeiten und in der öffentlichen Kommunikation gemeinsam aufzutreten.

Angebote gleichwertig handhaben

Viele Angebote produzieren intern Erwartungen, Erfolgsdruck und bei mangelnder Nachfrage Enttäuschungen. Wenn im kirchlichen Kontext allerdings von mangelnder Nachfrage gesprochen wird, sind oft die leeren Bänke am Sonntagmorgen gemeint. Die Vorstellung des Gottesdiensts als Zentrum des kirchlichen Lebens ist immer wieder anzutreffen. Am Beispiel eines Eltern-Kind-Treffs, der im Kirchgemeindehaus stattfindet: «Schon gut, wenn sich Mütter und Väter in unseren Räumen treffen. Aber wir würden uns freuen, sie auch am Sonntagmorgen zu sehen», meint ein Kirchgemeinderat. Die verschiedenen kirchlichen Angebote werden oft nicht als gleichwertig empfunden, weder von den Anbietenden noch von Gemeindegliedern. Eine Abdankung oder ein Seniorennachmittag zählen nicht in gleicher Weise als Kirchenbesuch wie der Sonntagsgottesdienst. Aber eine solche Hierarchisierung ist kontraproduktiv. Hier hilft nur, Gegensteuer zu geben, wie Sebastian Doll es formuliert: «Man muss akzeptieren, dass jemand nur alle drei Wochen in den Gottesdienst kommen möchte. Oder einmal im Jahr an den Alp-Gottesdienst. Oder in ein Konzert. Man muss dies als gleichwertige Kontakte wahrnehmen. Das Ziel ist, dass die Leute überhaupt einen Kontakt zur Kirche haben.»[41]

«Früher hat mich die Kirche nicht berührt. Mit den jetzigen Pfarrerinnen ist das anders. Die Predigten geben mir etwas, sie sind so real, mit dem Alltag verbunden. Einfach die Kirchenlieder könnten sie sich sparen, die sind aus der Zeit gefallen.»
70, distanziert

Der Gottesdienst, jahrhundertelang Zentrum des Glaubens und des kirchlichen Lebens, hat an Strahlkraft und Resonanz verloren, woran Medien mit dem Bild der leeren Kirchenbänke immer wieder mal erinnern. Die Besuchszahlen am Sonntagmorgen gelten bis heute als Kriterium für das Bemessen des Erfolgs der Kirche, sowohl bei der Kerngemeinde wie bei Mitgliedern, die sich als distanziert bezeichnen. In den Zielgruppengesprächen wurde das immer wieder thematisiert: «Ich gehe zwar am Sonntag nicht in die Kirche, aber ich finde es doch enttäuschend, dass es dort so wenig Leute hat.» – «Mich nerven die Erwartungen, ich sollte mehr kommen.»

Der Gottesdienst trägt immer noch den Nimbus von früher. Und immer noch steht er für den früheren Zwang, dem sich natürlich niemand mehr unterzieht. Viele meinen aber immer noch, sich für ihre Abwesenheit rechtfertigen zu müssen. «Entschuldigung Frau Pfarrer, ich bin halt kein Kirchgänger.» Was für eine Last war es für viele, ihn damals besuchen zu müssen. Heute ist es für den Gottesdienst eine Last, Symbol für die Machtkirche zu sein. Im Unterschied zum Sonntagsgottesdienst ist eine Trauerfeier weniger belastet.

41 Pfarrer Evangelisch-Reformierte Landeskirche Glarus.

Die Verknüpfung mit der früheren Machtkirche und der Anspruch, Zentrum des kirchlichen Lebens zu sein – beides schadet sowohl dem Gottesdienst wie den anderen kirchlichen Aktivitäten. Es ist ein viel zu enges Korsett.

Wenn die Leute doch nur mitbekommen hätten, was für ein wunderbares Gefäss der Gottesdienst sein könnte, oft auch ist – mit geistreichen Worten, einer klaren Form, berührender Musik, einer geborgenen Atmosphäre. Es ist eine Stunde Time-out. Ein Ereignis, das es mit vielen anderen Veranstaltungen aufnehmen kann.

Es ist deshalb höchste Zeit für die mentale Ablösung des Gottesdiensts von der Machtkirche. Er muss von dieser Bürde entlastet und befreit werden, damit er wieder an Glanz und Ausstrahlung gewinnt – nicht aufgrund des historischen und theologischen Anspruchs, sondern aufgrund dessen, was er den Menschen als inspirierender Freiraum ganz real bieten kann. Dies geschieht, indem er aus der Schusslinie genommen und in das Ensemble der anderen Angebote eingebettet wird, die in Zukunft auch zum kirchlichen Kerngeschäft gezählt werden. Zur Gleichwertigkeit der Angebote gehört, *das Verständnis der Verkündigung zu erweitern:* Sie findet überall statt, in allem, was die Kirche tut. Auf diese Weise erhalten nicht nur die Pfarrpersonen, sondern auch das ganze Team mehr Gestaltungsspielraum.

«Ich finde es nicht schlimm, wenn die Kirche nicht hundert Prozent der Leute erreicht. Das war ja vor hundert Jahren auch nicht so.»
45, nah

Zusammenfassend sei nochmals betont: Die Hierarchisierung der Angebote spiegelt ein überholtes und leider doch allgegenwärtiges Kirchenbild. Sie nagt am Selbstvertrauen der Anbietenden, wenn weniger Leute kommen als erwartet, und untergräbt das Zutrauen der Gäste in eine wirkungsvolle Kirche. Sie lässt die Kirche trotz ihrer immensen Leistungen als defizitär erscheinen.

Recherche zum Erfolg der Kirchgemeinde
Wie viele Menschen kamen im letzten Jahr in Kontakt mit Ihrer Kirchgemeinde?

Eine Schätzung der Gesamtzahl hilft, den Erfolg realistisch zu bemessen. Dabei ist es wichtig, alle Angebote und Dienstleistungen gleichwertig zu handhaben: Kasualien, Unterricht, Elternkontakte, Basar, Seelsorge, Besuche, gesellige Anlässe, Kontakte der Freiwilligen, Kontakte des Sekretariats, Begegnungen der Sigristin, normale und spezielle Gottesdienste, Projekte,

Begegnungen auf der Strasse, Besuche der offenen Kirche usw. Das Resultat sieht anders aus, ob nur der Gottesdienstbesuch oder ob alle Kontakte gemessen werden.

Ein schöner Nebeneffekt: Die Leistungen des gesamten Teams werden sichtbar, vom Pfarramt bis zum Sekretariat und Hausdienst.

Überraschen

Ob ein Angebot erfolgreich ist, hängt nicht nur von dessen Qualität ab! In der Wahrnehmung distanzierter Kreise hat die Kirche einen Stallgeruch. «Kirche? Lieber nicht.» Nicht nur herkömmliche, sondern auch neue Angebote sprechen deshalb manchmal nur eine Minderheit an, sogar wenn sie eine hohe Qualität haben, in einem anderen Kontext perfekt wären und viel Anklang finden würden.

Wie lässt sich die kirchliche Angebotslandschaft so entwickeln, dass sie den Stallgeruch überwindet und Interesse weckt? Wir empfehlen, überholte Vorstellungen zu durchbrechen und zu überraschen! Die Präsenz der Kirche in der Öffentlichkeit ist dabei ein wirkungsvoller Hebel, indem sie in den eigenen Räumen Lebens- und Begegnungsorte schafft oder indem sie an gut ausgewählten Brennpunkten aktiv ist. Greifbar, sichtbar, ansprechbar und auf Tuchfühlung mit den Menschen.

Vom Puzzle zur Angebotsstrategie

Die Angebote von Kirchgemeinden orientieren sich meist an den traditionell gewachsenen Handlungsfeldern wie Gottesdienst, Kasualien, Unterricht, Diakonie, Kinder-, Familien-, Jugend-, Seniorenarbeit usw.

Wenn Mitarbeitende einen bestimmten Auftrag, eine Idee oder ein besonderes Talent haben, kommt ein neues Puzzleteil dazu: ein Eltern-Angebot, ein Gesprächscafé, ein Chorprojekt. Das kann seine Tücken haben, denn es ist partikular und hängt an einzelnen Personen. Wenn alle nur das eigene machen, dann bleibt es beim *Gärtleindenken.* Es können Konflikte rund um das ungeklärte Kirchenbild oder Konkurrenzsituationen entstehen. Die kirchliche Landschaft lässt sich nur begrenzt mit einzelnen neuen oder speziellen Angeboten verändern.

Die folgenden Kapitel zeigen eine griffige Struktur und eine Methodik für die Analyse der Angebote und die Entwicklung einer massgeschneiderten Angebotsstrategie.

Drei Zugänglichkeiten: nieder – mittel – hoch

Diese Begriffe beschreiben, wie hoch die Schwelle ist, um in Kontakt mit Kirche zu kommen. Wie leicht oder wie anspruchsvoll ist es aus Sicht der Gäste teilzunehmen? Wie viel Kirchennähe wird vorausgesetzt? Welche Vorurteile und Widerstände werden durch das Setting des Angebots provoziert oder relativiert? Wie viel Aufwand und Organisation erfordert die Teilnahme? Beispielsweise: Wer hütet die Kinder?

Von der Höhe der Schwelle hängt es ab, wer wann wofür angesprochen wird. Mit Hochschwelligem pflegt und begleitet die Kirche alle, die viel von ihr erwarten und für die sie ein Lebensort ist. Mit Mittelschwelligem kommt sie in Kontakt mit vielen Menschen in ihren spezifischen Lebenslagen und an ihren Lebenswenden. Mit Niederschwelligem erweitert sie ihren Sozialraum und wird zu einem belebten Begegnungsort.

Niederschwellig: Den Sozialraum erweitern

Niederschwellig ist alles, was den Menschen erlaubt, den Zeitpunkt, die Dauer des Aufenthalts an einem Ort und die Tätigkeit dort selbst zu bestimmen. Sie können spontan, aus dem Moment dazukommen und dort tun, wonach ihnen der Sinn steht. Ein Jugendlicher formuliert es so: «Das ist ein Ort, wo du hingehen und chillen kannst. Du triffst immer Leute. Einmal gab es eine Feier mit Musik, da war ich zufällig mittendrin, und es war eigentlich ganz toll. Einmal fragte mich der Sozialarbeiter, ob ich beim Kulturfest mithelfen würde. Warum eigentlich nicht?»

Für die Kirche gibt es verschiedene Möglichkeiten der niederschwelligen Arbeitsweise, die auch die Pflichtenhefte beeinflussen:

- Ihre Mitarbeitenden gehen hinaus, besuchen die Menschen, mischen sich bei Anlässen unter die Leute, sind auf der Strasse oder beim Einkaufen ansprechbar.
- Die Kirche schafft auf ihrem Areal einen Ort, der von den Menschen spontan aufgesucht werden kann.[42] (Café und Spielanlage, öffentlicher Spielplatz, öffentliches Fest, Basar, Jugendraum, offene Kirche, Jugendraum, Besuche, Gespräche ad hoc, in der Kirche Kerzen anzünden.)

Auf den Punkt gebracht aus Sicht der Gäste bedeutet das: Fixer Ort mit offenem Zeitraum, attraktiv, aus dem Moment, eigeninitiativ, Mix verschiedener Generationen, Kulturen und Milieus, verschiedene Aktivitäten nebeneinander, Interessenmarkt, dynamische Gruppenbildung.

Als Qualitätsmerkmale für die Gastgebenden gilt: Mit Ansprechpersonen präsent sein, Zeit haben, Gruppenbildungen initiieren, hellhörig, vernetzend, ermöglichend, lösungsorientiert, niederschwellige Methodik, ganzheitlich gastlich. Die Verkündigung geschieht nonverbal durch Haltung, Gastlichkeit, Atmosphäre (implizites Evangelium).

Mittelschwellig: Nahe bei den Leuten

Alles, was breites Interesse weckt und viele Menschen anzieht, ist mittelschwellig. Im Unterschied zum Niederschwelligen ist die Zeit fix. Beispiel: Dienstagabend um 19.30 Uhr im Saal des Kirchgemeindehauses.

Das Angebot wird aufgrund eines sozialen Ereignisses, wegen seiner öffentlichen Bedeutung, wegen der Zugehörigkeit zu einer sozialen Gruppe oder aus Konvention besucht: «Man geht da hin.» «Es gehört sich so.» Es ist sozial interessant, ein Thema brennt oder alle sind von einem Ereignis erschüttert.

Mittelschwellige Anlässe sind im Volk verankert und breit akzeptiert. Sie haben Eventcharakter, sind entweder einmalig oder finden in einem lockeren zeitlichen Rhythmus statt. Sie müssen deshalb zeitlich gut positioniert wer-

---

42 Vgl. Kapitel 8.

den, zum Beispiel im Jahreslauf (immer an Weihnachten, immer zur Fasnachtszeit).

Das Publikum ist durchmischt bezüglich des Alters, des Milieus und des Kirchenbezugs. Meist sind verschiedene Akteure beteiligt, die Handlungssprachen sind vielfältig (Sprache, Musik, Kulturformen, Rituale usw.). Weil massgeschneidert, sind mittelschwellige Anlässe für die Anbietenden aufwendig bezüglich Planung, Koordination und Durchführung.

Beispiele: Trauerfeier, Konfirmation, Vortrag mit einer bekannten Person zu einem brennenden Thema, Unterricht in einem volkskirchlichen Umfeld, Chorprojekt, Feier mit Beteiligung von Chören/Vereinen, Weihnachtsfeier mit Kinderaufführung, Familiengottesdienst

Auf den Punkt gebracht aus Sicht der Gäste bedeutet das: Sozialer Event, Sitz im Leben, im Volk verankert, Generationenmix, überdurchschnittliche Beteiligung, punktuell oder in einem lockeren Rhythmus angeboten, konkret, verständlich, berührend, mit Möglichkeit für Geselligkeit. «Wenn ich weiss, dass ich dort andere Menschen treffe, die ich kenne, dann gehe ich auch gerne hin. Wenn andere wissen, dass wir dort sind, dann kommen sie auch gerne. Wenn ich niemanden kenne, dann getraue ich mich nicht», erzählt ein 53-Jähriger.

Als Qualitätsmerkmale für die Gastgebenden gilt: Durch die Situation bestimmt, Sensibilität für die Situation und die Anwesenden, einfühlsam, verständliche und angepasste Sprach- und Ritualformen (zum Beispiel Geschichten), Gesamtkomposition verschiedener Elemente und Handlungsformen, keine Erwartungen in Bezug auf das Vorwissen der Teilnehmenden, keine Vereinnahmung der Anwesenden durch kirchennahe Sprache und Verhaltensweisen, die Menschen werden abgeholt.

Hochschwellig: Klein und fein

Alles, was eine begrenzte Anzahl von Personen anspricht, ist hochschwellig. Ort und Zeit sind meist fix, die Anzahl der Teilnehmenden ist überschaubar; diese treffen eine bewusste Wahl. Hochschwellige Angebote sind auf Interessengruppen zugeschnitten. Sie werden aufgrund eines bestimmten Inhalts, Fachwissens oder Bedürfnisses besucht. Sie sind ziel- und themenorientiert, haben oft einen höheren Differenzierungsgrad bezüglich der Sprache, des Themas, der Vertraulichkeit oder des Bildungsanspruchs. Ein Angebot wird sofort hochschwellig, wenn es regelmässig angeboten wird und/oder wenn es viel Zeit erfordert, zum Beispiel das Engagement von Freiwilligen. Auch fixe Gruppen wirken auf andere hochschwellig, ebenso wie eine Insiderkultur. «Ich fand es erhellend, mir bewusst zu werden, dass es hochschwellig ist, mit kleinen Gruppen unterwegs zu sein», bilanziert Christina Brüll Beck.[43]

Beispiele: Klassischer Sonntagsgottesdienst, Hauskreis, Kurse, Weiterbildung, Seelsorge und Beratung auf Anfrage, Treffen mit Gleichgesinnten

Auf den Punkt gebracht aus Sicht der Gäste bedeutet das: Regelmässig, hoher zeitlicher Aufwand der Teilnehmenden, ziel- und themenorientiert, Gewinn durch die Spezialisierung oder Vertiefung, fixe Gruppen und Einzelpersonen, Insider, unter sich sein.

Als Qualitätsmerkmale für die Gastgebenden gilt: Inhaltlich interessant, differenziert, lehrreich, anspruchsvoll, vertraulich, für den Alltag relevant, Balance zwischen Vertrautem und Neuem/Fremdem.

---

43 Pfarrerin Evangelisch-Reformierte Landeskirche Glarus.

Grundsätze

- Nieder/mittel/hoch ergänzen einander und werten sich gegenseitig auf. Wichtig ist eine ausgewogene Balance zwischen ihnen, und sie klug miteinander zu verbinden. Sie dürfen keinesfalls gegeneinander ausgespielt werden. Beispiele: Frau Z. lernt die Pfarrerin im Bistro kennen und fasst Vertrauen für ein persönliches Gespräch. Herr M. fühlt sich durch die Abdankung verstanden und besucht mit seinen Enkeln zum ersten Mal den Spielplatz auf dem Kirchenareal.
- Die verschiedenen Zugänglichkeiten verlangen je eine spezifische Herangehensweise und Methodik. Sie haben unterschiedliche Qualitätsmerkmale. Was in einem hochschwelligen Setting perfekt ist, wirkt in einem mittelschwelligen Format irritierend, manchmal sogar übergriffig. Sprachformen und Inhalte müssen angepasst werden.
- Das Evangelium wird je nach Schwelle anders *übersetzt*, explizit und/oder implizit; ebenso die gastliche Grundhaltung.
- Ob ein Angebot nieder-, mittel- oder hochschwellig ist, wird nicht allein durch die Absicht der Anbietenden bestimmt, sondern vor allem durch die Wirkung auf die Gäste.
- Insbesondere Nieder- und Mittelschwelliges profitiert von einer fachübergreifenden Zusammenarbeit und bietet die Chance, sich breit zu vernetzen, innerkirchlich und mit Akteuren vor Ort.
- Niederschwellige Angebote beruhen auf einer spezifischen Methodik, mit der eine Anlage gestaltet wird, die Raum schafft für Vielfalt, Selbstbestimmung und soziale Interaktionen.[44]
- Die Unterscheidung zwischen nieder/mittel/hoch hilft bei der Analyse und Planung der Angebotslandschaft. Sie haben je ihre eigenen Gesetzmässigkeiten, die helfen, die Wirkung und den Erfolg eines Angebots zu verstehen und die Erwartungen der Realität anzupassen. Sie sollten nicht vermischt, sondern präzise voneinander unterschieden werden.

Erfahrungen

- Hoch- und mittelschwellige Angebote gehören bei den meisten Kirchgemeinden zum Repertoire, bei Niederschwelligem besteht oft ein Manko.

---

44 Vgl. Kapitel 8.

- Mit hochschwelligen Angeboten pflegt die Kirchgemeinde ihre treuen Mitglieder und die Freiwilligen. Sie sind unverzichtbar für die Erfüllung ihres sozialdiakonischen und seelsorglichen Auftrags. Aber die Erfahrung zeigt, dass sich mit Hochschwelligem allein die Gemeinde nicht entwickeln lässt.
- Mittelschwellige Formate haben ihren eigenen Stellenwert und eine zentrale Funktion. Die Kirche ist damit bei den Leuten und ihren Themen und ermöglicht eine gute Begegnung mit ihr.
- Weil Hochwelliges keine Breitenwirkung hat, wurde an vielen Orten mit Elan und Erfolg mit mittelschwelligen Formaten experimentiert. Werden sie zu häufig angeboten, mindert sich erfahrungsgemäss die Anzahl der Teilnehmenden sofort. Wir haben mehrfach beobachtet, dass ein mittelschwelliges Format aufgrund seines Erfolgs öfter angeboten wurde – und gerade deshalb gestorben ist. Denn mit dieser Veränderung wurde es hochschwellig: Die Anzahl der Teilnehmenden ging rapide zurück und der damit verbundene Aufwand war nicht mehr zu rechtfertigen.
- Die volkskirchliche Ausgangslage führt dazu, dass Angebote wie Abdankungen und Unterricht noch breit akzeptiert und damit mittelschwellig sind. Aber die Volkskirche bröckelt, vor allem in Städten und Agglomerationen, zum Teil auch in der Romandie. Wer dort sein Kind in den Unterricht schickt oder einen Todesfall kirchlich begeht, gehört bereits zur Minderheit. Die Kirche rutscht an den gesellschaftlichen Rand, was sich zum Beispiel darin zeigt, dass Eltern es nicht mehr für nötig halten, ihr Kind vom Unterricht abzumelden. Dieser Trend wird sich wohl noch verstärken. In einem solchen Umfeld bieten niederschwellige Anlagen und Angebote eine Chance, neue Lebens- und Begegnungsorte zu schaffen.
- Punktuelle Angebote und begrenzte Projekte sind Plattformen für die Talente und Interessen der Menschen. Sie ermöglichen eine Mitwirkung, die leistbar ist und Freude macht.

Gruppenbildung und Gemeinschaftsverständnis

Die Unterscheidung zwischen nieder/mittel/hoch führt zur Frage, wie Menschen eigentlich zusammenkommen. Es ist spannend zu beobachten, wie sie zueinanderfinden und sich wieder voneinander lösen, einander einbeziehen oder meiden; zu zweit, in einem strukturierten Setting oder in einem offenen Raum, wo sich Gruppen durchlässig und dynamisch verhalten. Welche Gesetzmässigkeiten zeigen sich? Und wie lässt sich darauf Einfluss nehmen?

Die Unterscheidung nieder/mittel/hoch sensibilisiert für unterschiedliche Arten der *Gruppenbildung* und die darin zum Ausdruck kommenden sozialen Prozesse.

Zeitstrukturen und räumliche Anlagen haben einen grossen Einfluss. Ein bestuhlter Saal, Bänke, ein Stuhlkreis ermöglichen oder behindern bestimmte Arten der Gruppenbildung, ebenso ein leerer Raum, eine mobile Einrichtung oder die Art und Weise, wie mit Zeit umgegangen wird.

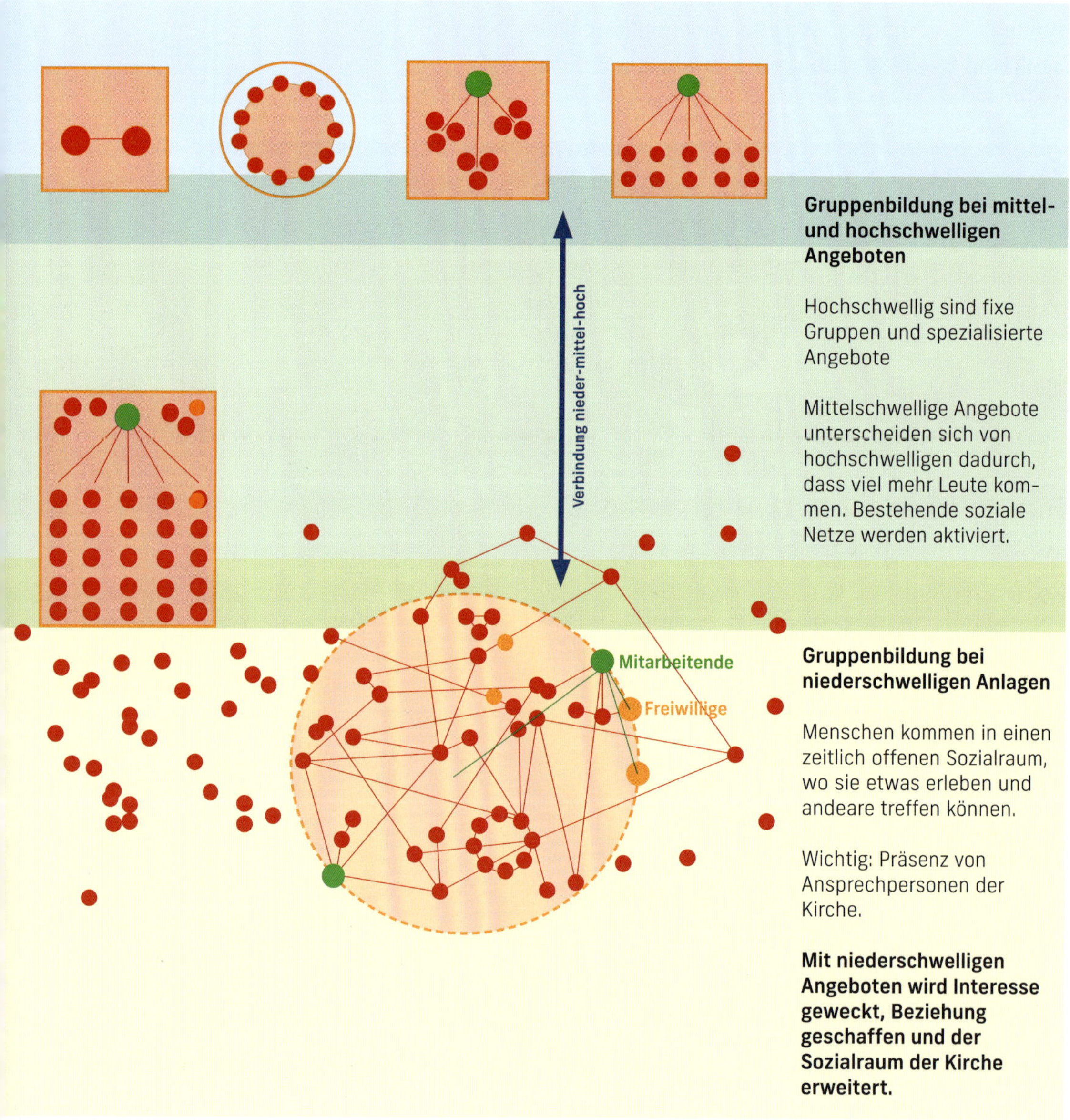

Unterschiede der Gruppenbildung bei nieder/mittel/hoch

Eine Angebotsstrategie bezieht die Dynamik der Gruppenbildung mit ein und übersetzt das Angebot der *Gemeinschaft*, das Herzstück kirchlicher Arbeit, in verschiedene Formen des Zusammenfindens, von lose und spontan bis intensiv und verbindlich. Dies bedingt die Erweiterung des Gemeinschaftsverständnisses. Verschiedene Formen der Vergemeinschaftung werden möglich. Denn wir meinen: Es ist nicht Aufgabe der kirchlichen Akteure oder der Kirchennahen, zu definieren, was Gemeinschaft ist, und sie für sich allein zu beanspruchen. Es sind die einzelnen Individuen, die erzählen können, wo sie Gemeinschaft erfahren, was sie berührt und warum. Das wird sehr unterschiedlich erlebt, weil die Bedürfnisse nach Gemeinschaft verschieden sind. Gerade deshalb ist es wichtig, dass die Kirche eine Vielzahl von Anknüpfungspunkten, Gemeinschaftsformen und Zugängen anbietet. Ein niederschwellig zugänglicher Raum begünstigt spontane und wechselnde Gruppenbildungen.[45]

Vier gleichwertige Handlungsfelder

Im Modell Generationenkirche wird die Komplexität der Angebotslandschaft auf vier elementare Zugänge reduziert, die sich nach innen und aussen verständlich und nachvollziehbar kommunizieren lassen. Sie werden aus der Perspektive der Gäste beziehungsweise Nutzenden beschrieben. In ihnen bündeln sich traditionelle und neue Arbeitsfelder der Kirche. Sie schaffen sowohl für einzelne Kirchgemeinden wie für eine ganze Region oder Stadt eine Struktur. Mit ihrer Hilfe lassen sich Schwerpunkte setzen und eine regionale Kirchenlandschaft ausgestalten. Sie ermöglichen den Adressaten auszuwählen.

Der Name *Handlungsfeld* ist Programm, das Handeln der kirchlichen Akteure und vor allem der Menschen von Jung bis Alt kommt in den Blick. Kinder zum Beispiel müssen spielen, denn es ist ihre Lebensweise. Wer viele Menschen ansprechen will, schafft Raum für die Vielfalt der Ausdrucksformen, Tätigkeiten und Handlungsmedien, für Lebensfreude und Sinnerfahrung. Den Verschiedenheiten wird Rechnung getragen, Talente und Interessen kommen zum Zug.

45 Mehr dazu in Kapitel 8 zur niederschwelligen Drehscheibe.

Beispiele: Essen und Trinken, Spiel, Musik, Bewegung, Tanz, Theater, Pantomime, Inszenierung, Gespräch, Erzählung, Geschichte, Literatur, Poetry-Slam, Kino, Humor, Predigt, Meditation, Ritual, Naturbezug, Bild, Film, Skulptur, Architektur, Streetart und vieles mehr.

Alltagskirche[46]

Alltagskirche ist während der Woche, bei Regenwetter und Sonnenschein, in allen Jahreszeiten, von morgens bis abends und manchmal auch nachts, auf dem Kirchenareal oder in einer Stube – einfach überall dort, wo ein Bezug zum ganz normalen Alltagsleben besteht und wo die Alltagsbedürfnisse der Menschen Platz haben. Schlüsselbegriffe sind:

> Verweilen, sich entspannen, ausruhen
> Essen, trinken, geniessen
> Andere treffen, begegnen, sich vernetzen
> Sich austauschen, sich ausdrücken, zuhören
> Aktiv sein, spielen, sich selbst einbringen
> Sich beteiligen, mitarbeiten, sich engagieren
> Diakonie: Gehört werden und zuhören, entlastet werden und entlasten, unterstützt werden und unterstützen, Lösungen entwickeln, sich beteiligen und mitarbeiten

Beispiele für Angebote und Gefässe der Alltagskirche sind:

> *Niederschwellig:* offene Begegnungsmöglichkeite, Treffpunkt, Café, Bistro, Restaurant, Kiosk, Jurte, mobiler Bauwagen, Zelt, Spielplatz, Spielbereich innen, Fest und geselliger Anlass: Basar, Flohmarkt, Sommerfest, Kirchenfest, Dorffest, Stadtfest, Schulfest, Jahrmarkt, Hausbesuch, spontane Kontakte im Alltag, Schwatz beim Einkaufen, Projekt, zum Beispiel Labyrinth, öffentlicher Garten, biodiverser Bereich, Tiergarten
> *Mittelschwellig:* Mittagstisch, Kirchenkaffee gross, Grillabend, Anlass für Seniorinnen und Senioren, Abendessen für alle Freiwilligen, Ausflug und Reise mit grosser Beteiligung, Ferienlager, Advents- und Osterbasteln

---

46 Zum Beschrieb der vier Handlungsfelder vgl. auch Evangelisch-reformierte Landeskirche Graubünden, GemeindeBilden, Grundlagen zum Bildungsmodell, Modell/Material/Karten, Chur 2012, Material, 8ff.

- *Hochschwellig:* geselliger Anlass mit kleinen Gruppen, Kirchenkaffee, Stammtisch, Hauskreis (mit Bezug zur Lern- und Feierkirche), Fastengruppe, Nähatelier, Bierbraugruppe, Kochkurs für Männer, Spaziergang, Wandergruppe, Basargruppe, Seelsorge, Beratung, Trauercafé, Gruppe mit einem sozialdiakonischen Auftrag, Besuchsdienst, Selbsthilfegruppe, Interessengruppe, OEME-Gruppe, Begleitung von Flüchtlingen, Engagement von Freiwilligen und Ehrenamtlichen, Teilnahme an Projekten für Freiwillige, Coaching von Freiwilligengruppen, Vernetzung und Kooperation mit bestehenden Angeboten (zum Beispiel von Vereinen)

Lernkirche

Zur Lernkirche gehören alle Veranstaltungen und Angebote, in denen der Bildungscharakter im Vordergrund steht – im Bewusstsein, dass jede Tätigkeit bildend sein kann. Sie schafft Anlässe und Gelegenheiten, in denen Wissen angeeignet, Dinge und Zusammenhänge erforscht, Meinungen gebildet und Kompetenzen trainiert werden können. Schlüsselbegriffe sind:

- Inspiriert werden und inspirieren
- Fragen, nachdenken, umdenken, diskutieren
- Lernen und lehren, wissen, können
- Unterschiedliche Perspektiven kennenlernen
- Forschen, Neues entdecken, Horizont erweitern

Beispiele für Angebote und Gefässe der Lernkirche sind:

- *Niederschwellig:* Themenweg, Information und inhaltlicher Input durch Printmedien oder Internet, spontaner Lernmoment und Erfahrungsaustausch
- *Mittelschwellig:* öffentlicher Vortrag, Podiumsdiskussion, Zukunftswerkstatt, Unterricht (solange es in einem Gemeinwesen dazugehört, dass man das Kind schickt), Konfirmationslager, Bildungsevent, vernetztes Bildungsprojekt
- *Hochschwellig:* Bibel- oder Bücherlesegruppe, Erzählcafé, Kurs, Seminar, Weiterbildung, Erwachsenenbildungskurs, Bibelgruppe, Bibelabend, Hauskreis, Computerkurs, Bildungsprojekt, Leiterkurs für Jungscharleiter/-innen, Weiterbildung von Multiplikator/-innen

Feierkirche

Feiertage ermöglichen den Menschen, aus dem Alltag herauszutreten, sich zu besinnen und bedeutende Ereignisse zu begehen – frohe wie einen Geburtstag oder ein Jubiläum, traurige wie einen Todesfall. Dazu gehören Gottesdienste in allen Formen, Kasualien, Veranstaltungen zum Kirchenjahr und Feiern oder Rituale zu Übergängen, Höhe- und Tiefpunkte im kirchlichen, familiären und gesellschaftlichen Leben (wie goldene Konfirmation, Schuleröffnungsfeier, Feier zur Scheidung). Feierkirchliche Anlässe stehen in der Spannung zwischen wiederholten Ritualen (immer an Weihnachten) und dem Begehen einmaliger Ereignisse wie Konfirmation, Hochzeit oder Trauerfeier. Auch Formen der inneren Einkehr gehören dazu. Klar definierte Formate helfen, der Feierlandschaft eine Struktur und Erkennbarkeit zu geben. Schlüsselbegriffe sind:

> Innehalten, in sich gehen, zur Ruhe kommen, sich besinnen, beten
> Sich öffnen, Kraft schöpfen
> Anteil nehmen, Freud und Leid teilen
> Begehen, feiern

Beispiele für Angebote und Gefässe der Feierkirche sind:

> *Niederschwellig:* offene Kirche, Möglichkeit, um Kerzen anzuzünden, Andachtsplatz unter freiem Himmel, Weihnachtslichterweg am Heiligabend, Trauerbuch, persönliches Gebet, Stille
> *Mittelschwellig:* Gottesdienst mit überdurchschnittlicher Beteiligung, Berg-, Wald- oder Fasnachtsgottesdienst, Naturliturgie, Familiengottesdienst u.a im Zusammenhang mit dem Unterricht, Schulanfangsfeier, Gottesdienst mit Beteiligung von Vereinen und/oder Chören, Gottesdienst an Höhepunkten im Kirchenjahr, Gottesdienst auf dem Bauernhof oder auf einem Gewerbeareal, öffentliches Ritual, Umzug, Sankt Nikolaus-Fest, Kleinkindergottesdienst (mit Beteiligung vieler Familien), Geschichten erzählen, Kasualien: Konfirmation, Abdankung und kirchliche Bestattung, Taufe, familienbezogene Tauffeier, Hochzeit, goldene Konfirmation
> *Hochschwellig:* traditioneller Sonntagsgottesdienst, Andacht, Ritual, Abendliturgie, Gottesdienst für Menschen in

besonderen Lebenssituationen, experimenteller Gottesdienst, Kleinkindergottesdienst (wenn fixe Gruppe), meditatives Angebot, Gebetsgruppe

Analyse der Gottesdienstlandschaft
Welche verschiedenen Formate werden in Ihrer Kirchgemeinde angeboten, wie oft und zu welcher Jahreszeit? Welche Feiern sind mittelschwellig und erreichen viele Menschen? Welche sind hochschwellig? Gibt es niederschwellige Formate?

Die Formate definieren und ihnen je eine Farbe zuweisen.

Jede einzelne Feier einem Format/einer Farbe zuordnen und auf einen Zettel schreiben.

Mittelschwelliges und Niederschwelliges speziell markieren.

Die Zettel geordnet nach Formaten auf einer Jahresachse auslegen.

Die Jahresübersicht zeigt die Struktur Ihrer Feiern, ermöglicht eine Standortbestimmung und eine zukunftsorientierte Planung.

Kulturkirche

Die Fähigkeit, Kultur- und Kunstformen zu entwickeln und sich damit auszudrücken, zeichnen einzelne Menschen und soziale Gemeinschaften aus. Zwischen Kultur

und Kirche bestand schon immer ein lebhafter, gegenseitiger und befruchtender Austausch – mal näher, mal distanzierter, mal kritisch, mal bestätigend. Die christliche Kirche ist eine wichtige Kulturträgerin, ihre Geschichte ist geprägt von Kunst und Kultur. Ihre sakralen Gebäude sind selber Kulturdenkmäler. Zur Kulturkirche gehören alle Angebote und Inszenierungen, die mit Kultur- und Kunstformen arbeiten oder diese zum Thema machen. Sie schafft Plattformen, um selbst kreativ zu werden oder bereits geschaffene Kunst und Kultur zu geniessen.

Kultur ist in unserem Verständnis das kreativ Gestaltete von Einzelnen und von Gruppen, sowohl in der Vergangenheit wie in der Gegenwart. In diesem Kulturbegriff hat vieles Platz: Hochkultur, Volkskultur, Subkultur usw. Dazu gehören Ausdrucksformen wie das Handwerk, typische Lebensweisen, Bräuche, Kunstwerke, Kirchenräume, Musik, Sprache, Literatur, Poesie, Dichtung, Geschichten, Bilder, Fotos, Objekte, Skulpturen, Rituale, Symbole, Tanz, Theater, Film, Spiel, Bewegung, Sport, Esskultur usw. Schlüsselbegriffe sind:

> Musik hören/machen, tanzen, inszenieren, ausstellen, aufführen
> Betrachten, Sinne und Sinn verbinden
> Kunst und Kultur pflegen
> Gestalten, selber kreativ tätig werden

Beispiele für Angebote und Gefässe der Kulturkirche sind:

> *Niederschwellig:* Ausstellung, Installation im Aussenraum, Prozession, Besichtigung und Begehung, Wegkonzert
> *Mittelschwellig:* Kunst- und Kulturveranstaltung mit einem grossen Kreis von Interessierten: Konzert, Theateraufführung, Lesung, Vernissage, Open-Air-Kino, Open-Air-Konzert, Führung, Märchennachmittag, Kinderkonzert, Orgelfasnacht, Orgelmärchennacht
> *Hochschwellig:* Kunst- und Kulturveranstaltung mit einem überschaubaren Kreis von Interessierten, Kirchenführung, Lesegruppe, Kulturreise, Kreativkurs, Projekt und Werkstatt, Orgelnacht, Roundabout-Hip-Hop-Tanzgruppe, Schreibwerkstatt, Vernetzung und Zusammenarbeit mit Kulturträger/-innen

Grundsätze

- Die Handlungsfelder sind gleichwertig und werden gleichwertig gehandhabt.
- In der Praxis mischen sich die Handlungsfelder oft. Der Elternabend zum Beispiel bietet einen kurzen spirituellen Impuls, danach sind alle zum Apéro eingeladen. Trotzdem wird er der Lernkirche zugeordnet, weil die Eltern wegen des Elternabends kommen. Soziale Kontakte, essen und trinken spielen bei den meisten Anlässen eine Rolle. Ausschlaggebend ist die Frage: Was ist der Auslöser beziehungsweise das Motiv, dass jemand kommt?
- Bestimmte Anlässe kombinieren bewusst verschiedene Handlungsfelder. Beispiel für den Mix von Alltags- und Kulturkirche: Wine, Dine & Organ, ein feierliches Essen in der Stadtkirche Glarus mit ausgewählten Orgelklängen.

Erfahrungen

- Die Angebote vieler Kirchgemeinden sind wegen ihrer Fülle oft unübersichtlich. Die vier Handlungsfelder helfen sie zu ordnen, stellt Peter Messingschlager fest. Sie «sind zwar nicht deckungsgleich mit den unseren: Leiturgia, Koinonia, Diakonia, Martyria. Aber man kann mit ihnen gut arbeiten, um inhaltlich zu strukturieren.»[47]
- Die Lern- und Feierkirche bewegen sich innerhalb der gewachsenen Traditionen.
- Die Feierkirche wird vielerorts als Zentrum des kirchlichen Lebens gesehen. Gleichzeitig ist ein Unbehagen spürbar, vor allem bezüglich des Sonntagsgottesdiensts, wie folgende Stimmen ausdrücken. «Rund um den Gottesdienst ist es so ein Insiderclub.» – «Wenn ich an einem Sonntag in die Kirche gehen, verzichte ich auf eine Bergtour. Ich frage mich dann jeweils: Was bringt mir mehr? Wenn ich ein spezielles Erlebnis habe, dann ist es positiv.» «Ich vermisse eine Gottesdienstart mit moderner Musik, die ungezwungen ist. Es soll sein, wie wenn man an ein Fest kommt.»
- Vielerorts wird versucht, die Bedürfnisse und Interessen der Menschen mit einer breiten Palette gottesdienstlicher Angebote aufzunehmen. Doch die Hoffnung, dass durch spezielle Feiern der Sonntagsgottesdienst belebt wird, hat

47 Gemeindeleiter Pfarrei Bruder Klaus Liestal.

sich nicht erfüllt. Sie eignen sich nicht, um die Leute in die Kirche zu bringen.

> Kulturelles wird von Kirchen zwar immer öfter angeboten, doch meist fehlt ein griffiges Gefäss und ein Name dafür. Mit dem Handlungsfeld Kulturkirche wird Kulturelles legitimiert und als reguläres kirchliches Arbeitsfeld bezeichnet. Somit kann es in das offizielle Programm, in die Angebotsstrategie und auf der Homepage aufgenommen werden. Die Kulturkirche hat enormes Potenzial und vermag Kirchennahe wie Distanzierte anzusprechen. Der Dialog zwischen Kirche und Kultur weckt Interesse und erweitert das kirchliche Image. Für Kunstschaffende bietet die Kulturkirche eine spannende Plattform, speziell in einem ergebnisoffenen und experimentierenden Setting. Peter Messingschlager erzählt: «Du triffst Leute nach einem Konzert an der Aussenbar, denen du sonst nie begegnen würdest, und sie zeigen Interesse, als Musikerin oder Konzertveranstalter mit uns zusammenzuarbeiten. Dann muss man schauen, was möglich ist und wie es sich integrieren lässt.»[48]

> In vielen Kirchgemeinden überwiegen Angebote der Alltagskirche, zusammen mit feierkirchlichen Anlässen. Da das Wort Gemeinschaft (koinonia) vor allem in Bezug auf das gottesdienstliche Beisammensein oder im diakonischen Kontext verwendet wird, fallen andere gesellige Anlässe unter den Tisch. Das hat mit der Hierarchisierung der kirchlichen Angebote zu tun. Das ist schade, denn gerade in der Alltagskirche wird Gemeinschaft gelebt und erlebt.

«Mehr kulturelle Veranstaltungen, auch für Jugendliche.»
15, nah

«Offen für Neues: Künstler:innen fördern, Bilder ausstellen. Leute von aussen einbeziehen.»
33, nah

Die Alltags- und die Kulturkirche haben riesiges Innovationspotenzial. Sie vermögen Menschen, die sich von der Kirche entfernt haben, anzusprechen und zusammenzubringen. Es kommt ein neues Publikum. Und es gibt spannende Themen und Vernetzungs- und Kooperationsmöglichkeiten, die allen einen Gewinn bringen.

48 Gemeindeleiter Pfarrei Bruder Klaus Liestal.

Vorgehen zum Entwickeln einer Angebotsstrategie

Eine Angebotsstrategie ist ein auf die Zukunft ausgerichtetes Konzept der Angebote, die in ihrem inneren Zusammenhang dargestellt werden. Sie ist auf die Situation der Kirchgemeinde abgestimmt, basiert auf deren Stärken und Potenzial und ist klug vernetzt. Sie nimmt die Vielfalt der Menschen ernst und achtet auf verschiedene gleichwertige Zugänge. Diese Elemente können miteinander kombiniert werden:

> Zielgruppeneinteilung
> Zugänglichkeiten: nieder/mittel/hoch
> Vier Handlungsfelder: Alltags-, Lern-, Feier- und Kulturkirche
> Ressourcen und Potenziale
> Gegenwart und Zukunft

Weiter sind folgende Differenzierungen hilfreich:

> *Herdfeuer* werden die Basis-Angebote genannt, die für die Kirche aufgrund ihres Auftragsverständnisses unverzichtbar sind. Es ist die Grundversorgung beziehungsweise der Service public mit Seelsorge, Unterricht, klassischem Sonntagsgottesdienst, Besuch in Altersheimen.
> Mit *Leuchtfeuer* bezeichnen wir die Highlights und Spezialitäten, die viel Zuspruch finden, eine Ausstrahlung haben und Begeisterung auslösen.
> *Innovationsfelder* heissen jene Bereiche und Angebote, die die Kirchgemeinde ausbauen will, weil sie Potenzial für die Zukunft haben. Das kann auch etwas völlig Neues sein.

Angebotsanalyse

Eine Zusammenstellung der bestehenden Angebote in einer Gemeinde ermöglicht eine Standortbestimmung. Die Angebote können nach Zielgruppen, Handlungsfeldern, nieder/mittel/hoch geordnet werden. Hilfreich ist es, sie auf Flipcharts zu visualieren und nebeneinander aufzuhängen. So werden auf einen Blick die Ballungen und Lücken sichtbar. Dann werden folgende Fragen diskutiert: Wo schlägt das Herz? Was macht Freude? Was sind die Herdfeuer, was die Leuchtfeuer? Was möchten wir weiterentwickeln? Worauf verzichten wir? Wo und mit wem vernetzen wir uns?

Pfarrei Bruder Klaus Liestal

GRUNDSTRUKTUR für die Angebotsaufnahme

	Arbeitsbereiche ↓		Zugänglichkeit	Handlungsfelder (HF): Alle 4 HF	Alltagskirche	Lernkirche	Feierkirche	Kulturkirche	Kombinationen
Hauptzielgrupp (HZG)	1 Familien, Kinder Teenies bis 10/12	Lokal – Regional – Kantonal (kirchlich, ausserkirchlich)	niederschwellig						
	2 Jugendliche 13-18 Mädchen, Buben								
	3 Junge Erwachsene 19-27 Frauen, Männer		mittelschwellig						
	4 Erwachsene 27-65								
	5 Senioren 65+								
	6 Erwachsene in Altersinstitutionen		hochschwellig						
	7 Generationennetz								
	Querthemen								
Reichweite	A Kirchenbezug								
	B Migrationsgemeinschaften								
	C Pastoralraum								
	D Interkonfession Interreligion								
	E Gesellschaftlich vernetzt, ausserkirchliche Partner								
	F Mitwirken bei Projekten + Angeboten anderer								

Mit dieser Struktur analysierte die Pfarrei Bruder Klaus Liestal ihre Angebote

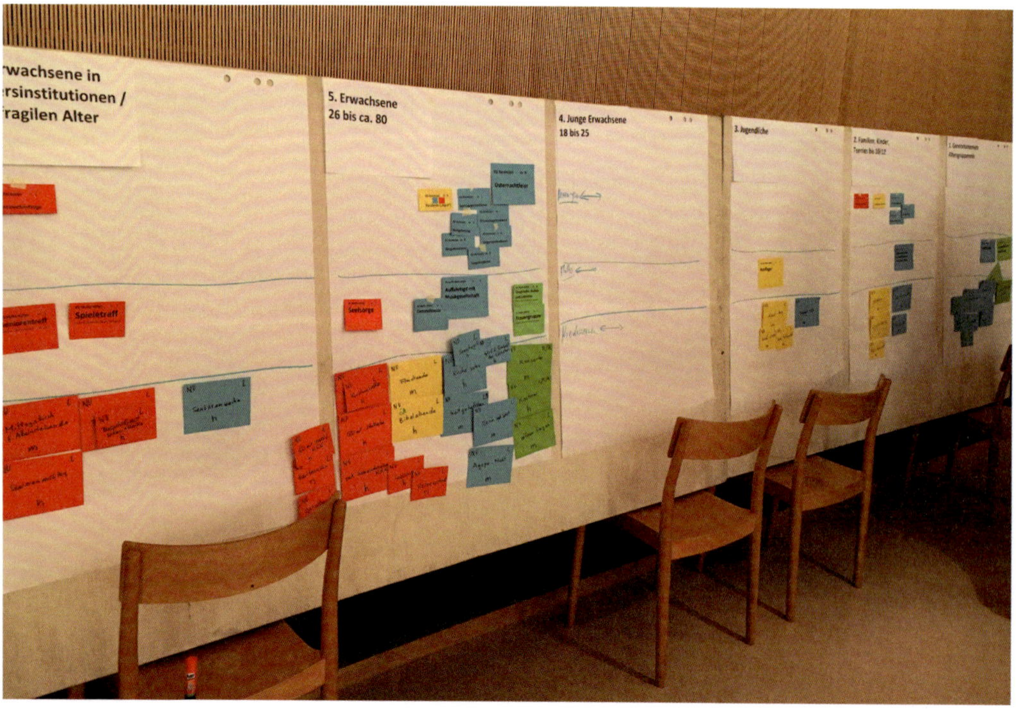

Ausgehend vom Bestehenden und mit Blick auf das Potenzial und das Selbstverständnis wird dann die zukünftige Angebotslandschaft entwickelt.

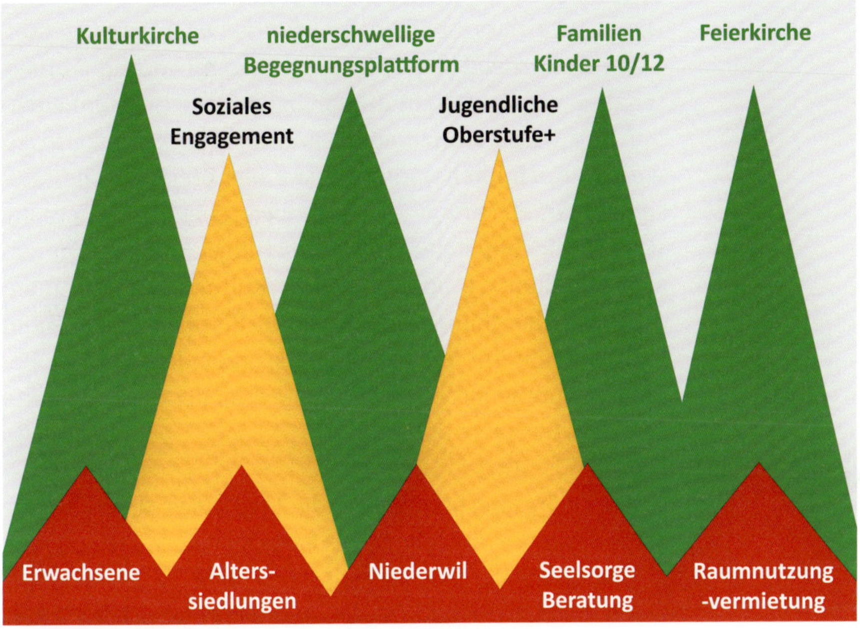

Angebotsstrategie Flawil mit den unverzichtbaren Basisangeboten (Herdfeuer, rot), den gut funktionierenden Leuchtfeuern (gelb) und den weiter zu entwickelnden Innovationsfeldern (grün)

Generationenverbindend und zielgruppenspezifisch

Kirche ist einer der wenigen Orte, wo zu bestimmten Gelegenheiten alle Generationen zusammenkommen. Die Chancen, die das bietet, gilt es zu nutzen. Generationenverbindende und zielgruppenorientierte Angebote können konzeptionell miteinander verbunden werden, speziell in einer *niederschwelligen Drehscheibe*.[49] Ein 12-jähriges Mädchen stellt sich das so vor: «Die Älteren könnten Geschichten von früher erzählen und uns Nachhilfeunterricht geben. Wir könnten ihnen das Handy und den Computer erklären. Sie sollten aber manchmal offener und toleranter gegenüber uns sein.» Und eine 45-Jährige, die sich als distanziert beschreibt, meint: «Es gibt bestimmt nicht nur ältere Personen, die oft allein sind. Vielleicht könnte man sogar Generationen verbinden, sodass Jugendliche sich für

49 Vgl. Kapitel 8.

Sorgen oder das Alltagsleben eines älteren Menschen interessieren und umgekehrt.»

Zusammenarbeit und Vernetzung

Die Chance, dass kirchliche Projekte gelingen, wird grösser, wenn sie vernetzt sind. Mit Zusammenarbeit und Partnerschaften vor Ort schafft die Kirchgemeinde Gelegenheiten, um ihre Dienste anzubieten und als Brückenbauerin zu wirken. Auch kirchenintern und in der ökumenischen Zusammenarbeit bringt die fachübergreifende Vernetzung viel. Die Ideenpalette wird reichhaltiger, Talente können sich entfalten; vorausgesetzt, die Kultur der Zusammenarbeit wird sorgfältig gepflegt und die Berufsbilder sind dem Selbstverständnis angepasst. Ortsgemeinden, die als Region zusammenarbeiten, können einfacher Schwerpunkte setzen.[50] Beispiele dafür sind:

> Die Kirchgemeinde lanciert die Idee eines Mittagstischs. Sie bietet an, die Räume zur Verfügung zu stellen und die Leitung für alle organisatorischen Fragen zu übernehmen. Als Geldgeberin und für die Werbung fragt sie die Schulgemeinde an. Diese beteiligt sich am Projekt, weil es ein bestehendes Anliegen aufgreift und die Dienste der Kirchgemeinde deshalb sehr geschätzt werden.[51]

> Die Pfarrei Bruder Klaus in Liestal lud verschiedene Vereine und Gruppierungen ein, im Rahmen des bereits bestehenden Jurtensommers eine Veranstaltung durchzuführen. Nach einer Anlaufzeit wird dieses Angebot rege wahrgenommen. Eine Win-win-Geschichte: Die Akteure des Städtleins haben einen attraktiven Veranstaltungsort, der Garten ist belebt und die Pfarrei ist im Zusammenleben eine nicht mehr wegzudenkende Playerin.

---

50 Vgl. Monika Wilhelm, Matthias Bachmann: Gemeindeentwicklung in 7 Tagen. Geschichten, Tools, Methoden, TVZ 2021. Tag 7, Vernetzung.

51 Aus: Evangelisch-reformierte Landeskirche Graubünden, Gemeinde-Bilden, Material, 18.

Fragen zur Entwicklung einer regionalen Angebotslandschaft

Fokus kirchlicher Ort
Was ist das Besondere an unserer Kirchgemeinde/Pfarrei?

Was sind unsere Stärken und Spezialitäten?

Wo liegt unser Potenzial – für die Entwicklung vor Ort und für die Zusammenarbeit mit anderen (inner- und ausserkirchlich)?

Fokus Region
Gibt es gemeinsame inhaltliche Anliegen und Interessen?

Wo ergänzen wir uns?

Wo brauchen wir Abgrenzung und Spielraum?

Was gewinnen wir durch die Zusammenarbeit?

Was verlieren wir? Was befürchten wir zu verlieren?

Welche Strukturen, Rahmenbedingungen und Spielregeln fördern die Zusammenarbeit und den Aufbau einer gemeinsamen Kultur?

Welche Haltung fördert unser Zusammenwirken?

Grafiken und Weiterführendes zur Entwicklung einer Angebotsstrategie

8. DIE NIEDERSCHWELLIGE DREHSCHEIBE

Dieses Kapitel beschreibt, wie eine Kirchgemeinde zu einem offenen Begegnungsort wird – für alle, jederzeit und ohne irgendeine Erwartung zu vermitteln. Die niederschwellige Drehscheibe macht´s möglich: Dort verweilen und im Garten die Ruhe geniessen, mit anderen plaudern oder spielen. Kirche als Ort zum Kaffeetrinken oder abends ein Bier.

Motor der Gemeindeentwicklung

Die *niederschwellige Drehscheibe* ist eine Spezialität des Modells Generationenkirche. Wir haben sie im Dialog mit Projektgemeinden entwickelt und immer weiter verfeinert. Es ist ein Konzept und eine Methodik, wie ein Lebens- und Begegnungsort aufgebaut werden kann, so, dass es tatsächlich funktioniert.

«Wir sind offen», betonen viele kirchliche Orte. Doch was heisst das genau? Mit einer niederschwelligen Drehscheibe wird die Offenheit ohne Worte konkret. Das kirchliche Areal wird als Kommunikations- und Vernetzungsplattform ausgestaltet, als Ort zum Sein und Handeln. Die Räume, innen wie aussen, sind zugänglich und werden als gemeinschaftsstiftende Orte erlebt. Nähe und Distanz sind individuell wählbar. Selbstorganisierte Gruppen mit ihren Ideen finden Platz. Kirche ist sichtbar Gastgeberin – nah bei den Menschen und ihren Themen, und bietet einen Markt der Interessen.

Die niederschwellige Drehscheibe ist «eine Eintrittspforte, wo man ohne Hemmung und Schwelle reinstolpert und Türen in verschiedene Richtungen aufgehen. Im Aussenraum ist das sehr viel einfacher zu realisieren als in einem Innenraum», beschreibt Daniela Zillig-Klaus ihre Erfahrung.[52] Peter Messingschlager ergänzt: Sie ist «ein Zeitfenster, wo Menschen und Informationen zusammenkommen. Da sind Kontakte, Beziehungen und Vernetzungen möglich.»[53] Und Fredy Dinkel staunt: «Es waren plötzlich Leute da, die ich nicht kannte. Die kommen über die Kultur rein oder über einen anderen Kanal.»[54]

Das alles strahlt aus. Eine niederschwellige Drehscheibe bereichert das Dorf- oder Quartierleben. Sie wird zum Motor der Gemeindeentwicklung. Die Vision der Kirchgemeinde wird erfahrbar. Dies verändert die ganze Organisation: Kirchenbilder, Arbeitsweise, Teamzusammenarbeit, Angebote, Raumnutzung, Vernetzung, Kommunikation.

Auch bei den Gästen verändert sich die Wahrnehmung der Kirche:

---

52 Präsidentin Reformierte Kirche Flawil.
53 Gemeindeleiter Pfarrei Bruder Klaus Liestal.
54 Mitglied des Pfarreirats Pfarrei Bruder Klaus Liestal.

Ich werde gesehen. (Willkommenskultur)
Ich kann sein, wie ich bin und werde nicht bewertet. (Wertschätzung)
So viele Möglichkeiten! Ich tauche ein und gehe dem nach, was mich packt und freut. (Handlungsorientierung, Freiheit)
Ich kann Leute treffen, wenn mir danach ist. (Kontakt, Vernetzung)
Ich kann meine Ideen einbringen und werde dabei unterstützt. (Eigeninitiative, Talentorientierung)
Erlebe Kirche mir gegenüber als offen, entgegenkommend, sympathisch. (Kirchenbild)

Eine niederschwellige Drehscheibe besteht aus fünf zentralen Elementen:

> Einer *offenen räumlichen Anlage* mit einer gastlichen Ausstrahlung. Dabei schafft das Zusammenspiel von Innen- und Aussenräumen neue und attraktive Nutzungsmöglichkeiten. *(Säule Räume)*
> *Grundangeboten*, die spontan aufgesucht werden können: Verweilen, essen, sich austauschen, spielen, sich informieren. Je nach Kirchgemeinde und Möglichkeiten können diese variieren. Im Sonnegg Zürich-Höngg gehört zum Beispiel das Atelier zu den Grundangeboten. *(Säule Angebote)*
> Der *Präsenz von Bezugspersonen*. *(Säule Betriebsorganisation)*
> Aus einem punktuell eingeflochtenen *Programm*, das man sich bei Interesse zu Gemüte führen kann. Dies schafft Bezüge zu den vier Handlungsfeldern. *(Säule Angebote)*
> Eine *Zeitstruktur* definiert, wann die niederschwellige Drehscheibe für alle geöffnet ist und wann sie bestimmten Zielgruppen zur Verfügung steht. Sie kann klein, mittel oder gross gestaltet sein und, entsprechend dem Umfeld und den anvisierten Milieus, mit einem ein bis fünf Sterne-Standard. Sie funktioniert in unterschiedlichen Kontexten:
  - Punktuell an einzelnen Tagen, zum Beispiel an einem Fest oder Generationentag
  - Mobil, zum Beispiel in einem Bauwagen
  - Temporär, während einer festgelegten Zeitdauer und jährlich wiederkehrend wie der Sommer im Feld in Flawil oder der Jurtensommer in Liestal
  - Permanent: Als festes Angebot wie die Baracke in Bern Bümpliz oder das Sonnegg in Zürich-Höngg

Nebeneinander, miteinander, durcheinander – Menschen finden zusammen

Weil es zu Hause so leer ist, besucht *Walter* öfter den Stammtisch am Freitagabend. Dort hat er einen anderen Mann getroffen, der ebenfalls in Scheidung lebt. Die beiden tauschen sich bei einem Bier aus und kommen auf die Idee, den Pfarrer zu fragen, ob er eine Selbsthilfegruppe kenne. Oder sogar eine organisieren würde?

Maya hat schon zum vierten Mal einen herrlichen Nachmittag erlebt. Während ihre Tochter zufrieden spielte, sass sie im Café, spazierte im Garten und lernte andere Mütter kennen. Mit ihnen zusammen möchte sie gerne am kommenden Basar mithelfen – aber nur an einem Nachmittag, mehr liegt nicht drin. Sie nimmt aus der Bibliothek ein Lieder- und ein Bilderbuch mit, die ihre Tochter dort entdeckt hat und nun zu Hause dem Vater zeigen will.

Stefan besucht mit seinen vier Kindern das Generationenhaus. Die Geschwister verteilen sich im ganzen Areal und finden andere Mädchen und Jungen zum Spielen. Stefan liest im Bistro die Zeitung und kommt mit einem älteren Mann ins Gespräch, der mit seinen beiden Enkelinnen da ist. Die beiden Männer verbringen eine gute Zeit miteinander, während die Kinder spielen. Zum Schluss gibt es ein Eis. Damit alle Platz finden, werden zwei Tische zusammengeschoben.

Wie immer am Freitag um 17 Uhr ertönt das Horn. Geschichtenzeit. Die Kinder lieben es. Im Zelt neben dem Spielzimmer erzählt die Katechetin die Geschichte von Pauli. Ums Zelt herum versammeln sich auch die Eltern. 15 Minuten dichte Stimmung, mit einer fein gesummten Musik und einem Segen aufgelöst. Langsam schwillt der Lärmpegel im Haus wieder an.

Labor und Experimentierraum

Eine temporäre niederschwellige Drehscheibe eignet sich, um Erfahrungen zu sammeln und Antworten auf konzeptionelle Fragen zu bekommen, gerade während eines

Gemeindeentwicklungsprozesses. Die Verantwortlichen können die Arbeitsweise und Wirkung des Niederschwelligen in aller Freiheit ausprobieren. Es ist lustvoll, viel kommt in Bewegung, es hat Platz für Hits und Flops. Die Erkenntnisse, was funktioniert oder nicht, fliessen in die Gemeindeentwicklung ein.

Zwei der im Handbuch porträtierten Projektgemeinden haben diese Art Labor jeweils zwischen Mai und September ausprobiert: Pfarrei Bruder Klaus Liestal mit dem Jurtensommer und die Reformierte Kirche Flawil mit dem Sommer im Feld. Beide führten ihr Projekt wiederholt durch. Das Team konnte auf den Erfahrungen des Vorjahres aufbauen: Die Abläufe sind erprobt, alles ist eingespielt und geht leichter von der Hand. Das Projekt ist den Menschen bekannt, sie schätzen das Vertraute. Die Kooperationspartner und -partnerinnen rechnen mit der Möglichkeit einer erneuten Zusammenarbeit. Weil es sich herumgesprochen hat, fragen weitere Akteure an. Peter Messingschlager stellt fest: «Unser Versuchsballon Jurtensommer greift. Da kommen Leute, die sonst nie kommen. Toll ist, dass wir Räume anbieten können, wo Leute reinstolpern und Zeit verbringen und anderen begegnen. Wenn die Menschen dann noch merken, dass der Glaube etwas Erfüllendes, Verbindendes ist, umso besser. Wenn sie weiterziehen, dann ist das auch gut für mich.»[55]

Konzept

Eine niederschwellige Drehscheibe, ob permanent oder temporär, erfordert einen Aufbau nach der 5-Säulen-Struktur.

Selbstverständnis

Wie bei allen innovativen Projekten hilft es, die grundlegenden Fragen zum Selbstverständnis gemeinsam zu skizzieren. Je klarer diese sind, desto zielgerichteter können Entscheide getroffen, die Räume eingerichtet, die Grundangebote aufgebaut, die Idee kommuniziert und der Betrieb geführt werden.

55 Gemeindeleiter Pfarrei Bruder Klaus Liestal.

Fragen zum Profil der niederschwelligen Drehscheibe

Zielgruppen: Wen alles will die Kirchgemeinde mit der niederschwelligen Drehscheibe ansprechen?

Haltung: Wie verstehen und handhaben wir unsere Gastlichkeit? Mit welcher Haltung begegnen wir den Gästen? Was heisst für uns offen? Wie gehen wir mit Konflikten um?

Welche Qualitätsmerkmale sind für uns wichtig?

Grundangebote

«Spielen, reden, Aufgaben machen, zusammen essen.»
8

Konzeptionell ist die niederschwellige Drehscheibe ein Element der Angebotsstrategie und das Zentrum der Alltagskirche. Sie schafft Verbindungen zur Lern-, Feier- und Kulturkirche und zu mittel- und hochschwelligen Angeboten. Die Grundangebote bieten verschiedene Handlungsmöglichkeiten, sodass die Gäste sich eigenständig bewegen können.

«Spielplatz, Kaffee, verweilen, Begegnungspunkt.»
34

> *Verweilen*: Sich Zeit nehmen, entspannen und erholen ist ein grosses Bedürfnis, gerne auch im Grünen.

> *Essen und trinken:* Das Kulinarische schafft Begegnung, verbindet Jung und Alt, Kulturen und Nationen. Beim Essen findet man zusammen und kommt sich näher. Sowohl beim *Sommer im Feld* in Flawil wie im *Jurtensommer* Liestal wurde für die Kulinarik ein Provisorium aufgebaut. Dabei sind die gleichen Aspekte zu beachten wie bei einem permanenten gastronomischen Betrieb.

«Menschen begegnen, gemeinsam reden, essen, Konzerte oder Vorträge hören, eventuell Kurse besuchen, musizieren, lesen, beispielsweise Zeitschriften, weltliche Literatur.»
47

> *Spielen:* Spielen verbindet Generationen. Es gibt verschiedene altersgerecht gestaltete Spielbereiche: für Kleinkinder mit nahen Verweilmöglichkeiten für die Begleitpersonen, welche die Zeit für sich und die Begegnung mit anderen Erwachsenen schätzen; für ältere Kinder, die sich selbstständig bewegen; auch für Jugendliche und Erwachsene stehen Spielmöglichkeiten zur Verfügung.[56]

> *Sich austauschen:* Sich mitteilen, reden miteinander und einander zuhören ist ein zentrales Bedürfnis. Orte und Gelegenheiten dazu bieten sich vom Gastrobereich bis zum Garten, unter den Bäumen bis zu den Eingängen, vom Bistro bis zur Küche, auf dem Kirchenplatz.

56 Vgl. Kapitel 9.

- *Sich informieren und vernetzen:* Die niederschwellige Drehscheibe ist eine Informations- und Vernetzungsplattform für Jung und Alt – schriftlich, visuell und mit persönlichen Kontakten und Begegnungen. Die Verantwortlichen des Teams sind präsent. Zeit für die Menschen zu haben, gehört zu ihrem Auftrag.
- *Programm-Highlights:* Zu den Grundangeboten kommt ein Programm mit Veranstaltungen und Events dazu. Es greift Aktuelles auf, gibt Impulse, lanciert den Dialog und gibt Kulturschaffenden oder Gruppen eine Plattform. Mithilfe des Programms entsteht ein Rhythmus von Individuellem und Gemeinsamem. Es schafft verbindende Erlebnisse und Momente der Gemeinschaft.

Räume für die Grundangebote

Eine niederschwellige Drehscheibe lebt von den Räumen und deren Potenzial. Raumanordnung und -gestaltung, Infrastruktur und Einrichtung sind auf die Grundangebote abgestimmt. Die Möglichkeiten der Aussen- und Innenräume werden kreativ genutzt – zum Beispiel mit einem Zelt im Park der Kirchgemeinde, in einer Baracke oder in einem stilvoll renovierten Haus. Atmosphäre, Schönheit und Inszenierbarkeit sind wichtig. Es ist gastlich, stimmungsvoll, zum Handeln einladend.

Weiter ist an folgende Querthemen zu denken: Raumanordnung, effiziente Transport- und Arbeitswege, klimatische Faktoren und Schutz, Stauräume, Orientierung.

Arbeitsweise

Die niederschwellige Arbeitsweise orientiert sich an der Methodik der soziokulturellen Animation und Elementen der Tanz- und Theaterimprovisation. Folgende Faktoren spielen zusammen:

- Das Team ist für die niederschwellige Anlage und den Betrieb verantwortlich. Mit einer gemeinsamen gastlichen Haltung und den Talenten der einzelnen Mitarbeitenden prägt es die Kultur. Es macht vieles möglich, aus dem Moment oder geplant.
- Die kleinen und grossen Gäste beleben den Begegnungsraum und gestalten ihn mit, wo es sie interessiert und wo ihre Begabungen zum Tragen kommen.

- Das Team greift auf, was die Menschen bewegt.
- Die Vorbereitungen, der Aufbau, die Eröffnung, der Betrieb bis zum Schlussfest – alles geschieht in Zusammenarbeit mit Freiwilligen, die Jobs oder Verantwortung für Teilbereiche übernehmen. Dabei werden die Talente berücksichtigt und die Ressourcen respektiert. Die Co-Leitung führt ein, begleitet und unterstützt. In Flawil war man «froh um Leute, die texten, gestalten, organisieren, vernetzen. Wir brauchten Personen für die Kulinarik, für Handwerkliches, für den Aufbau der Infrastruktur und die Gastlichkeit. Jemand musste sich um die Atmosphäre, die sehr wichtig war, kümmern, jemand um die Spielbedürfnisse der verschiedenen Generationen», beschreibt Daniela Zillig-Klaus die Aufgaben.[57]

Die Merkmale der niederschwelligen Arbeitsweise lassen sich folgendermassen zusammenfassen:

- Konstant, aufmerksam und gastlich
- Vernetzend und partizipativ
- Talentorientiert und ermutigend
- Strukturierend und gestaltend
- Situativ, lösungsorientiert und improvisationsfreudig
- Pragmatisch, flexibel und kreativ
- Ganzheitlich und beziehungsreich

Organisationsstruktur

Eine niederschwellige Drehscheibe ist ein Betrieb im Betrieb. Markus Fässler betont: «Es lebt davon, dass Leute, die hier arbeiten, sich selbstständig mit anderen vernetzen können. Egal, welche Organisationsstruktur man wählt: In der niederschwelligen Drehscheibe hat man immer mit allen zu tun.»[58]

Bei einer ersten Durchführung gibt es viel auszuhecken und zu überlegen, zu koordinieren und zu organisieren. Daniela Zillig-Klaus zählt auf: «Es braucht Begeisterung und eine Vision, viele freiwillig Mitarbeitende, klare Aufträge und Abmachungen mit den Angestellten, eine starke Leitung, verschiedene Talente, Handlungsspielraum ohne

57 Präsidentin Reformierte Kirche Flawil.
58 Pfarrer Sonnegg Zürich-Höngg.

dauernd Rechenschaft ablegen zu müssen. Es braucht Geld, Räumlichkeiten, Infrastruktur, gute Vernetzung, Sponsoring usw.»[59]

Die Arbeitsschritte beim Aufbau einer niederschwelligen Drehscheibe auf Zeit sind:

> Vorarbeiten und Entscheid der Behörde
> Auftrag an die Leitung. Deren Aufgaben: Organisationsteam zusammenstellen, Projekt planen, Konzept erarbeiten, budgetieren, Sponsoren und Mitwirkende anfragen, Gesamtkoordination, Kommunikation und Werbung
> Planung. Organisatorisch sind es drei Ebenen: a. Leitung Gesamtprojekt b. Organisation, Einrichten und Betreiben der Grundangebote, inkl. Raumbedarf c. Programmleitung: Veranstaltungen für Zielgruppen und Generationennetz
> Durchführung: Aufbau, Auftaktveranstaltung, Betrieb, Schlussveranstaltung, Abbau
> Evaluation

Die Baracke der Reformierten Kirche Bümpliz, Bern

Die permanente niederschwellige Drehscheibe in Bümpliz zeigt, dass es funktioniert, auch wenn die Räumlichkeiten schlicht sind. Die Quartierarbeiterin Barbara Bregy und Pfarrer Martin Schranz erzählen von ihren Erfahrungen mit der Baracke, einem Quartiertreff für die multikulturelle Stadtbevölkerung.

59 Präsidentin Reformierte Kirche Flawil.

Vorgeschichte: Redimensionieren

50 % der Kosten für Liegenschaften müssen eingespart werden – so verlangte es die Gesamtkirchgemeinde Bern im Jahr 2014 von ihren Kirchgemeinden. Bümpliz wollte dies zukunftsorientiert umsetzen. Nach einem partizipativen Prozess entschied sich der Kirchgemeinderat, auf das *Chleehus*, ein in die Jahre gekommenes und kostenintensives Gemeinschaftszentrum, zu verzichten. Den Schwerpunkt der Entwicklung legte man stattdessen auf das Areal rund um Kirche, Kirchgemeindehaus und Garten im Dorfkern von Bümpliz. Ergänzend dazu wurden dezentrale Standorte geschaffen. Das bedeutete viel Veränderung, vor allem für das Team im ehemaligen *Chleehus*.

Vom «Palast» in eine Baracke

Dank der guten Vernetzung mit der Stadt konnte die Kirchgemeinde eine Baracke als Quartiertreff mieten – mitten in einem belebten Quartier auf einer Brache mit Bäumen, Wiesen, Wegen. Sie ist ebenerdig, die Räume liegen nahe beieinander, die Wege sind kurz. Die räumliche Nähe bringt das Team näher zusammen, findet Barbara Bregy. «Man hört, wer kommt und geht, und man fühlt, dass noch jemand anderes da ist.»

Was als Zwischenlösung gedacht war, erwies sich rückblickend als Glücksfall. Es animierte das Team, die schon im Gemeinschaftszentrum praktizierte Haltung und das Programm kompakt umzusetzen. Martin Schranz erinnert sich: «Wir haben, inspiriert vom Modell Generationenkirche, die besten Sachen aus dem *Chleehus* in die Situation der Baracke übertragen und einfach einmal ausprobiert. Der Glanz entwickelt sich erst, wenn man reinkommt. Ganz am Anfang platzte ein Mann hinein um nachzuschauen, ob die Kirche wirklich in einer Baracke sei. Er habe das irgendwo gelesen und stelle nun fest, dass die Kirche das ernst meine und sich tatsächlich herunterlasse, in ein Gebäude einzuziehen, das von aussen schäbig aussehe. Das ist theologisch interessant. Ich selber vergleiche es mit dem Stall von Bethlehem. Menschliche Wärme ist spürbar, weil es so nah bei den Leuten ist, im Quartier, mit Kontakt zu den Nachbarn und Passantinnen. Man bringt sich auf die gleiche Ebene wie die Menschen. Es hat keine Kirchenmauer und keinen grossen Kirchenturm, der mächtig präsent ist. Man hat viel Bodenkontakt hier. Einmal kam jemand vorbei und klopfte an mein Bürofenster. Ich machte auf, wir haben durch das Fenster miteinander gesprochen. Mein Gesprächspartner bemerkte, jetzt seien wir auf Augenhöhe zueinander. Am früheren Standort wäre das nie möglich gewesen.»

Kirchennest

Bei der Gestaltung der Baracke gab es viel Freiheit für kreative Ideen – und ein bescheidenes Budget von tausend Franken. Das Team strich die Wände neu, das WC für die Kinder wurde golden angemalt und auf ihrer Höhe angeschrieben. Es erstand die Einrichtung in Brockenstuben und kombinierte die Möbel mit viel Flair für eine gemütliche Atmosphäre zu einem Ganzen. Es sieht aus wie in einem Wohnzimmer, es ist auf praktische Art schön, ein *Chilenäscht*. «Am früheren Ort musste alles fester und geordneter sein. Hier hat man viel Freiheit. Man muss nicht aufpassen, dass nichts kaputt geht», sagt Martin Schranz, der es sehr schätzt, dass man hier einfach mal experimentieren kann, weil nicht alles tipptopp sein muss.

Aussenraum

Der Aussenraum wird von verschiedenen Akteuren bespielt. Die Kirche nutzt ihn sporadisch für Veranstaltungen wie Baracken-Gottesdienst, Barackenfest, Urban Gardening. Der Spielplatz und die Feuerstelle, wo man zusammen etwas grilliert und isst, schaffen verbindende Momente. Für Martin Schranz ist «die Drehscheibe dort, wo sich Aussen- und Innenraum verschränken. Die Leute spült es von aussen in den Innenraum, auch wenn sie nur die Toilette benutzen oder einen Flyer holen.»

Eingangsbereich und Windfang

Im Eingangsbereich befinden sich die Büros, steht der Kopierer und ist der Eingang zum Spielgruppenraum. Leute kommen, warten, gehen. Kinder ziehen sich um. Man kann die Flyer betrachten und verweilen. Barbara Bregy findet das ideal: «Da die Türen geöffnet sind, können wir reagieren. ‹Grüezi, wie können wir helfen?› Architektonisch wäre es schöner, wenn der Eingang näher beim *Kaffee* läge und der Gang dahin nicht so lang wäre. Aber durch diesen

Windfang komme ich oft ins Gespräch mit den Leuten. Manche wollen sich nur etwas umschauen. Auch wenn sie eine konkrete Frage haben, hilft es ihnen, beim Ankommen bei den Flyern zu verweilen.»

Das Kaffee

Der grosse Raum in der Baracke ist das Zentrum: mit Theke, Küche und zwei unterschiedlich gestalteten Sektoren, der eine gemütlich zum Sitzen und der andere strukturiert für Schulungen. Man kann etwas kaufen, sich treffen oder einfach nur für sich arbeiten. Es hat Internet und eine Kinderecke. Überhaupt sind Kinder überall involviert. Es ist o.k., wenn es auch mal lauter wird. Hier finden Angebote für Kinder, Familien, Frauen, Migrantinnen, Senioren statt: Mutter-Kind-Treffen, Mittagstisch, Schulungen, Deutschkurse, Beratungen, Projekte, Seelsorge. Viel läuft über das Essen.

Das *Kaffee* wird von einer Freiwilligen geführt, die eine kleine Gewinnbeteiligung erhält. Es ist bedient. Die Getränke sind günstig. Es gibt keinen Konsumationszwang, Wasser ist gratis. Während den Öffnungs- und Beratungszeiten ist immer eine Ansprechperson da, was sehr geschätzt wird.

Alles fliesst ineinander

Barbara Bregy beobachtet, wie sich Angebote für Migrantinnen, die Krabbelgruppe und die Spielgruppe gegenseitig befruchten. «Es kommen Menschen ins *Kaffee* und hören, dass es hier eine Spielgruppe gibt. Das Niederschwellige geht ins Hochschwellige über.» Für Martin Schranz sind die niederschwelligen Kontakte sehr wertvoll, auch weil sich daraus etwas entwickeln kann. «Für Seelsorge werde ich erst gefragt, wenn Menschen mich erlebt haben und das Vertrauen da ist. Das kann Jahre dauern.» Unterdessen wurde er auch schon mal beigezogen, um Konflikte unter den Nachbarn zu schlichten.

Neues Image

Dank der Baracke rückt die Kirche näher zu den Leuten. Sie ist Teil des Quartiers. Barbara Bregy legt Wert darauf, dass trotz der Niederschwelligkeit allen bewusst ist: «Es ist *Kirche*, und es ist wichtig, dass man es zeigt. Deshalb ist es angeschrieben.» Martin Schranz doppelt nach: «Es ist

Öffentlichkeitsarbeit, damit bekannt wird, was die Kirche alles leistet. Und wir betreiben keinen Etikettenschwindel. Personen aus anderen Religionen, die nicht zu uns kommen wollen, müssen sich dagegen entscheiden können.»

Miriam Albisetti, Präsidentin der Kirchgemeinde Bümpliz, fasst zusammen: «Unser Umfeld nimmt uns neu wahr, wir wurden ‹entstigmatisiert›. Es zeigen sich neue Perspektiven für Vernetzung und Zusammenarbeit. Wir haben mehr Spass am Schaffen, weniger Verpflichtungen, mehr Experimentierräume und Gestaltungsmöglichkeiten.»

Gewinn der niederschwelligen Drehscheibe

Vertrauen in die Innovation

Die abstrakte Idee der gastlichen Kirche wird dank der niederschwelligen Drehscheibe fassbar und lebendig, der Paradigmenwechsel erlebbar. Die Erfahrung, dass es kein Hirngespinst oder nur ein schöner Gedanke ist, sondern dass es tatsächlich funktioniert, beflügelt alle. Peter Messingschlager erlebte eine Dynamik, «die man in dem Mass nicht erwartet hat. Weil es so gut läuft.»[60] Die Beteiligten gewinnen Vertrauen in das noch Fremde. Das Konzeptionelle und die Umsetzung verbinden sich. Für Daniela Zillig-Klaus ist das der Kern: «Dass man Kirche ganzheitlich denkt und nicht auf geistliche Momente und Gottesdienste reduziert. Ich wurde am Anfang oft gefragt, ob wir das Gefühl hätten, so kämen mehr Leute in den Gottesdienst und an die Kirchgemeindeversammlungen. Mit dem Sommer im Feld konnte man damit beginnen, dies aufzubrechen. Die Leute merken: ‹Aha, das ist auch Kirche. Das spricht mich an, da bin ich ja auch Teil davon. Aber gell, ich komme dann am Sonntag nicht.› Dann kann man antworten: ‹Das macht nichts. Du bist ja jetzt heute hier.›»[61]

Labor

Eine wiederkehrende Durchführung lohnt sich. Die erste Umsetzung ist am aufwendigsten, da alles neu ist und zum ersten Mal durchdacht und aufgebaut wird. Themen, die

60 Gemeindeleiter Pfarrei Bruder Klaus Liestal.
61 Präsidentin Reformierte Kirche Flawil.

das Team interessieren, werden erforscht und reflektiert, Möglichkeiten einer Veränderung ausgelotet. Lösungen und neue Ideen kommen zustande. Auch die Grenzen werden deutlich. Die fachübergreifende Entwicklungsarbeit inspiriert und stärkt den Bezug zum eigenen Arbeitsbereich. Wenn die niederschwellige Drehscheibe als Ganzjahresbetrieb aufgebaut werden soll, ist es besonders hilfreich, Erfahrungen mit einem Probebetrieb zu sammeln und sorgfältig auszuwerten.

Erweiterte Nutzung der kirchlichen Räume

Die Aussen- und Innenräume der Kirchgemeinde werden als Lebensraum erforscht, ja erobert. Für die Mitarbeitenden werden sie zu einem wertvollen Arbeitsinstrument. Falls ein Bauprojekt geplant ist, machen sich die Verantwortlichen kompetent für die Zusammenarbeit mit den Fachleuten von Architektur und Bau. Durch die Nutzungserfahrungen wissen sie, was sie wollen und was nicht. In Liestal zum Beispiel wurde der Garten, der eigentlich schon lange bestand, ganz neu entdeckt. Peter Messingschlager erzählt: «Wir schufen kleine Plätze mit einzelnen Tischen. Wir haben die Jurte mit dem Baum und neu die Bocciabahn, die Leute anzieht. Der hintere Teil mit der Bank um den Baum herum wird von Familien sehr geschätzt. Der Sandbereich ist gross und einladend. Die Kinder spielen dort stundenlang. Das Bistro mit dem Zeltdach ist schön. Es ist wohltuend, hierher zu kommen und zu verweilen. Man hat verschiedene Möglichkeiten. Sich willkommen fühlen, heisst auch, dass der Ort schön ist.»[62]

Erweiterte Berufsverständnisse

Die niederschwellige Arbeitsweise verändert die Berufsverständnisse der Beteiligten und macht Hierarchien durchlässig. Erwünschte Stellenprofile und der zukünftige Personalbedarf werden ersichtlich und präzisieren sich. Es öffnen sich neue Möglichkeiten der Zusammenarbeit. Wissen und Talente der Teammitglieder kommen besser zum Zug, wie Peter Messingschlager berichtet: «Ich mache das gerne: Leute zusammenbringen. Du erweiterst dein Spektrum mit Tätigkeiten. Man muss gewisse Dinge auch lernen,

62 Gemeindeleiter Pfarrei Bruder Klaus Liestal.

weil man keine Erfahrung oder Ausbildung hat.»[63] Esther Salathé ergänzt: «Man macht Eventmanagement. Ausleben konnte ich mein Bedürfnis gastfreundlich zu sein, damit Leute sich hier wohlfühlen. Dazu kamen dann noch die organisatorischen Dinge, die Vernetzung, den Wein einschenken (lacht).»[64]

Herausforderungen

Die Budgetplanung ist insbesondere bei einer ersten Durchführung schwierig, weil Vorerfahrungen fehlen. In Liestal zum Beispiel hatte die Dynamik des Prozesses zur Folge, dass ständig neue Ideen entstanden, «deren Finanzierung nicht eingeplant war. Zudem gab es keine Vorstellungen davon, inwieweit Sponsoren und Donatoren das Projekt mitunterstützen würden. Hilfreich war, dass die *Kerzenkasse* der Pfarrei ein ausreichendes Polster gab, um auch ungeplante Ausgaben stemmen zu können. Zudem stellte der Kirchgemeinderat bei Bedarf ein zusätzliches Budget in Aussicht.»[65]

Eine niederschwellige Drehscheibe kann auch die *personellen Ressourcen* strapazieren. Peter Messingschlager erwähnt, dass das Projekt Jurtensommer neben der normalen Arbeit aufgegleist wurde. «Da es eine Dynamik gewann, die immer grössere Kreise zog – was ja erfreulich ist – erwies sich das zu leistende Pensum als grenzwertig. Es stellt sich die Frage, welche Auswirkungen die zusätzlichen Aufgaben auf die Pensen und Pflichtenhefte der Angestellten haben. Ob etwa Aufgabenbereiche des bestehenden Personals auf- oder abgegeben werden, oder ob für die Planung und Durchführung des Jurtensommers und möglicher weiterer neuer Bereiche eine neue Stelle geschaffen werden muss.»[66]

⭳ Grafiken und Weiterführendes zur niederschwelligen Drehscheibe

63 Gemeindeleiter Pfarrei Bruder Klaus Liestal.
64 Projektleiterin Pfarrei Bruder Klaus Liestal.
65 Jurtensommer 2018, Evaluation, 1. Vgl. ⭳ zu Kapitel 18, Liestal Pfarrei Bruder Klaus.
66 Ebd.

9. SPIELKULTUR

Eine generationenfreundliche Kirche ist eine spielerische Kirche. Das Wort Spiel wurde in den Zielgruppengespräche mehr als vierhundertmal explizit erwähnt, bei 151 interviewten Kindern. Spielen ist die Lebensweise der Kinder und zugleich ein generationen- und kulturverbindendes Kommunikationssystem. Wer Familien, Kinder und Generationen ansprechen will, bietet eine attraktive Spielumgebung und entwickelt die eigene Spielkultur. In diesem Kapitel finden sich Infos und Ideen dazu.

Win-win

- Kirchgemeinden mit Spiel- und Begegnungsräumen leisten einen Beitrag zur Kinder- und Familienfreundlichkeit vor Ort. Das bringt den Familien, den Gemeinwesen und den Kirchen viel.
- Familien und Kinder brauchen ein familienfreundliches Umfeld. Dazu gehören – neben familienfreundlichen Arbeitsbedingungen und familienergänzenden Betreuungsmöglichkeiten – kindgerechte Spielräume und nah erreichbare Begegnungsorte, wo auch Generationenkontakte möglich sind.
- Eltern suchen und brauchen Anerkennung und Wertschätzung, Entlastung und Unterstützung. «Aus meiner Sicht als alleinerziehende Mutter mit wenig Unterstützung wäre es schön, man könnte die Kinder in regelmässigen Abständen für eine gewisse Zeit zu einer schönen Aktivität abgeben, um etwas in Ruhe zu erledigen oder einfach etwas Luft zu haben», wünscht sich eine 45-jährige Mutter.
- Politische Gemeinden haben ein grosses Interesse, dass es für Familien Spiel- und Begegnungsräume gibt. Dies erhöht ihre Attraktivität als Wohn- und Lebensort. Kirchgemeinden, die das anbieten, werden zu wertvollen Partnerinnen.
- Familien sind für den langfristigen Aufbau der Kirchgemeinde zentral. Kinder und Eltern, die dort einen Lebensort finden, können einen Bezug zur Kirche aufbauen. Die Voraussetzungen vieler Kirchgemeinden sind ideal: Sie verfügen über geeignete Liegenschaften mit attraktiven Aussenräumen. Die Arbeit mit Kindern, unter anderem im Rahmen des Unterrichts, gehört zu ihrem Kerngeschäft. Die Mitarbeiterschaft hat Know-how und Erfahrung im Umgang mit Familien, Kindern, Generationen.
- Eine familienfreundliche Kirche ermöglicht Kindern, ihrer spielerischen Lebensweise zu folgen. Kinder erleben die Kirche als freien, ihnen zugewandten Ort.

«Die Kirche sollte kinderfreundlicher sein. Man fühlt sich in der Kirche mit den kleinen Kindern unsicher. Wieviel Bewegung, Unruhe verträgt es?»
44

Spielkultur
Mit welcher Haltung begegnen wir Kindern, ihren Eltern und Begleitpersonen?

Welchen Stellenwert geben wir den Spiel- und Begegnungsräumen?

Wie schaffen wir eine praktische Spieleinrichtung?

Wie definieren wir die Spielregeln, drinnen und draussen?

Wie gehen wir mit Grenzüberschreitungen und Konflikten um?

Zum Phänomen Spiel

Alle sind Spielexperten und Spielexpertinnen. Als Kind haben wir alle intensiv gespielt. Die Erinnerungen an die eigenen Spielerfahrungen und Spielwelten sind wertvoll.

Spielerinnerungen
Was habe ich wann, wo, mit wem gespielt?

Was war toll und wichtig? Wann und warum war ich glücklich?

Was habe ich mir damals auf spielerische Weise angeeignet und gelernt?

Das Spiel ist Teil des Menschseins und ein ganzheitliches Handlungssystem, das uns durch das ganze Leben begleitet: Das Baby erforscht alles mit seinem Mund um zu *be-greifen*. Das Kleinkind schlüpft in andere Rollen, um zu *ver-stehen*. Das Schulkind *er-fährt* mit seinem Velo die Welt. Jugendliche suchen Mutproben, um ihre Grenzen auszuloten. Erwachsene fahren Auto, um sich unabhängig bewegen zu können. Sie musizieren, schauen und spielen leidenschaftlich gerne Fussball, bauen ihre Eisenbahnanlage, jassen und spielen am Handy.

Kinder leben spielend – es ist ihre Lebensweise. Immer auf Stand-by, wird das System durch den kleinsten Impuls aktiviert. Sämtliche Tätigkeiten können auf spielerische Weise stattfinden. Ein steter schöpferischer Akt, eine Kraft- und Motivationsquelle. Wo sie spielen können, fühlen sie sich willkommen und sind sie in ihrem Element.

Das Spiel ist deshalb die Lernmethode im Kindesalter. «Am liebsten gehe ich in den Kindergarten und schaffe dort», bringt es ein 5-jähriges Mädchen auf den Punkt. Spielen bedeutet: Komplexe Zusammenhänge mit Leichtigkeit angehen und begreifen. Aufmerksam, interessiert, hingebungsvoll, beharrlich. Kinder setzen sich mit einem Thema so lange auseinander, bis sie es sich angeeignet haben. Danach wenden sie sich dem nächsten zu. Das Kind folgt seinem individuellen, inneren Lernprogramm als seine eigene Lehrperson.

Das bedeutet, Kinder *erspielen* sich ihr Weltverständnis. Mit diesem kreativen Entdeckungs- und Übungsprozess integrieren sich die jungen Menschen in das unmittelbare Geschehen und erschaffen sich ihren Platz in der Welt. Spielend erarbeiten sie sich grundlegende Fertigkeiten und statten sich so für das Leben aus, hier und jetzt und für später als Erwachsene.

«Platz zum Fangenspielen und Verstecken, Spielen und Schauen.»
5

Kinder, die nicht spielen können, erleiden Mangel. Das Spiel ist lebenswichtig für die kindliche Entwicklung und es ist ein Kommunikationsmittel zwischen Generationen und Kulturen. Es verbindet das Kindes-, Jugend- und Erwachsenalter. Es funktioniert auch ohne Worte und ist eine internationale Sprache. Das Spiel ist die Basis für Kultur, Wissenschaft und Kunst. Ohne die spielerische Begabung des Menschen und die damit verbundene Forschungs- und Schaffensqualität gäbe es weder Fortschritt noch Innovation.

«Auf der Bühne bin ich gern, weil man dort Theater spielen kann.»
12

Merkmale des Kinderspiels

> Es geschieht aus dem Moment, aus Interesse und Neugier, mit Lust und Leichtigkeit, Humor und Freude.
> Spielen genügt sich selbst. Der Prozess und der Weg stehen im Zentrum, nicht das Endprodukt.
> Es ist ganzheitlich: Geist, Seele, Körper, Gefühle und Intellekt und alle Sinne spielen zusammen.
> Innere und äussere Bewegung sind miteinander verbunden.
> Es ist voller Emotionen: Freudig, traurig, wütend, verärgert, ängstlich, berührt, verletzt, überrascht.
> Fantasie und Realität sind immer beteiligt und gehen je nach Alter mehr oder weniger ineinander über.
> Spielinhalte und Themen ergeben sich aus dem Alltag des Kindes, der individuellen Lebenswelt. Dabei wird Erlebtes verarbeitet. Vorbilder spielen eine wichtige Rolle.
> Selbstständig etwas bewirken können ist Antrieb und Ziel: Selber denken und handeln, entscheiden und gestalten. Weitere Motive sind Vertrauen und Grenzen.

«Ich würde gern mehr spielen.»
12

- Ein bestimmtes Thema und Abläufe wiederholt das Kind so lange, bis es einen Inhalt verarbeitet, verstanden und eingeordnet hat und eine Fertigkeit beherrscht.
- Jedes Kind, jeder Mensch spielt auf individuelle Weise, entsprechend den Begabungen und Interessen, und dies von klein auf. Die einen lieben es, sich zu bewegen, andere zu forschen, dritte haben Zugang zum Gestalten oder zum Musizieren.

Fünf Faktoren für das kindgerechte Spiel

- *Haltung*: Die Erwachsenen sind für die Rahmenbedingungen verantwortlich. Mit ihrer Einstellung zum Spiel, ihren Kenntnissen und ihrem pädagogischen Verständnis ermöglichen, stören oder verhindern sie eine Spielkultur. Für die Kirchgemeinde erfordert dies, die Haltung gemeinsam zu formulieren.
- *Raum*: Spiel braucht Raum – auch physisch. Kirchliche Innen- und Aussenräume haben viel Potenzial, um eine kindgerechte und generationenfreundliche Lebenswelt zu gestalten.
- *Zeit*: Spielen braucht Zeit, hat seine eigenen Rhythmen und Tempi. Langeweile – noch nicht wissen, was ich jetzt machen will – ist ein wichtiger Bestandteil des spielerischen Tätigseins.
- *Partner und Partnerinnen*: Andere Kinder, Jugendliche, Erwachsene, Tiere oder Fantasiegefährten sind die äusseren und inneren Gegenüber.
- *Spielmaterial*: Kinder wollen es echt, eins-zu-eins. Das Ur-Spielmaterial sind die vier Elemente Luft, Wasser, Feuer, Erde. Weiter sind die Dinge des alltäglichen Lebens das natürliche Spielmaterial. Gekaufte Spielsachen sind interessante Zeitzeugen, geben Auskunft über Trends, Werte.

Vier Spielarten

- *Bewegungsspiele:* Rennen, hüpfen, balancieren, kriechen, klettern, fahren, rutschen, springen, schaukeln ...
- *Beziehungsspiele:* Sich verkleiden, sich in Rollen und Personen versetzen, imitieren, sich messen, verlieren, gewinnen ...
- *Forschungsspiele:* Beobachten, hören, schmecken, riechen, untersuchen, erfinden, entdecken ...

> *Gestaltungsspiele:* Malen, basteln, bauen, nageln, einrichten, umräumen, dekorieren, gärtnern, kochen ...

Aufbau einer Spielkultur

Spiel- und Begegnungsräume sind für Kirchgemeinden ein Arbeitsinstrument, um ihre Familien-, Kinder- und Generationenfreundlichkeit zu realisieren. Aber für viele Gemeindeglieder und für das nachbarschaftliche Umfeld ist es nicht selbstverständlich, dass kirchliche Räume für Begegnung und Spiel geöffnet werden. Deshalb braucht es einen inhaltlichen Entwicklungsprozess in Bezug auf das Kirchenbild, die Haltung gegenüber Kindern und Familien und die Nutzung der Kirchenräume. Die Auseinandersetzung mit Zusammenhängen und Normen hilft, sich dieser Vorstellung anzunähern. Erst dann hat eine konkrete Umsetzung Erfolgsaussichten.

Spielinfrastruktur

Das Betreiben einer Spielinfrastruktur ist aufwendig. Sie sollte praktisch und arbeitserleichternd konzipiert werden. Möglichkeiten sind:

> Mobil oder fest installiert, innen und/oder aussen
> In der passenden Grösse:
  - Mini: Spielwagen und -teppich (für kleine Kinder geeignet), Spielkiste, Spielschrank
  - Midi: Spielladen im Innenraum, Spielladen aussen – im Schopf, in einer umgenutzten Garage, in einem Wohnwagen oder in einem geeigneten Gebäudeteil
  - Maxi: Spielraum oder Spielloft (wenn möglich ebenerdig und mit Verbindung nach aussen), Schopf, ganzer Hausbereich oder ein eigenes Haus, in einem mobilen Lastwagen oder Bauwagen
> Das Spielmaterial wird entsprechend den räumlichen Möglichkeiten zusammengestellt. Dabei gilt es an die vier Spielarten zu denken, und dass spielen auch für alle Generationen und Kulturen interessant ist.

> Für eine Spielinfrastruktur gibt es vielfältige Einsatzmöglichkeiten:
  - Bei niederschwelligen Treffs wie Eltern-Kind, Spielfest, Markt
  - Kinderhüte bei Angeboten für Erwachsene
  - Angebot für Kinder während Schule und Unterricht
  - Bei generationenverbindenden Veranstaltungen (Mittagstisch, Basar)
  - Bei zielgruppenorientierten Veranstaltungen und Vermietungen (Spielnachmittag, Geburtstagsfest)

Fragen zum Aufbau einer Spielkultur

Von wem wird die Spielinfrastruktur benötigt (Bedarf)?

Gibt es Partnerinnen, die die Spielinfrastruktur mitnutzen oder sich an einem gemeinsamen Projekt beteiligen wollen (benachbarte Schule, Familienzentrum, Kindertagesstätte ...)?

Für wen, wann und wo setzen wir sie ein?

Wie sind die räumlichen Gegebenheiten? Woran lässt sich anknüpfen? Wo braucht es Anpassungen?

Wo besteht praktischer Stauraum für Spielmaterial, oder wo kann er wie geschaffen werden?

Organisationsteam

Ob mini oder maxi, es braucht Verantwortliche für die Entwicklung, den Betrieb und die Pflege der Spielinfrastruktur. Das Organisationsteam ist einem Gremium auf Behördenebene unterstellt und verfügt über ein Jahresbudget für Entschädigungen, Unterhalt, Reparaturen, Neuanschaffungen.

Beispiel Spielladen (Ludothek)

Ein Spielladen ist ein eigener kleiner Betrieb. Er ist fix installiert. Die Spielsachen sind in stabilen Behältern aufbewahrt, verständlich bezeichnet und auf Gestellen gelagert. Sie können von Kindern selbstständig herausgenommen und zurückgelegt werden. Vor den Gestellen steht ein Tisch oder eine Theke für die Ausleihe. Je nach Situation und Bedarf verfügt der Spielladen über Innen- wie Aussenspielmaterial im Mini-, Midi- oder Maxi-Format.

Als Standort ist vieles denkbar: Ein freistehender bemalter Schrank, eine Lichtnische, eine Garage, der Gartenschopf, ein alter Wohnwagen oder Anhänger, der im Quartier mobil aufgestellt und betrieben werden kann. In einem mehrfach genutzten Raum wird der Spielladen so konzipiert, dass er hinter einer Schiebetüre oder einem Rollladen verräumt werden kann. Damit werden Szenenwechsel möglich: Am Nachmittag findet ein Familientreffpunkt mit Spielbetrieb statt, am Abend ein eleganter Apéro.

Es braucht Tagesverantwortliche: Ein Kind, eine Jugendliche oder eine erwachsene Person hüten den Laden während der Öffnungszeiten. Sie geben die gewünschten Spielsachen heraus, nach Gebrauch werden sie zurückgebracht. Die Ausleihe selbst ist Spiel. Zum Schluss räumen die Verantwortlichen auf, notieren, was repariert oder ersetzt werden muss, und leiten dies an das Organisationsteam weiter.

Beispiel Spielwagen

Der Spielwagen ist mobil und kann drinnen wie draussen an Veranstaltungen und für das freie Spiel eingesetzt werden. Ein stabiler Leiterwagen wird mit Spielmaterial für die erwartete Zielgruppe bepackt. Der Spielwagen wird in einem zugänglichen Stauraum zusammen mit dem Spielmaterial gelagert.

Spielanlagen

Eine Spielanlage besteht aus einem Spielangebot zu einem bestimmten Thema – ein Schminkatelier oder eine Veloputzwerkstatt, New Games oder Gesellschaftsspiele. Sie ist wie eine niederschwellige Drehscheibe aufgebaut und besteht aus einem Grundangebot mit den vier Spielarten. Die Zusammensetzung der Spiele ist einmalig. Darin eingebettet gibt es punktuelle gemeinsame Momente – eine Geschichte oder ein Ad-hoc-Theater, Volkstanz oder ein Feuerwerk beim Eindunkeln usw. Folgende Aspekte spielen eine Rolle:

> Räumliche Möglichkeiten
> Anlass und Kontext (Termin, Zeit, Dauer, Thema)
> Jahreszeit und zu erwartendes Wetter
> Anwesende Kinder und Generationen (Alter, Geschlecht, Themen, Anzahl)
> Spielinteressen, Spielideen und Talente der mitwirkenden Kinder, Jugendlichen und Erwachsenen

> Ressourcen und Rahmenbedingungen (Team, Zeit und Finanzen)

Bauen Sie Spiele mit ein, die Ihnen und anderen Mitwirkenden Spass machen, die Sie mögen oder die Sie als Kind selber gespielt haben. Kinder merken sofort, ob die Betreuenden mit echtem Interesse mitspielen.

Spielräume draussen

Draussen sein! Rennen, rutschen, hüpfen, formen, graben, sich treffen, plaudern, lachen, tasten, schmecken, hören, sehen, fühlen – all dies und viel mehr macht Freude und glücklich. Spielbereiche im Aussenraum schaffen Gelegenheiten für Vernetzung und Zusammenarbeit. Welche Chance für kirchliche Orte, über attraktive Aussenräume zu verfügen.

Spielbereiche

Kommen Kinder auf das Spielgelände, schauen sie sich erstmal um, orientieren sich, suchen sich etwas aus, machen sich vertraut. Sie brauchen Zeit, um sich in ihr Spiel zu vertiefen. In einer kindgerechten Umgebung können sie aus unterschiedlichen Spielbereichen auswählen.

«Spielen und herumrennen, verstecken spielen.»
4

> *Freie Flächen wie Wiese, Hartplatz, Hang* animieren zu freiem Spiel – wie rennen, tanzen oder klettern, sich mit Bällen vergnügen und mit Fahrzeugen herumdüsen. Fixe Elemente wie Schaukel oder Klettergerüst werden sofort in Beschlag genommen.
> *Erde, Wasser, Sand, Holz, Kies und Steine* sind das Ur-Spielmaterial. Besser als ein Sandkasten ist ein grosszügiger Sandhaufen oder eine gestaltete Landschaft, zusammen mit Wasser, Steinen, Erde, Sträuchern, Sonne und Schatten.
> *Gestalten und bauen:* Das zur Verfügung stehende Material wird zur Umsetzung eigener Ideen verwendet: Holz, Blüten, Äste, Steine, Stoffe, Seile, Nägel, Farben ...
> *Rückzugsorte, Nischen:* Zwischenräume, Hecken, Unterschlüpfe aller Art dienen als Rückzugsmöglichkeit. Für Gespräche unter sich und Geheimniskrämerei, zum Ausruhen und Chillen.
> *Sitz- und Treffbereiche,* wie Treppenstufen, Eingänge, Objekte, Bäume, Häge, Mäuerchen und vieles mehr.

«Auf die Bäume klettern.»
5

Weitere Aspekte für eine kinder- und generationenfreundliche Umgebung:

«Ich bin am liebsten draussen, weil man spielen kann.»
13

> Gliederung des Geländes
> Wegnetz, Verbindungen, Übergänge
> Sonne und Schatten, Sonnenschutz
> Aufenthaltsräume für alle Generationen
> Bepflanzung und Tiere

Zusammenfassend lassen sich folgende Kriterien für die Gestaltung von Spielbereichen benennen:

> Naturnah, echt, einfach
> Veränderbar, bearbeitbar
> Vielfältig, multifunktional
> Klar strukturiert

- Interessant, lehr- und lernreich
- Kommunikativ, beziehungsfördernd
- Einladend, sinnlich, gemütvoll, farbenfroh, grosszügig
- Robust, sicher
- Pflegeleicht

Weiterführendes zu den Themen Spiel, Spielinfrastruktur, Spielanlagen und Adressen für Fachberatung

10. SÄULE GENERATIONENFREUNDLICHE RÄUME

Räume sind Botschafter. Fühle ich mich wohl? Ist es praktisch, wenn ich mit Kinderwagen oder Rollator ankomme? Welche Atmosphäre nehme ich wahr? Riecht es nach Kaffee oder nach Putzmitteln? Räume spiegeln ohne Worte die Haltung und das Selbstverständnis der Gastgebenden. Wie können Räume vielfältiges Leben ausstrahlen, sodass sich die Menschen dort geborgen, frei und entspannt fühlen?

Räume für Menschen

Die meisten Kirchgemeinden in der Schweiz besitzen diverse Liegenschaften, von der denkmalgeschützten Kirche über wertvolle Pfarrhäuser bis zum schlicht gestalteten Kirchgemeindehaus; meist mit einer bemerkenswerten Architektursprache, mit Spuren einer langen Geschichte und mit für heutige Verhältnisse grosszügigen und schönen Aussenräumen.

Liegenschaften – das bedeutet Reichtum. Aber sie verlangen auch Investitionen. Der finanzielle und personelle Aufwand für deren Betrieb und Unterhalt ist beträchtlich. Und der Nutzen liegt nicht immer auf der Hand, wie Mark Hampton feststellt: «Einerseits hast du einen Haufen Immobilien, aber andererseits sind nicht mehr alle brauchbar.»[67] Mit einer Liegenschaftsstrategie kann da Klarheit geschaffen werden.

«Der Raum signalisiert: Hier darf ich mich bewegen, hier gehöre ich hin, es ist o. k.»
Barbara Bregy, Quartierarbeiterin Reformierte Kirche Bern-Bümpliz

Das Modell Generationenkirche versteht Räume als Ressource für die Gastlichkeit und beschäftigt sich mit der Frage, wie sie für die Kirchenentwicklung bestmöglich genutzt werden können. Die Vision: Die Räume laden ein zum Sein und Handeln, Essen und Trinken, Begegnen und Verweilen, Spielen und sich Austauschen, Feiern und Kreativsein, Vernetzen und Mitwirken. So entsteht ein Nebeneinander, Durcheinander und Miteinander verschiedener Generationen, Zielgruppen und Tätigkeiten.

Entsprechend gestaltet, unterstützen sie die Verantwortlichen darin, den Paradigmenwechsel zu vollziehen. Mark Hampton erzählt, wie das Projekt der Kirchgemeinde half, «die Immobilien als Erbstück der vorhergehenden Generationen zu begreifen, aber auch zu merken, dass wir sie besser nutzen könnten, bezüglich ihrer Gestaltung, und um Finanzen freizuspielen».

Generationenfreundliche Räume …

> bieten neue Zugänge zur Kirche: physisch, sozial, geistig und spirituell.
> ermöglichen die Eigeninitiative und das Mitgestalten der Gäste.

67 Pfarrer Reformierte Kirche Flawil.

- erzählen ohne Worte, wie die Gastlichkeit an diesem Ort gemeint ist und machen den Paradigmenwechsel erlebbar.
- unterstützen Familien mit Begegnungs- und Spielbereichen.
- tragen als starkes Kommunikationsmittel zum positiven Image der Kirche bei.
- aktivieren die Auseinandersetzung mit dem Traditionsverständnis und den aktuellen Nutzungsbedürfnissen und Interessen.
- fördern die Zusammenarbeit der Kirche mit Einzelpersonen, Interessengruppen und Institutionen.
- begünstigen die fachübergreifende Zusammenarbeit und die Umsetzung innovativer Ideen.
- positionieren die Kirchgemeinde als Partnerin der Einwohnergemeinde bei Fragen der öffentlichen Raumnutzung und -entwicklung.
- bringen den Dialog zwischen Kirche, Einwohnergemeinde, Architektur und Denkmalpflege in Gang.
- animieren bei knappen Finanzen zu kreativen Raumlösungen.

Aussenräume als Lebensorte

«Kein ‹Rasen betreten verboten›!»
41

Aussenräume! Darf man sie überhaupt betreten? Vielerorts liegen sie brach. Schade, denn sie sind mit ihrem oft riesigen Potenzial unverzichtbar für die gastliche Kirche.

«Springbrunnen, Feuerstelle, Brätelstelle, Blumen, Tisch und Bänke, Hecken und Bäume zum Abschirmen.»
17

Befragt nach ihren Vorstellungen, sprudeln die Menschen vor Ideen, nachdem sich das Tabu «rund um die Kirche darf man eigentlich nichts machen» gelockert hat. Man spürt die wachsende Begeisterung. Ein 10-jähriges Mädchen weiss genau, wie es sein müsste: «Für die Kleinen würde ich einen Spielplatz einrichten. Dann würde ich Bänke und einen schönen Unterschlupf aufstellen, wo man reinsitzen kann, wenn es regnet. Es sollte nicht aus Beton sein. Ich würde viele Bäume pflanzen und überall Blumen. Ich würde einen gepflasterten Weg machen, und Möglichkeiten zum Ballspielen, für Ping-Pong, Volleyball und Basketball.»

«Der Garten soll allen zugänglich sein. Wir waren oft mit den Grosskindern auf dem Spielplatz.»
82

Fasst man die Äusserungen der Zielgruppengespräche zum Beleben der Aussenräume zusammen, zeigen sich folgende Themen:

- > Annäherungszone *mit einer zeitoffenen Zugänglichkeit:* Man kann unkompliziert vorbeischauen, ohne sich auszusetzen und eine Schwelle übertreten zu müssen; und nach eigenem Gutdünken bleiben oder wieder gehen.
- > *Lebensort mit vielfältigen Möglichkeiten zum Sein und Wirken.* Auf die Frage «Was würden Sie dort gerne tun?» wurden jene Tätigkeiten genannt, die wir in der niederschwelligen Drehscheibe als Grundangebote aufgenommen haben.[68]
  - Verweilen, sein, sitzen, ruhen, erholen, zuschauen
  - Spielen, aktiv werden, kreativ sein, sich bewegen, Platz haben
  - Essen, trinken
  - Sich austauschen, Leute treffen, anderen begegnen, reden
  - Sich informieren, Kontakt aufnehmen, vernetzen
- > *Spannend für Veranstaltungen* mit einer gastlichen Atmosphäre, die geprägt ist durch soziale, kulturelle, künstlerische und meditative Elemente. Aussenräume sind für die Feier-, Kultur- und Lernkirche, besonders aber für die Alltagskirche interessant.
- > *Orientierung und Sicherheit*, als Teil der Gastlichkeit.
- > Die *spirituelle Qualität* schwingt in kirchlichen Aussenräumen immer mit, durch die Nähe zum offenen Kirchenraum, der spontan aufgesucht werden kann. Dies kommt dem Bedürfnis vieler entgegen, dem Spirituellen auf persönliche Art nachzugehen.
- > *«Einfach schön!»*: Erwachsene, Jugendliche und vor allem auch Kinder erwähnen immer wieder ästhetische und naturnahe Merkmale, und es sollte nach Leben aussehen.

Leitlinien für ein Bauvorhaben

Es kann sein, dass, wer generationenfreundliche Räume anstrebt, bei einem Renovationsvorhaben oder sogar bei einem Bauprojekt landet. Deshalb widmen wir diesem Thema ein ganzes Kapitel. Die folgenden Informationen sind auch ohne Bauprojekt nützlich. Egal, wie gross ein Projekt ist – wir empfehlen, sich genug Zeit zu nehmen, um die Vorstellungen und Ideen der Bauverantwortlichen zusammenzutragen und zu präzisieren. Im Folgenden gehen wir

68 Vgl. Kapitel 8.

Aspekte für die Planung generationenfreundlicher Räume

1. Profil der Liegenschaft (gestern – heute – morgen)

Beobachtungen und Fakten zu: Philosophie, Geschichte, Bedeutung, Anlage des Hauses, Name, Wese
Gastgebende: Selbstverständnis, Haltung, leitende Werte

2. Atmosphäre, Anmutung, Ausstrahlung, Wirkung

Gastlich, vielfältig, spielerisch, spirituell, naturnah, kommunikativ …
Sinnlich: Zusammenspiel von Visuellem, Akustischem, Taktilem, Geschmacklichem, Düften …

3. Bauliches

Bau- und Renovationsgeschichte
Bausubstanz
Technische Daten
Ökologie, Nachhaltigkeit
Energieeffizienz
Unterhaltskosten
Renovationsbedarf usw.

4. Lage, Raumanordnung, Raumbezüge

Gesamtanlage:
Geografische Faktoren, Klima, Wind, Licht, Lärn
Umfeld, Nachbar/-innen (Milieus)
Zusammenspiel Kulturraum – Naturraum

Bezug Innenräume – Aussenräume:
Verbindungen, Übergänge, Abgrenzungen
Wegführung, Distanzen

Kulturplattformen, Nutzungsbereiche
Organisationsdrehscheiben

6. Nutzung

Zielgruppen, Nutzer/-innen:
Generationen, Familien
Milieus, Gender, Kulturen
Kirchenbezug

Handlungsfelder

Zugänglichkeit:
nieder-, mittel-, hochschwellig

Angebote

7. Generationen- und betriebsfreundliche Einrichtung und Infrastruktur

Handlungsfreundlichkeit und Eigeninitiative:
Alters-, kinder-, behindertengerecht

Kommunikationsformen und-mittel

«Lebendige Ordnung»

Selbstständige Nutzung: Verständlichkeit, Signalisation, Sicherheit

Arbeitsabläufe, Arbeitswege, Stauräume
Pflege, Unterhalt, Eignung der Materialien

Säule Räume Gesamtanlage	*Säule Räume* Innenräume	*Säule Räume* Aussenraum	*Säule Räume* Infrastruktur Einrichtung	Säule Selbst- verständr

entitätsmerkmale

5. Gestaltungs- und Inszenierungsmöglichkeiten

Kulturplattformen als Inszenierungsräume

Inszenierbarkeit, Veränderbarkeit

Zielgruppenspezifisch
Generationenverbindend
Thematisch, jahreszeitlich

Licht – Schatten, Wärme – Kühle
Gestaltungselemente, Schmuck

8. Ästhetik, Stil

Grundstil

Dialog Tradition – Heute

Inszenierung verschiedener Ästhetiken
Formen
Farben
Materialien
Passend zur Kulturplattform

9. Rahmenbedingungen

Finanzrahmen

Investitionsplan
Finanzierung

Zur Verfügung stehendes Land

Örtliche Bauvorschriften
Baureglement

Zusammenarbeit mit örtlichen Partner/innen

Richtlinien der Denkmalpflege

Bauverfahren
Baubewilligung

Projektplanung des Vorhabens

Prozessthemen

Säule Angebote | **Säule Betriebs-organisation** | **Säule Kommuni-kation**

von einem grösseren Vorhaben aus. Wir beschreiben jene Punkte, die aus unserer Sicht zum Gelingen beitragen.

Ein Nutzungskonzept als Grundlage

Bauen oder Renovieren erfordert viel Vorarbeit. In einem Nutzungskonzept werden die Vorstellungen der Bauverantwortlichen auf den Punkt gebracht. Kontroverse Diskussionen gehören in diese Phase und sollten geführt sein.

> Was ist die Idee und Vision des Vorhabens?
> Für wen und wozu werden die Räume konzipiert?
> Was fördert die Benutzungsfreundlichkeit?
> Welche Qualitäten stehen im Vordergrund?
> Wie sollen die Räume betrieben werden?

Die Antworten auf diese Fragen werden möglichst früh mit Vorstellungskraft und Detailwissen zusammenzutragen und mit Überlegungen zu den fünf Säulen verknüpft: Das Nutzungskonzept ist abgestimmt mit dem Selbstverständnis beziehungsweise Identitätsprofil. Es hat einen Bezug zur Angebotsstrategie. Fragen zum späteren Betrieb sind mitbedacht, vom Arbeitsaufwand bis zu den Betriebskosten, ebenso die Auswirkungen auf die ganze Organisation. Die Räume mit ihrer gastlichen Ausstrahlung sind zudem ein Element der Kirchenkommunikation.

Mit dem Nutzungskonzept sind die Bauverantwortlichen für die nächsten Schritte gerüstet und wissen, was sie wollen. Damit ersparen sie sich viel Ungemach, wie die Erfahrung in Zürich-Höngg bestätigt. «Wenn man ein Haus umbaut, muss neben dem Bau das ganze System stimmen. Mit den fünf Säulen kann man strukturiert vorgehen, darüber diskutieren und einen Konsens finden. Das merkt man auch jetzt im Alltagsbetrieb. Es hat Struktur. Wenn man das mal durchdiskutiert hat, steht es und man kann darauf aufbauen», betont Claire-Lise Kraft.[69]

Ein sorgfältig erarbeitetes Nutzungskonzept wird erfahrungsgemäss von allen Beteiligten sehr geschätzt, erleichtert die Planung und entlastet die Finanzen. Es dient den Bauverantwortlichen und Mitarbeitenden als Entscheidungs- und Arbeitsgrundlage von der Planung bis zum

69 Sozialdiakonin Sonnegg Zürich-Höngg.

Betrieb. Auszutüfteln, wie die Vorstellungen der Bauherrin architektonisch realisiert werden können, ist die Arbeit der Baufachleute.

Einbezug aller Akteure

Ob Mitarbeiterin, Behördenmitglied oder Vertreter einer bestimmten Zielgruppe – alle verfügen über Erfahrungen, Visionen und Ideen, die unbedingt von Anfang an einfliessen sollten.[70] Eine weitere Quelle für wertvolle Informationen ist das Beobachten der alltäglichen Verhaltensweisen der verschiedenen Gästegruppen in einem bestehenden Areal. Deren Bedürfnisse und Verhaltensweisen werden in das Nutzungskonzept integriert.

Verhaltensweisen beobachten

Wie nutzen die verschiedenen Zielgruppen einen bestimmten Raum?

Wo halten sich die Menschen gerne auf? Wann? Warum sind diese Plätze beliebt?

Beispiele: Mäuerchen und Niveauunterschiede werden von Kindern und Jugendlichen intensiv bespielt. Steinarena: Sie wird nur benutzt, wenn die Stufen nicht zu hoch sind.

Welche inoffiziellen Wege und Abkürzungen nehmen die Kinder?

Eine temporäre niederschwellige Drehscheibe ermöglicht Erfahrungen mit der Raumnutzung.

Generationenfreundlichkeits-Check

Versetze dich in eine Person einer anderen Generation und schaue einen ausgewähltens Raum mit deren Augen an.

1. Was gefällt mir?
2. Was stört mich?
3. Was vermisse ich?
4. Was würde ich ändern? Welche Ideen habe ich dazu?

70 Vgl. Kapitel 13 zur Partizipation.

Vom Gesamtraum her denken

Kirche, weitere Liegenschaften und Aussenräume sind als ein zusammenhängender Gesamtraum zu verstehen. Dabei werden Innen- und Aussenräume gleichwertig gehandhabt. Die Zugänge und Verbindungen werden von Anfang aus der Perspektive sowohl der Gäste als auch der Mitarbeitenden geplant:

> *Der Kontext mit seinen Gegebenheiten* wird berücksichtig: Art des Aussenraums, nahes Umfeld, Nachbarn, Sicht, Begrenzung des Areals, geografische Einflüsse, Verkehrsanbindung. Beispiel: Welche Rolle spielt die Nachbarschaft für das Vorhaben? Wer muss einbezogen werden?

> *Anordnung der Raumbereiche:* Was hängt zusammen? Was liegt aufgrund der Nutzung, der Organisation und der Arbeitsabläufe am besten nebeneinander?

> *Wege:* Welche Abfolge ist logisch, sinnvoll, arbeitserleichternd? Wie gelangt man von einem Raumbereich in den anderen?

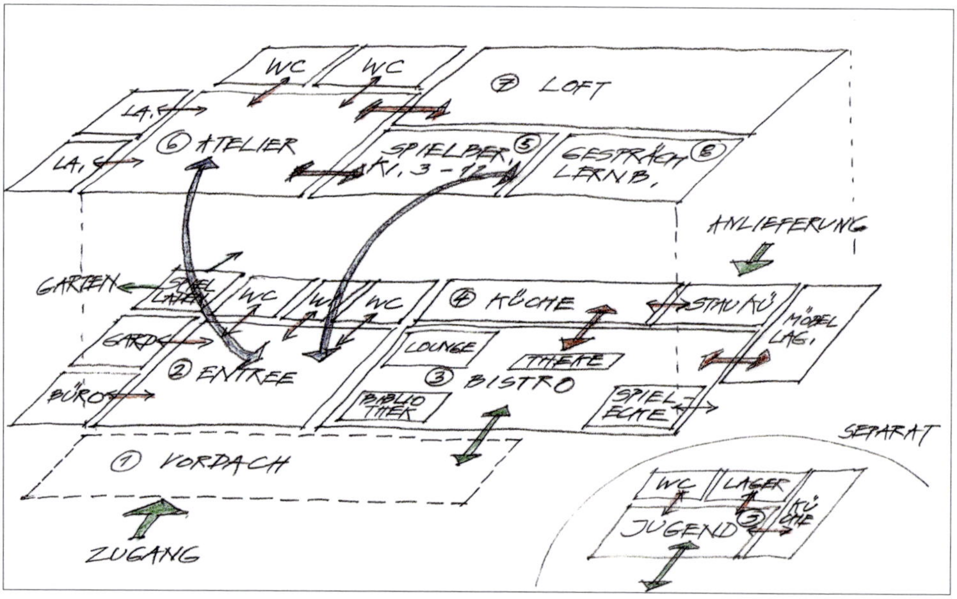

Raumprogramm der Begegnungsplattform Flawil mit den Bezügen[71]

71 Aus: Alltagskirche Flawil und die niederschwellige Begegnungsplattform im Feld. Informationsbroschüre zum Konzept, 2018, 14f. Vgl. Download Kapitel 17. Skizze: Matthias Hubacher.

> *Bezüge und Grenzen:* Was schafft Beziehung? Wo braucht es Durchlässigkeit, in welcher Art? Wo ist eine Grenze und wie ist diese gestaltet?
> *Aus-, Ein- und Durchblicke* tragen viel zur Atmosphäre und Aufenthaltsqualität bei. Wie ist der Blick aus dem Gesprächszimmer, der Lounge, dem Büro? Wie spielen Natur- und Kulturraum zusammen? Wie werden die Übergänge innerhalb des Areals und an dessen Grenzen gestaltet?

Zehn Qualitäten generationenfreundlicher Räume

«Überall kann man hinein und hinaus. Ich habe noch nie ein Haus mit so vielen Türen wie hier gesehen. Das finde ich gut.»
Besucher des Generationenhauses Eschenbach

Zehn Qualitäten sind leitend – bei Konzeptentwicklung und Planung, beim Bau und Alltagsbetrieb.

1. Gastlich und einladend – Ausstrahlung

Die Kirchgemeinde oder Pfarrei ist offen und einladend für alle – Kinder, Familien, Jugendliche und Erwachsene bis ins hohe Alter. Innen- und Aussenräume pulsieren vor Leben, strahlen Geborgenheit und Freiheit aus. Sie fordern dazu auf, einzutreten und sich die Räume anzueignen. Die Gastgebenden sind präsent und entgegenkommend. Auf diese Weise entstehen Beziehungen und ein Zugehörigkeitsgefühl. Die gastliche Ausstrahlung ist die Summe aller Qualitäten. Die Räume sind Botschafter des Selbstverständnisses und der Gastlichkeit.

2. Vielfältig mit Erlebniswelten – Kulturplattformen

Kirchliche Areale sind Raumlandschaften. Sie lassen sich in verschiedene Bereiche einteilen, die wir Kulturplattformen nennen. Generationenfreundlich wird es, wenn sie nicht gleichförmig, sondern als unterschiedliche Erlebniswelten ausgestaltet sind. Deren Zusammenspiel schafft einen attraktiven Lebens- und Begegnungsraum. Mittels der Kulturplattformen werden verschiedene Stimmungen geschaffen. Die Räume unterscheiden sich durch Nutzung, Raumkonzeption, Atmosphäre, Stil, Möblierung. Sie haben je ihren eigenen Charme, ihre eigene Sprache und laden zu bestimmten Tätigkeiten ein wie spielen oder essen. Sofort ist klar, von wem, wofür und wie der Raumbereich genutzt werden kann.

Die Kulturplattformen sind ein wirkungsvolles Instrument im Umgang mit Vielfalt. Es gibt *Räume für das Generationennetz* (Saal, Bistro, Kirche) und *zielgruppenspezifische Inseln*, wo sich die verschiedenen Altersgruppen zurückziehen können (Kinderhaus, Jugendraum, Lounge für Erwachsene, Co-Working-Space). Wieder andere Räume eignen sich für eine bestimmte Tätigkeit (Atelier, Küche). Die Gäste verteilen sich auf die Schauplätze, es bilden sich lose Gruppen, was den Verantwortlichen eine überschaubare Betriebsführung ermöglicht.

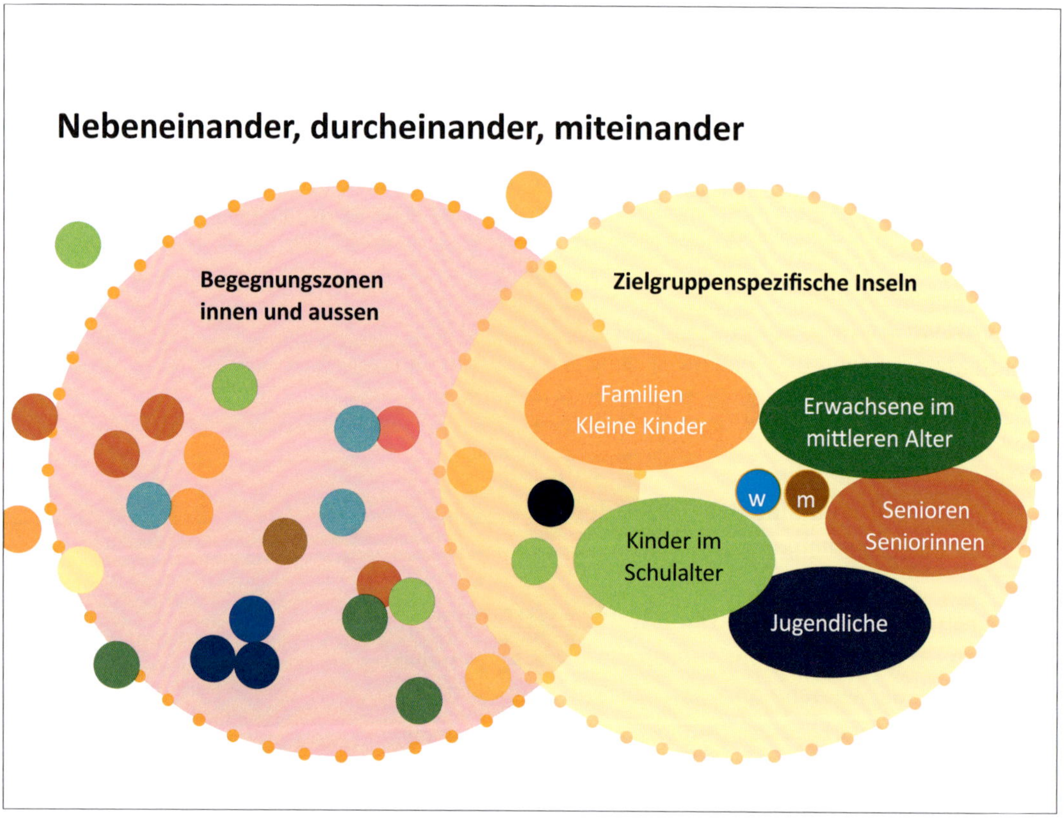

3. Schön für alle Sinne – Atmosphäre

In partizipativen Veranstaltungen und bei Befragungen wird das Adjektiv schön auffallend oft genannt. Damit die Gäste sich wohlfühlen, muss es *schön* sein. Das Wort gibt Auskunft über Emotionen, Bedürfnisse und Sehnsüchte.

Was aber ist schön? Was nicht? Die Empfindungen dazu gehen weit auseinander. Sie sind subjektiv und individuell, aber auch alters-, gender-, milieu- und kulturspezifisch. Wie also ist *schön* als Qualität umzusetzen? Einerseits verbinden wir im Modell Generationenkirche die Schönheit eines Bereichs mit den Altersgruppen und den dort ausgeübten Tätigkeiten. Aus den Zielgruppengesprächen haben wir gelernt, dass wir dabei zwischen *kinderschön, jugendschön, erwachsenenschön* unterscheiden können. Andererseits geben die Befragten quer durch die Kirchenbezüge, Geschlechter und Lebensalter auch überraschende Hinweise, in welche Richtung heutzutage das durchschnittliche schweizerische ästhetische Empfinden geht: warm und geborgen; hell und grosszügig; mit Materialien wie Holz, Glas, Stein in Kombination, schlicht und praktisch; mit Farbe, aber nicht grell; nicht kahl und stereotyp, sondern belebt und mit Spuren der Nutzenden.

«Mit Blumensträussen, die Blumen müssen aber riechen. Einfach ganz schön einrichten.»
10

Wir interpretieren das so, dass es dabei um Atmosphäre und Lebendigkeit geht. Die Schönheit, die wir anvisieren, ist also nicht gleichförmig, sondern vielfältig und variantenreich. In einem kirchlichen Kontext sollte sie zudem einen Bezug zum Spirituellen und zum inneren Bewegtsein schaffen. Das Zusammenspiel von Kultur- und Naturraum, Stil und Materialien, Formen und Farben, Einrichtung und Lichtgestaltung erzeugt die gewünschte Stimmung. Es ist angenehm und anregend für alle Sinne – Augen, Nase, Ohren, Haut. Es ist hell und grosszügig, warm und geborgen, frisch und belebend. Es darf keinesfalls nach Art eines Museums schön sein, «wo man nichts anrühren und umstellen darf und auf Zehenspitzen gehen muss», fasst Barbara Bregy zusammen.[72] Einfach so, «dass man sich nicht verloren vorkommt», wünscht sich eine 28-jährige Frau.

«Die mir bekannten Räume sind zu kahl und ich fühle mich dort nicht wohl.»
21

Da der Stil der Innen- und Aussenräume ein Botschafter des Kirchenbilds ist, braucht es ein Konzept und ausdifferenzierte Vorstellungen. Ästhetik und Stil werden aufgrund des Selbstverständnisses gewählt. Angestrebt wird eine Balance zwischen einem verbindenden Grundstil und dem spezifischen Charme der einzelnen Kulturplattformen, ebenfalls ein Dialog zwischen Tradition und Moderne.

«Weg von uniformiert! Warm; mit Atmosphäre. Mit der Persönlichkeit des Raumes spielen; bunt; sogar etwas schräg.»
46

72 Quartierarbeiterin Reformierte Kirche Bümpliz, Bern.

4. Verständlich und entgegenkommend – Orientierung

Zur Gastlichkeit gehört, dass die Menschen sich zurechtfinden. Wegführung, Wegbeschaffenheit und Signalisation sind auf die Gästegruppen zugeschnitten und ermöglichen Selbständigkeit für Klein und Gross. Markus Fässler betont: «Eine Gastlichkeit, die sofort erklärt, wie es hier funktioniert, bewirkt, dass die Leute sich zu Hause fühlen und selbst Hand anlegen können.»[73] Die visuelle Orientierung beeinflusst die Atmosphäre und offenbart, wie sich die Kirchgemeinde versteht.

> Sichtbar, gut beleuchtet, spürbar (für Menschen mit Sehbehinderung), sicher
> Verständlich für Kinder und Erwachsene, auf verschiedenen Augenhöhen
> Vielsprachig und in unterschiedlichen Gestaltungsarten: mit Text und Bild (Fotos, Skizzen, Zeichnungen, Signete, Symbole)
> Die Architektur unterstützt die Orientierung und ist selbsterklärend
> Die Gastgebenden sind ansprechbar für Kontakt und Information

5. Gestalt- und wandelbar – Inszenierbarkeit

Die Räume sind so angelegt und ausgestattet, dass sie ohne grossen Aufwand für eine bestimmte Zielgruppe oder einen Anlass neu eingerichtet werden können. Sie ermöglichen verschiedene Inszenierungen und begünstigen spielerisches und kreatives Handeln. Auf diese Weise ist auch bei kleineren Liegenschaften eine flexible und vielfältige Nutzung realisierbar.

6. Benutzungs- und handlungsfreundlich – Eigeninitiative

Die Räume und ihre Einrichtung fördern das selbstständige Handeln von Jung bis Alt und sind hindernisfrei zugänglich. Auf den ersten Blick ist klar: Hier gehen auch Familien ein und aus. Alles ist auf Kinder- und Erwachsenenhöhe gestaltet: Möbel, Garderoben, Handläufe, Toiletten. Ein fa-

---

73 Pfarrer Sonnegg Zürich-Höngg.

milienfreundlicher Ort bietet kindgerechte Spielbereiche, sodass Kinder sich selbstständig bewegen können, ohne dass es für sie gefährlich wird. Sie erleben: «Das ist extra für mich.» Das spielerische Handeln wird durch eine Spielinfrastruktur innen und aussen ermöglicht. Die Begleitpersonen sind dadurch entlastet, Konfliktsituationen kommen erst gar nicht zustande. Selbstverständlich braucht es auch Inseln für Erwachsene, wo sie ungestört unter sich sein können.

7. Spirituell – Inspiration

Wenn Gäste und Mitarbeitende sich auch anhand der Räume willkommen fühlen und an den Details merken, dass man bei der Gestaltung an sie gedacht hat, entsteht ohne Worte ein Bezug zu christlichen Werten und zum Spirituellen – weil es auf dem Areal der Kirche geschieht. Das Spirituelle wird auch in der Architektursprache spürbar: durch Licht, Farben und Formen, durch Inszenierungen mit Klängen, Worten und Kunst-Objekten und durch die Kirchenräume selbst. Und natürlich durch die Haltung der Gastgebenden.

8. Praktisch und ressourcenschonend – Effizienz

Der Betrieb generationenfreundlicher Räume erfordert eine klare Struktur und ist arbeitsaufwendig. Deshalb ist von Anfang an zu überlegen, wo und wie sich der Aufwand minimieren lässt. Die Erfahrungen der Mitarbeitenden und Behördenmitglieder werden einbezogen, denn sie kennen die Abläufe und Erfordernisse vor Ort am besten. Pragmatische Lösungen kommen allen Beteiligten zugute, zeigen Wertschätzung und machen Freude. Sie minimieren das Konfliktpotenzial, die Betriebskosten und den zeitlichen Aufwand.

9. Umweltverträglich und nachhaltig – Ökologie

Die aktuellen Standards für Nachhaltigkeit werden bei Planung, Bau und Betrieb einbezogen.

> Schadstoffarm für Mensch und Mitwelt (Baubiologie)
> Klimafreundliche Haustechnik
> Bauweise, Baustoffe und Materialien, die das ökologische Potenzial nutzen
> Naturnah gestaltete Anlagen, welche die Biodiversität fördern
> Dauerhafte, qualitativ hochwertige Lösungen

10. Kinder-, familien- und erwachsenenfreundlich, altersgerecht

Die Qualität generationerfreundlicher Räume liegen darin, dass bei der Planung und Umsetzung jedes Lebensalter mitgedacht wurde.

Kulturplattformen

Vielfältig mit Erlebniswelten – das ist das Ziel und es ist das Gegenteil einer gleichförmigen Multifunktionalität.

Kirchliche Areale lassen sich in verschiedene Bereiche und spezifisch ausgestaltete Erlebniswelten einteilen, die sogenannten Kulturplattformen. Dank deren Unterschiedlichkeit und deren Zusammenspiel entsteht ein generationenfreundlicher Lebens- und Begegnungsraum. Dies erhöht die Attraktivität kirchlicher Räume: «Wichtig ist die gute Mischung: einerseits farbig und zum Austoben, Spielen und offen für Kreativität; andererseits schlichte Räume zum Entspannen, Ausruhen, Meditieren», beschreibt eine 19-jährige Frau ihre Vorstellungen.

«Jeder Raum ein anderer Style.»
16, distanziert

Es lohnt sich, die einzelnen Kulturplattformen je mit ihrer Nutzung, ihrem Ambiente und ihrer Einrichtung präzise zu beschreiben, inklusive eines Betriebskonzepts. Das Beispiel Sonnegg in Zürich-Höngg zeigt, was das bringt: «Es ist für die Leute sonnenklar, welche Räume für alle sind und welche für eine bestimmte Zielgruppe, sei es das Kinderhaus, der Jugendraum oder die Erwachsenen-Lounge. Am Anfang dachten wir, wir müssten die Räume verteidigen – dass zum Beispiel keine Kinder in die Lounge kommen. Das war aber gar nicht nötig, die Sprache der Räume ist so deutlich, dass die richtige Zielgruppe dorthin geht», fasst Markus Fässler die Erfahrungen zusammen.[74]

74 Pfarrer Sonnegg Zürich-Höngg.

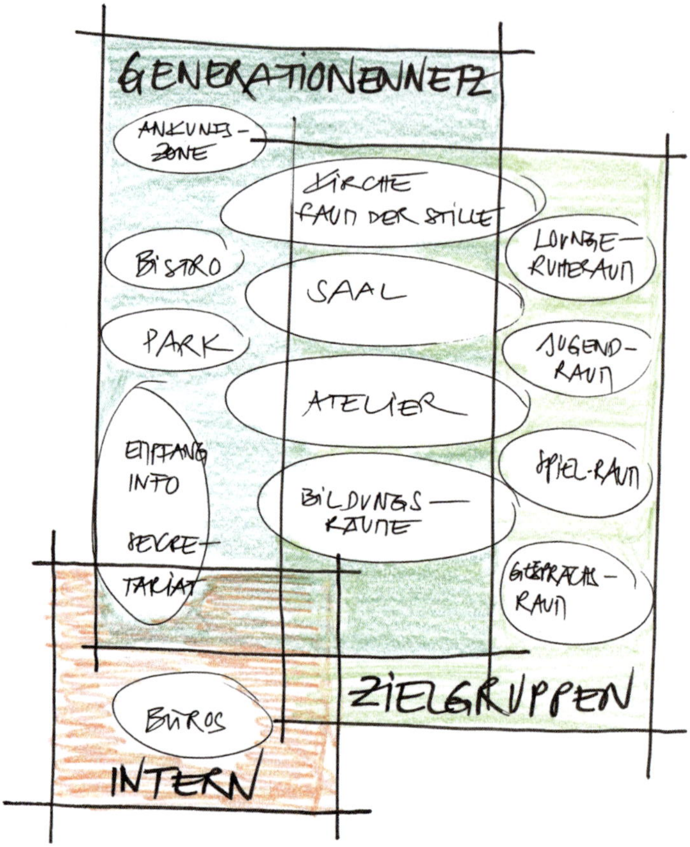

Die konzeptionelle Gestaltung der einzelnen Kulturplattform wird aus den Perspektiven der Gästegruppen und Mitarbeitenden durchdacht.

> Der *Gesamtraum* umfasst die Liegenschaft(en) als Ganzes mit den Innen- und Aussenräumen. Welche Unterteilung in Kulturplattformen ist sinnvoll? Wo wird welche Kulturplattform platziert?
> *Die Verbindungen*: Welche Kulturplattformen liegen nebeneinander? Was ist von den Betriebsabläufen her wichtig? Beispiel: Der Spielraum liegt idealerweise auf gleicher Ebene wie das Bistro.
> *Die einzelne Kulturplattform:* Wer nutzt sie alles (Generationennetz oder spezifische Zielgruppen)? Welche Tätigkeiten finden hier statt? Eine Kulturplattform setzt sich meist aus Teilbereichen zusammen. Beispiel: Spielecke für die ganz Kleinen im Bistro.
> *Die Infrastruktur:* Jede Kulturplattform ist mit für den Be-

trieb nötigen Infrastrukturen ausgerüstet oder verbunden (Garderobe, WC und Wickelmöglichkeit, Stauraum, Ton- und Lichttechnik, Parkplätze).

> *Ausgestaltung, Einrichtung, Signaletik:* Sie verhelfen der Kulturplattform zu ihrer spezifischen Ausstrahlung. Beispiele: Mobiliar, Licht, Farbgebung, Objekte, Wegweiser. Eine unklare Gestaltung irritiert. Beispiel: Eine Tafel mit «Herzlich willkommen» kontrastiert mit dem kahlen und öden Platz, auf dem sie steht.

Im Folgenden werden drei Kulturplattformen näher vorgestellt: *Kirche, Bistro und Lernräume.*

Beispiel: Kirchenraum und spirituelle Räume

Viele Kirchen, vor allem denkmalgeschützte Gebäude, verfügen über eine einzigartige Schönheit. Sie erzählen durch ihre Architektur und bauliche Anpassungen von einer langen und wechselvollen Geschichte. Sie sind markante Botschafter und Zeitzeugen, Bestandteil des Ortsbilds, öffentliches Kulturgut und interessant für die Raumplanung. Sakrale Räume sind für die moderne Gesellschaft ein unschätzbar wertvolles Potenzial. Sie gehören – aus einer geistlichen Perspektive – nicht nur der Kirche oder dem Staat, sondern den Menschen. Es geht dabei um Teilhabe und die Möglichkeit, mit einer transzendenten Kraft in Verbindung zu treten, wie immer dies jemand für sich versteht.

Traditionellerweise sind die sakralen Räume Orte für Gottesdienste und Kasualien, Andachten und Gedenken, individuelle Besinnung und Ruhe. Das Modell Generationenkirche sieht in ihnen ein Innovationsfeld: Die Menschen erleben dort alle Handlungsfelder – Feier-, Kultur-, Lern- und Alltagskirche, in nieder- bis hochschwelligen Formen. Dadurch wird deren Bezug zur Kirche gestärkt, stereotype Bilder und Vorurteile können sich relativieren. Aus betrieblicher Sicht werden die sakralen Räume besser ausgelastet, die Betriebskosten sind gut investiert. Als Teil des Gesamtraums sind sie mit den anderen Kulturplattformen verbunden, als explizit spirituelle Orte haben sie ihren besonderen Platz.

In Projektgemeinden und an anderen Orten wird mit der erweiterten Nutzung des Kirchenraums experimentiert. Die Kulturkirche zum Beispiel wird immer wichtiger, weil sie ein breites Publikum anspricht.

> *Wo:* Kirche, Kapelle, Liturgieraum, Raum der Stille, Zelt, Lichtung
> *Was:*
  - Feierkirche: Predigt hören, sich besinnen, beten, eine Kerze anzünden, Ruhe finden, Kraft schöpfen, gemeinsam feiern, als Kind in der Spielecke spielen
  - Kulturkirche: Musik, Geschichten hören, Theater spielen, Film anschauen, gemeinsam singen, musizieren, die Architektur der Kirche anschauen, Ausstellung machen/besuchen
  - Lernkirche: Vortrag halten, hören, diskutieren
  - Alltagskirche: Zusammen essen, in der Kirche übernachten
> *Atmosphäre:* Spirituell, geborgen, beruhigend, geheimnisvoll, berührend, inspirierend, anmutig, festlich, ruhig, fröhlich, erfüllt

Essen in der Stadtkirche Glarus

INFRA-STRUKTUR	INNEN-BEREICHE	AUSSEN-BEREICHE	VERBIN-DUNGEN
Vorzone Eingang 1	Vorraum 8	Vorplatz Hof 16 ⇔	P Velos, Autos, Töff ... 18
WC Wickel 2	Garderobe P Kinder-wagen ... 9	Areal um Kirche 17 ⇔	Park Garten 19
Sakristei 3	Kirchen-raum 10	⇔	KG-Haus - Bistro -Spielraum -Saal ... 20
Garderobe für Auftretende 4	Raum der Stille 11 ⇔		
Stauraum Sigrist:in / Messmer:in 5	Stiller Bereich 12		
Stauraum Mobiliar (Inszenier-barkeit) 6	Bereich für Kinder, Spielen, Verweilen 13		
	Kulinarik Theke 14	⇔	Zufahrt Waren Transport 21
Haustechnik 7	Ton, Licht, Präsent.-Technik 15		

01 *Vorzone, Eingang:* Der Eingang vermittelt einen ersten Eindruck von der gelebten Gastlichkeit. Hier wird vor oder nach der Veranstaltung gerne geplaudert. Meist ist dieser Bereich überdacht und geschmückt, Informationen liegen auf. Falls nur mit Treppenstufen zugänglich, ist die hindernisfreie Begehbarkeit ein Thema.

02 *WC und Wickelbereich:* Toiletten in erreichbarer Nähe sind sinnvoll. Falls in der Kirche kein Platz vorhanden ist, gehört es zur Gastlichkeit, eine Alternative anzubieten und darauf hinzuweisen, wo Kleinkinder gewickelt werden können.

04 *Garderobe:* Für Auftretende steht eine mobile oder fixe Garderobe zur Verfügung. Wenn dies in der Kirche nicht möglich ist, sollte in einem Nebengebäude eine Möglichkeit geschaffen werden.

06 *Stauraum für Mobiliar, Bühnenelemente usw.:* In vielen bestehenden Kirchen ist wenig oder kein Stauraum vorhanden. Es lohnt sich, mobile Lösungen zu suchen. Klug konzipiert ermöglichen Stauräume die Inszenierbarkeit.

10 *Inszenierbarer Kirchenraum:* Die Vision der erweiterten Nutzung des Kirchenraums ist einfacher umzusetzen, wenn der Raum für kleine und grosse Veranstaltungen vielfältig einrichtbar ist. Idealerweise ist er mit mobilen und bequemen Kleinbänken oder Stühlen ausgestattet, die es erlauben, die Ausrichtung der Sitze zu variieren. Er bietet die Möglichkeit, freien Raum zu schaffen, zum Beispiel für Anlässe der Kulturkirche mit einem Bühnenbereich. Ein mobiler Taufstein erweitert den Handlungsspielraum.

11 *Raum der Stille:* Aus den Zielgruppengesprächen haben wir gelernt, dass dies einem Bedürfnis entspricht – ausserhalb oder als Raum beziehungsweise Nische im Kirchenkomplex. Es lohnt sich, ihn gross genug zu bemessen, damit dort zum Beispiel auch Taufen stattfinden können.

12 *Stiller Bereich im Kirchenraum:* Ein intimer Rückzugsbereich lädt ein zu individuellen Andachtsmomenten – eine Kerze anzünden, im Trauerbuch blättern, verweilen und beten.

13 *Bereich für Kinder:* Dank der mobilen Spielinfrastruktur kann in der Kirche gespielt werden, dort, wo es entsprechend der Veranstaltung passt.

14 *Kulinarik-Theke:* Sie bereichert das Programm zahlreicher Veranstaltungen, in fixer oder mobiler Form. Dabei ist auf die Verbindung zur Küche oder Anlieferung zu achten.

15 *Licht-, Ton- und Präsentationstechnik:* Diese spielen bei der Inszenierbarkeit und für die vielfältige Nutzung und Gestaltung der Atmosphäre eine massgebende Rolle.

16 *Vorplatz:* Der Vorplatz einer Kirche ist für Veranstaltungen wichtig: Einerseits als Informationsplattform mit attraktiv gestalteten Plakaten, Transparenten oder Fahnen, andererseits als ein niederschwelliger Begegnungsort während 365 Tagen im Jahr.

17 *Areal direkt um die Kirche:* Da die Kirche für Veranstaltungen aller Handlungsfelder genutzt wird, gewinnen die

anliegenden Aussenräume an Bedeutung. Es ist attraktiv, sie in die Veranstaltungen zu integrieren.

19 *Garten, Park:* Die Umgebung der Kirche mit ihren Begegnungs- und Spielbereichen ermöglicht erweiterte und verbindende Gestaltungsmöglichkeiten bei Angeboten oder Projekten.

20 *Kirchgemeindehaus:* Bei Veranstaltungen sind die Verbindungen und Distanzen zu den Kulturplattformen im Kirchgemeindehaus (Saal, Spielraum, Bistro, Lounge ...) massgebend.

Kirchenbänke und Kirchenbild: Ein Exkurs

Bei der Neugestaltung von Kirchenräumen lässt sich das Spannungsfeld zwischen Tradition und Erneuerung am Beispiel der Kirchenbänke gut ablesen.

Zahlreiche Kirchgemeinden haben den Wunsch, die fix eingebauten Bänke mobil umzugestalten. Die Bänke wirken oft als Korsett für Mitarbeitende und Besuchende. Sie begrenzen neue Nutzungs- und Gestaltungsmöglichkeiten. Zudem sind sie Symbol eines veralteten, hierarchisch geprägten Bezugs zu Gemeindegliedern und Gesellschaft.

Die Frage, ob fixe Bänke durch mobile, der heutigen Nutzung adäquate Lösungen ersetzt werden können, ist aber umstritten. Die involvierten Institutionen beurteilen den Handlungsspielraum für Innovation aufgrund ihrer Anliegen, ihrer Vorschriften und ihrer Kirchenbilder unterschiedlich. Die Erkenntnisse und Ziele der Kirchenentwicklung stehen oft im unmittelbaren Gegensatz zur Haltung und zum Auftragsverständnis der verantwortlichen Denkmalpflege.

Aus unserer Sicht ist es problematisch, wenn ein innovatives Projekt, damit auch ein zeitgemässes Kirchenleben, ausgerechnet am mangelnden Gestaltungsspielraum in den Räumen scheitert. Für die Lösungsfindung braucht es den differenzierten, interdisziplinären Dialog zwischen Kirche, politischen Gemeinden, Architektur und Denkmalpflege.

Beispiel: Bistro innen und aussen (Kulinarik)

Im Bistro treffen sich alle Generationen. Auch ausserhalb der Essenszeiten ist viel los: Es wird verweilt und geplaudert, gespielt und genetzwerkt. Wenn man sich bei warmem Wetter draussen aufhalten kann, ist es perfekt. Das Bistro wird aufgewertet durch eine gut ausgestattete Küche, die für Jung und Alt kulinarische Entdeckungsreisen und Höhepunkte ermöglicht.

- *Wo:* Bistro, Cafeteria, Kiosk, Restaurant, Zelt, mobile Bar, Grill, Küche mit Zulieferung und Stauräumen
- *Was:* essen, trinken, verweilen, beisammensein, spielen, Kontakte knüpfen, plaudern, Pause machen. Küche: ausprobieren, kochen, rüsten, abwaschen, aufräumen, sich austauschen
- *Atmosphäre:* belebt, lustvoll, freundlich, strahlt Wärme aus

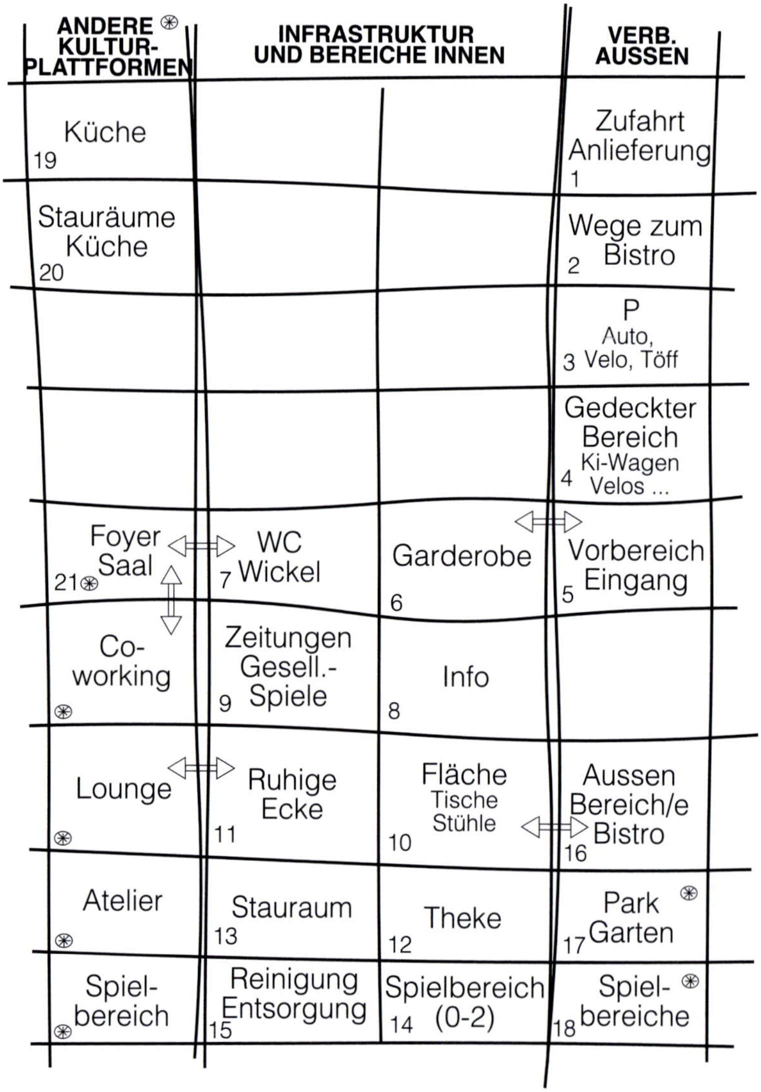

5+15 *Bistro innen und aussen:* Das Bistro oder die Cafeteria ist das niederschwellige Zentrum. Es ist von überall gut erreichbar und besteht nach Möglichkeit aus einem zusammenhängenden Innen- und Aussenbereich. Der Aussenbereich des Bistros kann als Terrasse, Pergola, Hof, Wintergarten, Gartenrestaurant unter den Bäumen oder als Zelt im Park ausgestaltet sein. Eine ansprechende Beleuchtung und Atmosphäre sind Markenzeichen.

«Eine Lounge, die zum Verweilen einlädt.»
43, wohlwollend

9 *Das ganze Generationennetz* schätzt eine Auswahl an Zeitungen, Magazinen und Gesellschaftsspielen (Jass, Mühle, Schach ...).

12 *Theke, Buffet, Bar* mit den erforderlichen Installationen und Geräten wie Wasserbecken, Kühlschrank, alles auch geeignet für Selbstbedienung. Eine Mikrowelle steht für unkompliziertes Aufwärmen zur Verfügung wie auch ein 24-Stunden-Getränkeautomat.

13 Der *Stauraum* macht es möglich. Er bietet Platz für mobile Möbel, jahreszeitliche Accessoires und Geräte, sodass man das Bistro je nach Saison und Anlass unterschiedlich einrichten kann. Stühle und Tische sind stapelbar und in Erwachsenen- und Kinderhöhe vorhanden, auch Hochstühle für kleine Kinder.

14 Eine *Spielinfrastruktur* für Kleinkinder ermöglicht Eltern und Begleitpersonen den Sichtkontakt.

«Ich bin gerne dort, wo wir zeichnen und basteln können und wo wir miteinander essen und trinken.»
7, nah

15 Einfach zugängliche und praktische *Reinigungs- und Abfallinfrastruktur* für das Team und die Gäste.

16 Wettersicherer, stimmungsvoller *Ess- und Aufenthaltsbereich* aussen mit Tischen, Bänken, eventuell mit Loungemöbeln.

17-18 *Zugang zu den anderen Kulturplattformen innen und aussen:* Kinder ab drei Jahren erreichen vom Bistro aus selbstständig die Begegnungs- und Spielräume innen und aussen oder das Atelier.[75]

19 *Küche:* Erfahrungsgemäss werden generationenfreundliche Häuser gut besucht. Dies stellt Anforderungen an die Leistungsfähigkeit der Küche und ihre Infrastruktur. Positioniert an guter Lage ist sie grosszügig und praktisch ausgestattet und wird verschiedenen Nutzungen gerecht (durch das Kulinarik-Team, Mitarbeitende im Rahmen ihrer Angebote, Gäste von Jung bis Alt, Mietende).

75 Vgl. Downloads zu den weiteren Kulturplattformen.

20 Die Stauräume für die *Küche* sind umsichtig zu überlegen. Wer alles nutzt die Küche und wann? Was alles muss verstaut werden können? Welche Stauräume und Geräte ermöglichen, dass das Nebeneinander funktioniert? Ist ein separates Reduit sinnvoll? Braucht es abschliessbare Schränke für Gästegruppen, die hier kochen?

21 *Verbindungen:* Vom Bistro aus sind alle Kulturplattformen selbstständig erreichbar, insbesondere der Aussenraum.

Beispiel: Arbeitsräume für Unterricht und Bildung

Neben Zimmern für Unterricht und Erwachsenenbildung gewinnen in einem niederschwellig und öffentlich genutzten Gelände weitere Räume an Bedeutung, wie beispielsweise ein Co-Working-Space. Die gesamte Anlage ist als Bildungsort zu verstehen. So können beispielsweise zwei Geschwister den Spielmorgen im Park besuchen, der Vater nutzt unterdessen die Zeit und erledigt im Co-Working-Space Arbeiten auf seinem Computer; nach dem Bistrobesuch beantwortet der neu Pensionierte seine Mails; zwei Frauen arbeiten an einem gemeinsamen Projekt.

> *Wo:* Eigener Bereich, Loft, Dachstock, Baracke, Container, mit Bezug zu ruhigen Aussenbereichen

> *Was:* Lernen, unterrichten, nachdenken, sich bilden, sich auseinandersetzen, Aufgaben erledigen

> *Atmosphäre:* Einfach, praktisch, freundlich, aufweckend, kreativ, Konzentration ermöglichend

1 Der *Unterrichts- und Schulungsraum* ist für Schulkinder und Jugendliche konzipiert, variabel einrichtbar und kreativ zu bespielen. Die Atmosphäre weckt Neugier und Interesse. Kinder und Jugendliche fühlen sich hier wohl, werden ernst genommen und können sich einbringen. Die Infrastruktur ermöglicht und unterstützt vielfältige Lern- und Unterrichtsformen.

2, 3 Ein *Co-Working-Space* steht den Gästen bei Möglichkeit als weiterer Raum zur Verfügung, der auch für Aufgaben genutzt werden kann: Ein ruhiger, angenehmer Bereich mit Tischen, Stühlen, geschütztem W-LAN und gutem Arbeitslicht, eventuell mit Getränketheke oder mobilem Getränkewagen. Ein angegliederter Medienraum erweitert die Infrastruktur.

Alle Kulturplattformen sind Lernorte.

BEREICHE	ANDERE LERNORTE ⊛
1 Unterrichts- und Bildungsraum Kinder, Jugendliche	4 ⊛ Multifunkt. Raum / Saal Kirche
2 Co-Working Space Jugendliche, Erwachsene	⊛ Atelier Spielraum
3 Arbeits- und Aufgabenbereich Generationennetz	⊛ Begegnungs- und Spielraum Aussen
	⊛ Jugendbereich
	⊛ Küche Bistro

Weitere Kulturplattformen

- > Ankunftszone
- > Empfang, Foyer
- > Spielräume innen
- > Spielräume aussen
- > Lounge und Ruhebereich
- > Saal
- > Gesprächsraum
- > Atelier
- > Jugendraum
- > Interne Organisationsdrehscheibe

Infrastruktur und Einrichtung

Jede Kulturplattform verfügt über eine passende Infrastruktur und Einrichtung. Je präziser die Nutzung und die Verbindung zum Selbstverständnis durchdacht werden, desto besser gelingt die Umsetzung. Im Folgenden sind fünf Beispiele beschrieben, die dazu beitragen, dass generationenfreundliche Räume funktionieren.

Beispiel: Bedienungsanleitung

Eine einfache und verständliche Information erleichtert die Nutzung und Übergabe der Infrastruktur. Sie ist den Gästegruppen angepasst: mit Fotos, Skizzen, Symbolen und Kurztexten, gegebenenfalls auch mehrsprachig. Die Informationen können je nach Kulturplattform in der Gestaltung variieren und so deren Charakter vermitteln.

Beispiel: Beleuchtung, Lichtkonzept innen und aussen
Licht ist ein wirkungsvolles Gestaltungselement und schafft Atmosphäre. Ein gut durchdachtes Lichtkonzept innen und aussen ermöglicht, verschiedene Stimmungen zu schaffen. Dies wird von den Gästen geschätzt und unterstützt die Verantwortlichen bei ihrem Vorhaben. Jede Kulturplattform hat ihre eigene Beleuchtung. Ein Saal zum Beispiel verfügt über unterschiedliche Lichtszenarien, die einfach zu bedienen sind. Tipps:

> Beleuchtungsmittel, Leuchten und Lichtlösungen bieten heute viele Möglichkeiten: Grund-, Zonen- und Akzentbeleuchtung; Lichttemperatur (Kelvin) und Helligkeit (Lumen); Dimmbarkeit, direktes und indirektes Licht, farbiges Licht.
> Saisonale Beleuchtungsmittel haben eine grosse atmosphärische Wirkung. Im Aussenraum ist dazu Stauraum einzuplanen – für Girlanden, Lichterketten, Feuerschalen, Fackeln, Lampions.
> Wir empfehlen, sich genügend Zeit zu nehmen, um ein Lichtkonzept mit Unterstützung von Fachleuten zu entwickeln. Dabei hilft es, sich die Raumnutzung, Arbeitsabläufe und die Atmosphäre aus den unterschiedlichen Perspektiven genau vorzustellen, um dazu passende Lichtszenarien zu finden.
> Die gewählte Technik sollte mithilfe von Anleitungen einfach bedienbar sein.
> Wo überall und in welcher Höhe sind Steckdosen sinnvoll?
> Lichtlösungen mit LED-Technik fördern den sparsamen Energieverbrauch.

«Wärmend mit Kerzenlicht, warmes Licht, warme Farben, Atmosphäre der Geborgenheit.»
33, nah

«Lichtvoll. Zum Beispiel am Abend etwas beleuchtet.»
70, nah

Beispiel: WC, Lavabo, Wickeltisch
«Da hatten wir schon grosse Probleme, weil eines der Kinder dringend aufs WC musste. Wir haben dann jemanden gefragt und die Antwort war eher abweisend», erzählt eine Mutter, die sich auf dem Spielplatz der Kirchgemeinde aufhielt. So etwas sollte nicht passieren. Toiletten sollten deshalb zugänglich sein. Und sie sind generationenfreundlich ausgestattet, praktisch für Kinder, Familien und in der Mobilität eingeschränkte Menschen.

> Die Toiletten sind zentral gelegen und für kleine Kinder und für Menschen mit Rollatoren selbstständig zu errei-

chen. Idealerweise sind sie ebenerdig und in der Nähe des Eingangs positioniert.

> Die Türen lassen sich von Kindern und Menschen mit einem Handicap leicht öffnen.
> Kinder freuen sich über ein WC und ein Lavabo in ihrer Höhe, das sie ohne Hilfe von Erwachsenen aufsuchen können. Als Alternative dient ein kippsicherer Schemel.
> Der Wickelbereich ist für Frauen und Männer zugänglich. Auch kleine Geschwister haben Platz. Er ist gross bemessen, mit genügend Ablageflächen und Gepäckhaken. Ein einhändig bedienbarer und geruchsdichter Abfalleimer gehört dazu. Varianten: Eine rollstuhlgängige Toilette wird mit dem Wickelbereich für Familien kombiniert. Oder Unisex-Toiletten in Erwachsenen- und Kinderhöhe.
> Ein Kippfenster oder eine effektive Lüftung sorgen für frische Luft.
> Die Toiletten sind freundlich gestaltet, keine kahlen Unorte. Das Kinder-WC in der Baracke der Reformierten Kirche Bümpliz, Bern wurde zum Beispiel golden angemalt; dort können Königinnen und Könige auf ihrem Thron sitzen.

Beispiel: Parkplätze für Kinderwagen, Kindervelo, Trottinett und Rollator

Familien sind mit Kinderwagen, Boards, Babywagen usw. gut ausgestattet. Ein überdachter Bereich in der Nähe des Eingangs ist für diese Fahrzeuge reserviert. Auch für die Rollatoren älterer Menschen gibt es einen Platz. Dies ist ein Zeichen des Willkommenseins und schafft gegenüber anderen Zielgruppen Verständnis und Ordnung.

Beispiel: Stau- und Lagerräume

«Grosszügige Keller- und Stauräume sowie Schränke erleichtern die Arbeit und Abläufe enorm», freut sich Martin Jud über das kluge Stauraumkonzept im Generationenhaus Eschenbach.[76] Von Anfang an für die Innen- und Aussenräume mitbedacht, sind sie der Schlüssel für die Wandel- und Inszenierbarkeit eines Raumes. Sie ermöglichen vom leeren Raum bis zur Konzertbestuhlung eine variable Nutzung und Gestaltung. Wechsel können mit wenig Aufwand in kurzer Zeit stattfinden, sogar wenn nur ein einziger Raum

76 Pfarrer Evangelische Kirche Uznach und Umgebung.

für die Aktivitäten zur Verfügung steht. Das System der begehbaren Stauräume fördert die Eigeninitiative der Gäste und schont mit effizienten Arbeitsabläufen die Ressourcen und den Betriebsaufwand. Wichtig sind eine pragmatisch überlegte Positionierung, eine dem Nutzungszweck entsprechende Einrichtung, Bedienbarkeit für unterschiedliche Gäste und verständliche Erklärungen für alle Zielgruppen.

Aspekte zu Infrastruktur und Einrichtung

Prinzip lebendige Ordnung

Wenn Jung und Alt gemeinsam das Gelände beleben, wird die Ordnung schnell zum Thema. Das Prinzip *lebendige Ordnung* entwickelt Lösungen, bei denen das Verhalten der Gäste miteinbezogen ist. Auf diese Weise trägt es zu einer benutzungsfreundlichen Hauskultur bei.

An der unterschiedlichen Auffassung, was Ordnung ist, entzünden sich leicht Konflikte. Die einen wollen es sauber und schön aufgeräumt; die anderen fühlen sich wohl, wenn

es nach Leben aussieht. Im Ordnungsverständnis drücken sich Haltungen und Vorstellungen aus, die durch die Lebenssituation und das Milieu geprägt sind. Jede Kultur hat ihr eigenes, oft unbewusstes Ordnungsverständnis. Eine milieusensible und an Vielfalt orientierte Kirche reflektiert ihr Ordnungsverständnis zusammen mit allen Beteiligten.

Erneut ist es das Selbstverständnis, das die Leitplanken für einen entkrampften Umgang mit Ordnung setzt. Weder eine sterile Ordnung noch Chaos sind einladend. Deshalb haben wir das Prinzip *lebendige Ordnung* entwickelt. Dieses arbeitet mit und nicht gegen die Eigenheiten der Generationen. Es kommt den unterschiedlichen Bedürfnissen nach Ordnung entgegen, ohne die Lebendigkeit zu beschneiden. Merkmale einer statischen Ordnung sind:

> Die Räume wirken gleichförmig, freudlos, steril und starr. Lebensspuren, Bewegung und Veränderung stören. Die Ordnung verdrängt das Lebendige.
> Ordnung bedeutet Kontrolle und Verbot. Solcherart Ordnung ermöglicht nicht, sondern verhindert. Sie wird als unangenehm empfunden.
> Sie ist als bestimmende Haltung spürbar und wirkt disziplinierend. Man kann vieles falsch machen und fühlt sich fehl am Platz.
> Sie ist nicht mit dem Selbstverständnis (Profil) verbunden und nicht fachübergreifend und gemeinsam überlegt.
> Sie wird einzelnen Personen überlassen.

Wer die Art der Ordnung und die Spielregeln vor Ort bestimmt, ist nicht immer ganz klar. Das zeigt das folgende Praxisbeispiel:

Nachdem der Sigrist, in dessen Pflichtenheft die Pflege von Sauberkeit und Ordnung zuoberst steht, im renovierten Saal nach der Kleinkinderfeier einen mit Schokolade verschmierten Stuhl entdeckt hatte, erwirkte er beim Kirchgemeinderat ein Saalverbot für die ganze Gruppe. In seiner Begründung wies er auf seine wiederholte Erfahrung hin, dass er gerügt würde, wenn nicht alles blitzblank sauber sei. Warum stützte in diesem Konfliktfall die Behörde den Sigristen, nicht aber die Leiterin der Kleinkinderfeier? Welchen Stellenwert haben die Familien und die Kinder? Wieso werden die Aufgaben der Hauswartung nicht mit dem Auftrag der anderen Mitarbeitenden verbunden? Überhaupt: Warum hat man anlässlich der Renovation nicht an die Kleinen gedacht und vorausschauend die verschiedenen Bedürfnisse aufeinander abgestimmt?

An diesem Beispiel wird deutlich, dass gesamtbetriebliche Aspekte ekklesiologisch bedeutsam sind. Gerade bei Konflikten zeigt sich schnell, ob tatsächlich alle willkommen sind. Die Beziehungen zwischen Generationen und Kulturen sind voller Herausforderungen. Einen Lebensraum zu gestalten, wo sich alle nebeneinander, miteinander und durcheinander entfalten können, ist vielschichtig, anspruchsvoll und muss vorausschauend gemanagt werden. Eigeninitiative, Gestaltungsfreiraum und Mitwirkung der Zielgruppen erfordern eine praktikable Struktur, damit der Alltagsbetrieb für die Mitarbeitenden auf Dauer leistbar bleibt. Das Prinzip *lebendige Ordnung* kann dies leisten.

> Die *lebendige Ordnung* ist die Alternative zu einer statischen Ordnung. Sie ist kein starres Regelwerk, sondern beruht auf den Verhaltensweisen der Menschen. Hinter jedem Verhalten liegt ein Anliegen, ein Wunsch, ein Thema. Dies gilt es zu erkennen und kreativ zu nutzen. Das Prinzip *lebendige Ordnung* arbeitet also mit dem spezifischen Verhalten der Altersgruppen. Dieses wird in die Handlungsabläufe, Regeln und Art der Einrichtung integriert und bereits bei der Planung berücksichtigt. So ergeben sich pragmatische Lösungen.
> Jede Kulturplattform hat ihre eigene Ordnung, abhängig davon, wie und von wem sie bespielt wird.
> Die Spuren von Kindern, Jugendlichen bis zu den Seniorinnen und Senioren sind in den von ihnen benutzten Räumen sichtbar.
> Die wertschätzende Beziehung zwischen Verantwortlichen und kleinen und grossen Gästen wirkt ordnend. Wer sich wahrgenommen und wertgeschätzt fühlt, ist motiviert, Sorge zu tragen und mitanzupacken – und so Teil vom Ganzen zu werden.

Das Ordnungsverständnis von Kindern

Bei ihrer spielerischen Lebensweise folgen Kinder einem anderen Ordnungsverständnis als Erwachsene. Schnell ent-

steht Chaos. Das Prinzip *lebendige Ordnung* bezieht das kindliche Spiel und das tiefe Bedürfnis, selbst handeln zu wollen, mit ein. Das Ordnungssystem ist mit spielerischen Abläufen so zu gestalten, dass Kinder selbst ordnend tätig sein können. Beispiele dafür sind:

> *Pflanzgranulat vermeiden:* Pflegeleichte Hydrokulturanlagen entpuppen sich als tolles Spielmaterial für Kinder. Steht ein Kübel mit Pflanzengranulat im Eingangsbereich eines öffentlichen Hauses, dauert es nicht lange, bis das Material verstreut auf dem Boden herumkullert und sogar zu einer Gefahrenquelle wird. Die Lösung ist einfach: Die Quelle des Ungemachs ist zu vermeiden.
> *Kulturplattformen entsprechend ihrer Funktion gestalten:* Einem Atelier sieht man an, dass hier kreativ gearbeitet wird. Wichtig ist eine robuste Infrastruktur für Utensilien und Arbeitsabläufe, die von Klein und Gross selbst bedient werden kann. Die Bereiche für Kinder zeigen deren Spuren. Anders in der Kirche, in der das achtsame *Aufgeräumt-Sein* eine spirituelle Dimension hat. Nochmals anders im Bistro, wo die Sauberkeit den gastronomischen Vorschriften entspricht und ein Zeichen der Gastlichkeit ist.
> *Veloparkplatz*: Kommen Kinder auf ihren Fahrrädern an und haben dafür keinen Ort, lassen sie es am Boden liegen. Passiert das beim Eingang des Kirchgemeindehauses, ist dieser rasch überstellt und schwer begehbar. Mit dem Prinzip *lebendige Ordnung* lässt sich eine solche Situation entschärfen. In der Nähe des Eingangs liegt ein Holzstamm mit breiten Querkerben, dahinter signalisieren Tafeln mit einem gemalten P und einem Velo: Das ist der Kinder-Parkplatz.

Der Spielimpuls ist geweckt, die Kinder spielen Einparken, peilen die Kerbe an, stellen ihr Gefährt wie Erwachsene ab. Der Grundsatz kommt zum Tragen: Die spielerische Handlung geschieht spontan, mit Interesse und Freude.

> *Abfallkübel:* Wie könnten diese aussehen, damit es attraktiv ist, ja sogar Spass macht, den Abfall zu entsorgen, zum Beispiel mit beweglichen Elementen, die den Spieltrieb wecken und mit Farbe? Wäre ein Kunstprojekt mit lokalen Handwerkenden möglich?

Skizzen und Grafiken und Weiterführendes zu den Themen Räume, Nutzungskonzept, Kulturplattformen, Infrastruktur

11. SÄULE BETRIEBSORGANISATION

Welche Betriebsstruktur passt zu Kirchgemeinden, die eine gastliche Kirche sein wollen und sich am Modell Generationenkirche ausrichten? Der Betrieb einer niederschwelligen Drehscheibe, die fachübergreifende Zusammenarbeit, die erweiterten Berufsprofile – all das beeinflusst die ganze Organisation.

Zehn Erfahrungen

1. Situationsgerecht

Der Charakter einer Kirchgemeinde bestimmt mit, welche Organisationsform zu ihr passt. Denn es gibt keine allgemeingültige Struktur, die sich für alle Kirchgemeinden eignet, wie Markus Fässler feststellt: «Die Strukturen müssen sich aufgrund der inhaltlichen Ausrichtung, der aktuellen Situation und der angestellten Persönlichkeiten und Akteure dynamisch entwickeln – auch wenn anzustreben ist, dass die Form unabhängig von einzelnen Personen funktioniert.»[77]

2. Rahmenbedingungen schaffen

Gemeindeentwicklung erfordert Rahmenbedingungen wie eine dafür zuständige Person und Finanzen. Innovative Entwicklung gehört ins Pflichtenheft der Behörde. Jemand mit Interesse und Flair für das Strategische ist verantwortlich. Ein Innovationsfonds ermöglicht die unbürokratische und bei Bedarf rasche Finanzierung eines Vorhabens.

3. Erst die Inhalte, dann die Betriebsstruktur

Eine Veränderung der Betriebsorganisation fördert immer die Machtthemen zutage. Eine gemeinsame inhaltliche Ausrichtung erleichtert den Umgang damit. Das Betriebliche muss deshalb auf konzeptionellen Grundlagen aufbauen.

4. Innovation ist eine Investition

Wie denkt man in die Zukunft, wenn man weiss: Wir werden älter, weniger und ärmer? Wie schnallt man den Gürtel enger und entwickelt sich dabei gleichzeitig weiter, jetzt erst recht? Unsere Erfahrung ist: Gerade dann hilft es, gross und weit zu denken und sich neu aufzustellen. Gerade dann braucht es Visionen. Und es braucht Investitionen – an Ideen, Begeisterung, Ressourcen und an Geld.

> Reformen, die im Kern nur Sparübungen sind, konzentrieren sich auf eine Strukturbereinigung und vergrössern in der Regel die Distanz zu den Menschen und zwischen den Mitarbeitenden.

---

77 Pfarrer Sonnegg Zürich-Höngg.

- Der Einbezug vieler Menschen weckt Interesse und Goodwill.
- Kooperationen, Partnerschaften und gemeinsame Trägerschaften schaffen neue Möglichkeiten.
- Neben Kirchensteuern können andere Geldquellen erschlossen werden, zum Beispiel durch Sponsoring.

5. Vier Handlungsfelder als Grundstruktur oder Matrix

Wie können Ressorts und Tätigkeitsbereiche sinnvoll strukturiert werden? Die vier Handlungsfelder (Alltags-, Lern-, Feier- und Kulturkirche) eignen sich als Grundstruktur oder als Matrix, weil sie die kirchliche Landschaft umfassend abbilden und selbsterklärend sind. Zugleich verlangt die niederschwellige Arbeitsweise eine Anpassung der Betriebsorganisation.

- Die Teamzusammensetzung orientiert sich an den Handlungsfeldern, die Pflichtenhefte werden angepasst. Meist kommen neue Funktionen dazu wie Gastgeber und Gastgeberin.
- Das Profil der einzelnen Berufe und die Pflichtenhefte werden präzisiert.
- Die vier Handlungsfelder werden betrieblich ausgerüstet (Räume, Finanzen, Ressourcen).
- Ein fachübergreifendes Leitungsteam ist zuständig für die Koordination und inhaltliche Weiterentwicklung.
- Die Ressorts der Behörde werden überprüft und neu ausgerichtet (zum Beispiel als Kombination von Handlungsfeldern und Zielgruppen).

6. Fachübergreifende Zusammenarbeit und Teamentwicklung

Anstelle der Hierarchie und des Alleinkämpfertums treten das Zusammenspiel der Fachkompetenzen, Teamentwicklung und Talentorientierung in den Vordergrund. Die Kultur des Austauschs und des Zusammenwirkens wird gepflegt, das Bewusstsein über die Gleichwertigkeit der Berufe fasst Fuss. Gefässe für den inhaltlichen Dialog über die Alltagsgeschäfte und darüber hinaus fördern die Identifikation mit der Kirchgemeinde, vernetzen die Mitarbeitenden und unterstützen sie bei ihren Aufgaben. Dies erleichtert die

Integration von neu Dazukommenden. Austausch und das gemeinsame Gestalten schaffen Beziehung und Integration.

7. Professionalisierung

Kirchgemeinden sind Arbeitgeberinnen und damit kleine oder mittlere Unternehmen. Die Behörde trägt grosse Verantwortung. Gemeindeleitung erfordert neben den Verwaltungsaufgaben das Gespür und Engagement für Kirchenentwicklung, gerade in Zeiten des Wandels. Die Ehrenamtlichkeit kommt vielerorts an ihre Grenzen. Die Leitungsaufgaben verlangen nach neuen Lösungen. Wie kann der Betrieb professionalisiert werden und innovativ bleiben – auch wenn die Finanzen abnehmen? Eine Möglichkeit ist die Anstellung des Präsidiums und/oder einer Betriebsleitung. Diese können Ehrenamtliche und Angestellte entlasten und ihnen den Rücken freihalten.

Organigramm Reformierte Kirchgemeinde Flawil

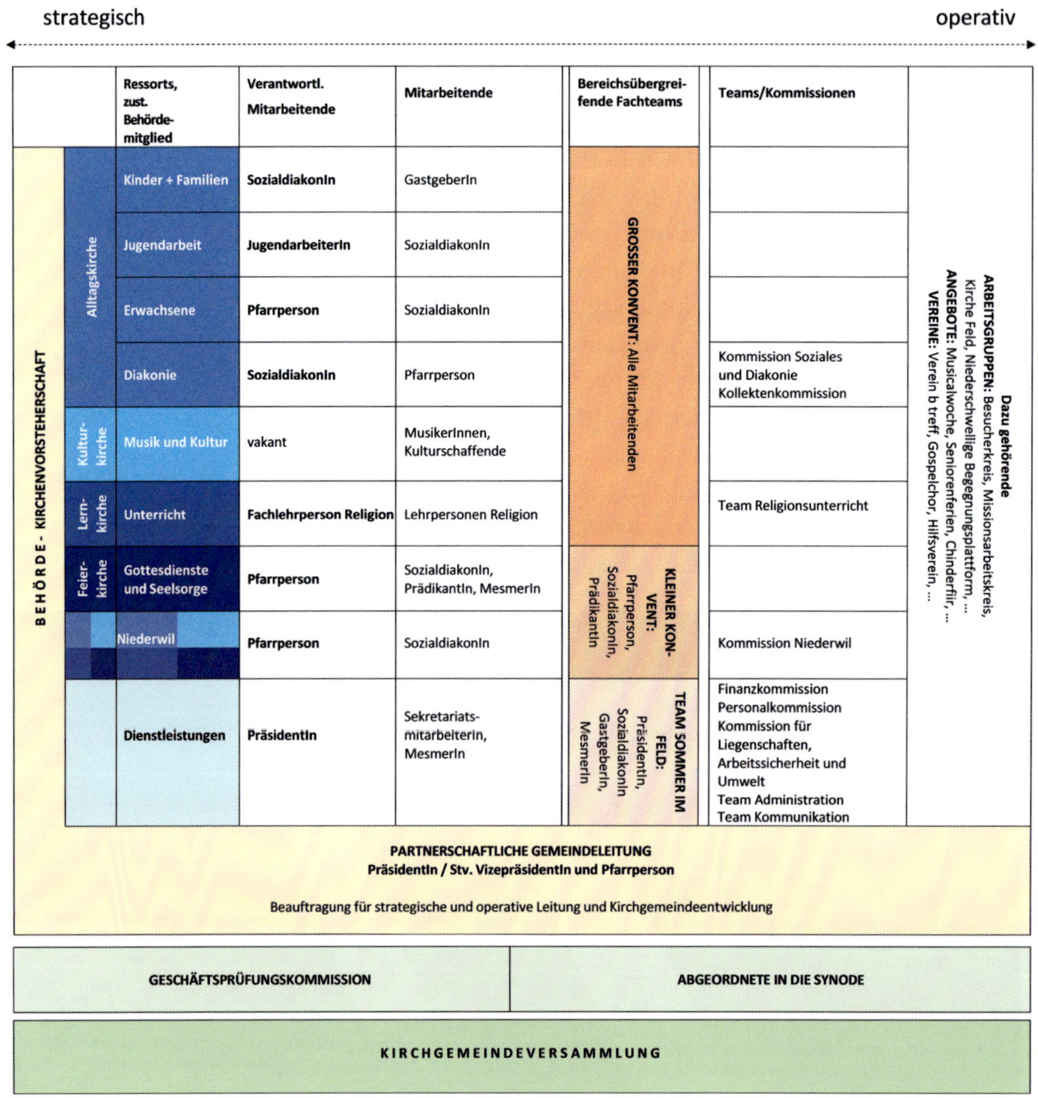

8. Kooperative Gemeindeleitung

In vielen Schweizer Kantonen besteht ein duales System der Gemeindeleitung mit Behörde und Pfarrschaft. Pfarrpersonen haben dabei eine besondere Position: Sie bewegen sich an der Schnittstelle zwischen dem Strategischen und Operativen. Wenn eine Kirchgemeinde sich für eine Geschäftsführung entscheidet, kommt eine dritte Kraft ins Spiel.

Das Gleichgewicht der Kräfte bietet grosse Chancen. Wie können diese konstruktiv und mit viel Spielraum für jeden Part zusammenwirken? Es braucht den ständigen Dialog zwischen ihnen und das gemeinsame Tragen der Visionen und Entscheide. Das faire Zusammenwirken der Beteiligten muss gepflegt und gehütet werden, ebenso wie der Respekt vor der Perspektive des Gegenübers und das Interesse daran.

9. Kurze Entscheidungswege

Handlungsspielraum und Eigeninitiative sind nicht nur für die Gäste, sondern auch für Mitarbeitende und Ehrenamtliche eines generationenfreundlichen Ortes wichtig. Die Entscheidungswege sollten kurz sein. Folgende Aspekte begünstigen dies:

- Strategisches und Operatives sind getrennt, aber durch funktionierende Schnittstellen dynamisch verbunden. So wird ein unbürokratisches Vorgehen möglich.
- Die Bürokratie wird auf das nötige Minimum reduziert.
- Auftrag, Kompetenz und Verantwortung liegen bei der gleichen Person.
- Interne Gefässe ermöglichen Austausch, Wertschätzung und Rückmeldungen. Es besteht eine Fehlerkultur.

10. Transfer von Know-how

Der Austausch von Wissen und Erfahrungen zwischen Kirchgemeinden und Kantonalkirchen ist für alle Reformbemühungen unabdingbar. Es braucht den Dialog, damit neue Organisationsstrukturen mit jenen auf kantonaler Ebene kompatibel werden.

↓ Betriebsorganisation – Zehn Erfahrungen

12. SÄULE KOMMUNIKATION EXTERN

Eine gute Kommunikation hilft der gastlichen Kirche. Der wertschätzende, zugewandte Blick muss spürbar werden – in Sprache, Haltung und Gestaltung. Entscheidend ist ein Perspektivenwechsel: Kirche soll sich so zeigen, dass die Menschen sie im Sinne des Evangeliums lesen und verstehen können. Die Präsenz der kirchlichen Akteurinnen und Akteure ist dabei ein Schlüssel.

Auf den Absender kommt es an

Alles, was Kirchen senden, vermittelt ein bestimmtes Kirchenbild und trifft bei den Adressaten und Adressatinnen auf deren bestehendes Bild. Wer es ist, der oder die sendet, beeinflusst mit, wie eine Botschaft wirkt, eingeordnet und verstanden wird. So ist es ein Unterschied, ob eine politische Gemeinde, eine Partei oder eben eine Kirchgemeinde eine Botschaft übermittelt. Selbstoffenbarung ist ein Element jeder Kommunikation. Man macht sich selbst sichtbar, greifbar und damit auch angreifbar. Man aktiviert das Image, das man bei den Empfangenden vermutet oder beeinflussen will.

Diesen Mechanismus kann die Kirche nutzen und via Kommunikation Vielfalt und Freiheit, Farbe und Profil ausstrahlen. Mit dem Vermeiden von Stereotypen lassen sich herkömmliche und überholte Vorstellungen zur Weiterentwicklung anregen. Deshalb braucht es als Grundton der Kommunikation Botschaften mit einem überraschenden und aktuellen Kirchenbild. Immer ist dabei zu reflektieren, welche Bilder von der Kirche kommuniziert werden – mit Worten, Visualisierungen, Symbolen, Inhalten, Angeboten.

Alles ist Kommunikation

Nicht nur der Kirchenzettel, die Flyer und was in der Zeitung steht, sind Kommunikation. Alles ist Kommunikation, alles erzählt und ist – weil es die Kirche ist, die sendet – eine Art Predigt. Nicht im homiletischen Sinn, aber in der Wirkung auf die Menschen.

- Offene Türen – verschlossene Türen
- Herzlichkeit und Wärme – Kälte und Förmlichkeit
- Entgegenkommend – zurechtweisend
- Grosszügigkeit – Kleinlichkeit
- Lebendige Ordnung – sterile Ordnung
- Etwas möglich machen – Bürokratie, lange Wege
- Schöne Atmosphäre – kahle Wände

Was strahlt Ihre Kirchgemeinde aus? Was kommt bei den Menschen an?

Fragen zu den Zielgruppen
Wen erreichen Sie? Wo und wie?

Wie wirkt Ihre Kirchgemeinde auf Ihre verschiedenen Gästegruppen (Kinder, Jugendliche, Erwachsene der verschiedenen Lebensalter; Kirchennahe, Wohlwollende, Distanzierte ...)?

Fragen zur Ausstrahlung
Welche Botschaften sendet Ihre Kirchgemeinde aus?

Durch Ihre Haltung, mit der Sie den Menschen begegnen – als Einzelne, als Team?

Durch Ihr Ordnungsverständnis?

Durch Ihre Räume innen und aussen mit Atmosphäre, Gestaltung und Nutzungsmöglichkeiten?

Durch die von Ihnen genutzten Kommunikationsmedien?

Wo ist es lebendig? Wo gibt es Stereotype?

Hypothesen aufstellen: Was denken die Menschen über Ihre Kirchgemeinde und Ihre Gastlichkeit? Aus den Perspektiven verschiedener Altersgruppen.

Welches Kirchenbild transportiert die gesamte Kommunikation Ihrer Gemeinde?

Wo besteht Handlungsbedarf?

Kommunikation durch Beziehung und Vernetzung

Indem man die Menschen einbezieht und mit ihnen Gespräche führt, werden sie zu Beteiligten. Sie sind informiert, können sich einbringen und mitreden. Es ist ein zirkuläres Geschehen. Entscheidungen werden durch sorgfältige Kommunikation verständlich und nachvollziehbar, sogar, wenn man damit nicht einverstanden ist. Jede Begegnung ist eine Gelegenheit, den Puls zu fühlen, nachzufragen, wie es geht und die Bedürfnisse des Gegenübers wahrzunehmen. Dies gilt erst recht bei einem Gemeindeentwicklungsprozess.

Partizipation

Partizipation gehört zu den wirksamsten Kommunikationsformen. Regelmässige Kommunikation stellt sicher, dass die Beteiligten in allen Phasen eines Entwicklungsprozesses informiert bleiben und sich als Teil des Projekts empfinden.

Vernetzung

Die Kooperation mit anderen Anbietenden schafft Bezüge und Vertrauen und hat deshalb eine enorme Breitenwirkung, gerade im Bereich der Kulturkirche. Man profitiert voneinander und professionalisiert Angebote. Bewährt hat sich, die kircheneigene Pinnwand für externe Anbietende zu Verfügung zu stellen. Es geht aber nicht nur um den Kontakt zwischen den kirchlichen Akteuren und den Gästen. Auch die Begegnung der Gäste untereinander, zum Beispiel im Rahmen einer *niederschwelligen Drehscheibe,* ist ein Kommunikationsmittel.

Von Mund zu Mund

Der *Jurtensommer* der Pfarrei Bruder Klaus in Liestal, der *Sommer im Feld* der Reformierte Kirche Flawil, das Projekt *JA* der Reformierten Landeskirche Glarus, eine Ausstellung im Kirchensaal mit Bildern von Kulturschaffenden vor Ort – das alles sind Kommunikationsmittel, weil die Menschen die Kirche hautnah und anders als erwartet erleben. Dies hat zur Folge, dass sie miteinander darüber zu sprechen beginnen, auch über die Kirche, die das ermöglicht. Es spricht an und spricht sich herum. Peter Messingschlager bestätigt: «Am besten ist, man bietet etwas Attraktives an. Die Leute kommen und erzählen es herum. Viele kommen, weil sie das von jemandem gehört haben. Für unser Segment ist diese Art der Werbung die stärkste.»[78]

Präsenz im öffentlichen Raum

Informelle Kontakte haben einen grossen Wert für den Beziehungsaufbau. Wenn kirchliche Akteure Menschen zufällig begegnen, macht es Sinn, innezuhalten und einen

78 Gemeindeleiter Pfarrei Bruder Klaus Liestal.

Schwatz zu beginnen – auf der Strasse oder im Kirchenareal, beim Einkaufen oder beim Radfahren, beim Hundespaziergang oder beim Sport. Niederschwellige Präsenz sollte deshalb in die Pflichtenhefte aufgenommen werden.

Bilder und Symbole

Wie werden Botschaften transportiert? Welche Bilder werden gewählt? Es lohnt sich, die Botschaft und Wirkung der Bilder sorgfältig zu überlegen und einzusetzen und dabei Stereotype zu vermeiden.

«Die Kirche könnte auch irgendwie öffentlich mehr präsent sein.»
21, distanziert

Unterschätzt

Für Werbung und Kommunikation sind die Ressourcen oft zu knapp berechnet und zu wenig koordiniert. Öffentlichkeitsarbeit wird zudem erschwert durch das latente Überangebot der Kirchgemeinden mit der Folge einer innerkirchlichen Konkurrenz.

Kommunikation erfordert Sorgfalt und Augenmass. Kirchgemeinden haben ein breites Publikum, von den Kindern bis zu den älteren Semestern mit je ihren Lebenswelten und ihrem Kommunikationsverhalten. Und auch der Ort spielt eine Rolle: Ob Stadt, Agglomeration oder Land – die gewachsenen Traditionen und Gewohnheiten prägen, ebenso die Milieus der Ortsansässigen. Was in einem Quartier bestens funktioniert, geht andernorts daneben. Die kleinzellige Information muss gut angepasst sein an die Bedingungen vor Ort, an die anzusprechenden Altersgruppen und auch an die sprachlichen Verhältnisse. So muss jede Kirchgemeinde ihre massgeschneiderten Kommunikationskanäle entwickeln.

«Die Kirche macht viel Gutes. Leider steht in den Zeitungen selten etwas davon.»
45, distanziert

Im Kanton Glarus und in Liestal wurden bei den Zielgruppengesprächen auch Fragen zur Kommunikation gestellt. Aus den Antworten haben wir folgende Thesen entwickelt:[79]

«Direkt mit den Leuten kommunizieren.»
41, wohlwollend

> Menschen, die der Kirchgemeinde nahestehen, sind besser informiert als Distanzierte. «Leute, die kein Kirchenblatt

79 Zogg, Interessiert, persönlich, präsent, lebensnah, 54. Vgl. ⤓ zu Kapitel 16, Glarus.

lesen, wissen nichts von den Anlässen.» Deren Wünsche und Erwartungen sind teilweise von der Kirche bereits eingelöst, ohne dass sie davon Kenntnis hätten.

> Viele sehen es als wichtige Aufgabe der Kirche, die Kommunikation *der Menschen untereinander* zu fördern.
> Die Präsenz der Kirche in der Öffentlichkeit wird von vielen geschätzt und gewünscht.
> Der Sonntagsgottesdienst ist das Angebot, das am intensivsten beworben wird (bis zu den Tafeln an den Ortseingängen) und am wenigsten Neuigkeitswert besitzt.
> Nicht die Tatsache, dass ein Gottesdienst stattfindet, sollte im Vordergrund stehen. Das Format und die Inhalte müssen ansprechend kommuniziert werden. Eine 45-jährige Frau äussert sich dazu pointiert: «Wenn die Ausschreibung mir nichts sagt, gehe ich nicht hin. Da lese ich zu Hause lieber ein Buch über ein Thema, das mich anspricht.»
> Die Kirche sollte auffallen und Farbe zeigen. Es gefällt, wenn sie aus vorgegebenen Schemas ausbricht und die Vielfalt der Medien nutzt wie Printmedien, digitale Medien, TV, Radio, Aushänge an Hotspots, auffallende Blickfänge im Kirchenareal usw.

Fragen zur externen Kommunikation

Über welche Inhalte informieren Sie?

Welche Medien nutzen Sie?

Welche Tonalität hat Ihre Sprache?

Was strahlen die Grafik und die Bilder aus? Welche Altersgruppen und Themen werden visualisiert?

Welche Symbole setzen Sie wie und wo ein?

Mit Kommunikation werden Erwartungen geweckt. Das ist ihr Zweck. Es darf kein Etikettenschwindel sein, das Gesagte muss dem Gebotenen entsprechen.
Einige Kriterien dafür sind:

> Kohärent, stimmig, ehrlich, transparent: Authentizität und Wahrhaftigkeit wurden von den Befragten immer wieder angesprochen.
> Frisch, einladend, positiv, aktuell: So wünschen sich die Menschen die kirchliche Kommunikation. Die Adjektive

spiegeln die Sehnsucht nach einer belebten und farbigen Kirche, die etwas zu sagen hat.

- Kurz und bündig, prägnant und spannend: Die Information muss sitzen.
- Kontinuierlich
- Keine Stereotype und Klischées

Weiterführendes zur Kommunikation

13. NACHHALTIGE GEMEINDEENTWICKLUNG

Gemeindeentwicklung erfordert Investitionen, Ressourcen und von den Verantwortlichen eine gute Portion Mut. Es weckt bei den Beteiligten Pioniergeist und Gestaltungswillen. Es begeistert, bildet Gemeinschaft und macht Sinn. Welche Erfahrungen bestehen? Wie kann der Prozess gestaltet werden?

Eine Gemeindeentwicklung ist immer ein Wagnis, weil es um Veränderung geht. Vielleicht zeigt sich eine grosse Chance, die ergriffen werden will. Oder der Leidensdruck ist so gross, dass sich etwas ändern muss. Oder es besteht viel Enthusiasmus, etwas neu aufzubauen. Die Beweggründe sind vielfältig:

> Die Krise der Kirche: Das Gefühl, mit den jetzigen Formaten abseits zu stehen; die Überzeugung, dass sich das System verändern muss; das persönliche Engagement für die Zukunft der Kirche.
> Die Verwirklichung der gastlichen Kirche und das Bedürfnis, mehr Menschen zu erreichen.
> Die personelle Situation: Sie ist günstig, es besteht Kontinuität; oder eine Veränderung steht an, die eine grundsätzliche Neuorientierung auslöst.
> Finanzen, die zukunftsorientiert investiert werden sollen.
> Liegenschaften und Räume: Gezielte Nutzung von deren Potenzial; eine anstehende Umnutzung; ein Vorhaben, das mit einer Gemeindeentwicklung verbunden werden soll.
> Eine Umstrukturierung führt zu einer Standortbestimmung und Neuorientierung.
> Die Notwenigkeit, regional zusammenzuarbeiten.

Für Gemeindeentwicklung gibt es dutzende Ansätze und Konzepte.[80] Im Folgenden wird der partizipative Ansatz des Modells Generationenkirche vorgestellt. Der Fokus liegt zuerst auf dem Inhaltlichen, darauf aufbauend dann beim Strukturellen.

Gemeindeentwicklung von mini bis midi

Nicht alle Kirchgemeinden haben genügend Ressourcen und ideale Bedingungen, vielleicht auch nicht die Lust, ein grösseres Vorhaben anzugehen. Da bietet es sich an, Neues im Rahmen einzelner Angebote oder eines überschaubaren Projekts auszuprobieren. Auch hier gilt: Partizipatives Vorgehen und die Vernetzung innerkirchlicher und lokaler Akteure sind sinnvoll. Gemeindeentwicklung

80 Zum Beispiel: Wilhelm, Gemeindeentwicklung in 7 Tagen.

als Experimentierraum zu verstehen, schafft Freiraum für Kreativität und eine Atmosphäre für *Trial and Error* ohne Erfolgsdruck. Zu Beginn geht es darum, sich einen Überblick über die Situation zu verschaffen und sich über die Beweggründe für eine Veränderung bewusst zu werden. Auch ein kleineres Projekt muss klar umrissen, von der Behörde genehmigt und in eine längerfristige Planung eingebettet sein. Mit Rahmenbedingungen, die Neues ermöglichen, wie die Schaffung eines Ressorts für Gemeindeentwicklung und Innovation, ausgestattet mit Budget und Kompetenzen.

Was bewegt uns?

Was begeistert uns?

Was besteht und was steht an?

Was beabsichtigen wir?

Was sind unsere Ziele?

Wo informieren wir uns?

Wann ist der passende Zeitraum?

Welches Vorgehen und welche Arbeitsweise passen zu uns?

Welche Ressourcen haben wir? (Personal, Mitwirkende, Zeit, Finanzen)

Welche Modelle gibt es? Womit wollen wir arbeiten?

Welche Unterstützung bietet die Kantonalkirche?

Ziehen wir eine externe Beratung bei?

Zehn Empfehlungen

1. Konflikte und Spannungen zuerst bearbeiten

Es lohnt sich, mit dem Start zu warten, bis interne Konflikte oder Themen, die viel Raum einnehmen, bearbeitet sind. Diese absorbieren Energie, Aufmerksamkeit und Zeit, die dann für das Vorhaben fehlen. Störungen können eine Gemeindeentwicklung verzögern oder gar zu Fall bringen. Entzünden sich solche Konflikte mitten in einem Projekt, ist ein Boxenstopp angesagt. Wir nennen solche Störungen und Spannungen *Prozessthemen*.[81]

81 Vgl. Empfehlung 10.

2. Schnell funktioniert nicht

Gemeindeentwicklung erfordert Ressourcen. Es muss im Bewusstsein aller sein, dass es sich um etwas Zusätzliches handelt. Dies beeinflusst die Pflichtenhefte und die Zeitplanung. Jede Gemeindeentwicklung hat ihren eigenen Verlauf, Rhythmus und braucht einen langen Atem. Es macht Sinn, das Vorhaben in die Jahresplanung zu integrieren, Schwerpunkte zu setzen und keine weiteren aufwendigen Projekte parallel dazu zu lancieren. «Man kann nicht auf x-beliebigen Hochzeiten tanzen», meint Mark Hampton lapidar.[82]

3. Eine externe Prozesssteuerung beiziehen

Gemeindeentwicklung in einem geschichts- und traditionsreichen System wie dem der Kirche ist komplex und meist auch mit Widerstand verbunden. Das Aufgleisen und Leiten eines grösseren Projekts erfordert spezifisches Fachwissen.

Wir empfehlen, externe Fachkräfte beizuziehen, die auf die Ausgestaltung von Gemeindeentwicklungsprozessen spezialisiert sind. Das Zusammenspiel zwischen interner und externer Projektleitung hat sich vielerorts bewährt. Letztere bringt ihr Wissen und ihre Erfahrung ein, gibt Impulse, entlastet und unterstützt. Das Auftragsverhältnis schafft Klarheit und Struktur. Ziele, Vorgehen und Zeitplanung sind bezeichnet. Die Verantwortung ist auf mehrere Schultern verteilt, die Begabungen ergänzen einander. Die Innen- und Aussensichten sind für die Prozesssteuerung ebenso wichtig wie die Kommunikationstalente und Erfahrungen im Umgang mit Konflikten. Ein weiterer Gewinn: Die externe Beratung kann das interne Leitungsteam in seine Aufgaben einführen und coachen. Dieses wächst in seine Funktion hinein und führt den Prozess später selbstständig weiter. Bei grösseren Projekten mit höheren Kosten kann sich eine externe Beratung auch deshalb lohnen, weil durch die konzeptionellen Grundlagen spätere Ausgaben minimiert werden.

Eine externe Prozessleitung ist kein Muss. Das Pro und Kontra einer externen Beratung ist abzuwägen. Bei einem überschaubaren Vorhaben kann eine Kirchgemeinde auf eigene Ressourcen zurückgreifen.

---

82 Pfarrer Reformierte Kirche Flawil.

4. Weiteres Fachwissen nutzen

Auch bei anderen Teilbereichen führt der Beizug von externen Fachkräften weiter, zum Beispiel in der Implementierungsphase, was Daniela Zillig-Klaus bestätigt: «Wir haben uns grosszügig durch Fachpersonen beraten lassen. Man muss bereit sein, das Geld locker zu machen und Fachleute mitstricken zu lassen.»[83]

> Aus der Architektur für Machbarkeitsstudien, Architekturwettbewerb und Bauführung
> Für die Aussenraumgestaltung
> Aus der Raumplanung für eine Immobilienstrategie
> Aus der Finanz- und Organisationsberatung für die Liegenschafts- und Finanzstrategie und für die Anpassung der Organisationsstruktur
> Für die Kommunikation
> Aus der Kultur- und Theaterpädagogik für die Angebotsstrategie

5. Die Finanzierung längerfristig planen

Gemeindeentwicklung erfordert Investitionen. Grössere Projekte gehen über das aktuelle Budgetjahr hinaus. Es können Ideen entstehen, die im Budget noch nicht vorgesehen waren. Finanzierungsmittel, die kontinuierlich und längerfristig bereitgestellt sind, gewährleisten die Handlungsfähigkeit zum benötigten Zeitpunkt.

6. Kirche denken aufgrund der Gegebenheiten und ihres Potenzials

Das Augenmerk ist weg von der Defizitorientierung auf das Potenzial zu richten. Für die Bodenhaftung ist es wichtig, situationsbezogen und adressatenorientiert vorzugehen (personell, räumlich, inhaltlich, kulturell, finanziell, örtlich). Dabei sind sämtliche Kooperationsmöglichkeiten zu nutzen. Das zahlt sich gerade bei innovativen Vorhaben aus. Bümpliz hat beispielsweise bei seiner Rochade vom Gemeinschaftszentrum in die Baracke von der grossen Unterstützung aus dem Quartier und von der Stadt profitiert, in Eschenbach wäre das Generationenhaus ohne den

---

83 Präsidentin Reformierte Kirche Flawil.

Einbezug der politischen Gemeinde und der katholischen Pfarrei nicht realisierbar gewesen.

7. Präzise planen, strukturiert und flexibel leiten

Eine laufend aktualisierte Übersichtsplanung schafft Orientierung und Effizienz, Sicherheit und Vertrauen. Übergänge werden von Anfang an integriert (Kirchenjahr, Projektetappen, Prozessphasen). Je fortgeschrittener ein Projekt ist, desto mehr kann eine rollende Planung zum Zug kommen, insbesondere bei der Implementierung von Massnahmen.

Gemeindeentwicklung ist ein lebendiger und eigendynamischer Prozess. Zuweilen verlangen unerwartete Einflüsse und Prozessthemen eine Planänderung (Corona, personelle Wechsel, Schicksalsschläge). Es braucht eine verlässliche Leitung, die den Entwicklungsprozess über längere Zeit, achtsam und agil steuert. Regelmässige Standortbestimmungen und Anpassungen sind unabdingbar.

8. Partizipativ und fachübergreifend vorgehen

Kreative Ideen und unterschiedliche Sichtweisen, Erfahrungen und Wissen liefern den Stoff, aus dem sich das Zukünftige herauskristallisiert. Behörde, Mitarbeitende und Akteure aus Kirche und Ort *arbeiten zusammen*. Die zukünftige kirchliche Landschaft wird gemeinsam entworfen. Damit ist das Vorhaben breit abgestützt und die Mitwirkenden werden Teil von dem, was entsteht.

9. Laufend und in geeigneter Form kommunizieren

Regelmässige Kommunikation über das, was man macht und warum man es macht, ist beim partizipativen Vorgehen entscheidend. So können sich die Beteiligten informieren und innerhalb des Prozesses verorten. Es schafft Vertrauen. Alle Mittel und Methoden sind dafür zu nutzen, schriftlich und mündlich, mit Fachkompetenz im Bereich Grafik, Gestaltung, Präsentation.

10. Prozessthemen wahrnehmen und bearbeiten

Gemeindeentwicklung bedeutet Veränderung und Bewegung und hat deshalb neben einer sachlichen stets eine emotionale Seite. Die sogenannten Prozessthemen sind immer mit dabei. Das sind Stimmungen, Emotionen und Unterschwelliges. Kurz: Alles, was eine Organisation prägt und beeinflusst – Widerstände und Ängste, Machtdynamiken und Störungen, Unverarbeitetes und Enthusiasmus. Es sind die Wirbel, Untiefen und Gegenströmungen, die erst spürbar werden, wenn man in eine Organisation eintaucht.

Defizitäre Sichtweisen auf die Kirche und Gemeindeglieder müssen unbedingt und immer wieder bearbeitet werden, damit eine hoffnungsfrohe Zuversicht in die Zukunft der Kirche wachsen kann. Als Beispiel sei hier der Entwicklungsprozess in Höngg erwähnt: Das alte Sonnegg wurde jahrzehntelang mit viel Herzblut und Einsatz von den Sonnegg-Frauen betrieben. Ein Lebenswerk. Nun aber soll plötzlich alles anders werden! «War das nicht gut genug, was wir gemacht haben?» Dieses Unbehagen und die Trauer über das zu Verabschiedende sorgsam wahr- und aufzunehmen, war für das Gelingen des Projekts ausschlaggebend. Die Ablösung wurde möglich, nachdem das Prozessthema konstruktiv formuliert worden war: Was die Sonnegg-Frauen aufgebaut hatten, wurde gewürdigt als ein kostbares Erbe, das sie nun an die nächste Generation weitergeben. Weitere Beispiele für Prozessthemen können so klingen:

> «So viel Neues und Unbekanntes. Ist denn alles, was bisher war, was mir Sicherheit gibt, plötzlich nichts mehr wert? Werde ich mich überhaupt noch zurechtfinden?»
> «Muss ich jetzt Liebgewonnenes plötzlich mit anderen, mir Fremden teilen?»

- «Ach, wir können machen, was wir wollen, es werden deshalb sicher nicht neue Leute in den Gottesdienst kommen.»
- «Wir sind ja nur noch wenige. Und rackern uns ab. Die anderen wollen sowieso nur konsumieren.»

Prozessthemen beeinflussen die Bearbeitung von sachlichen Inhalten. Die Kunst besteht darin, beides stets in Balance zu halten. Es gibt unterschiedliche Methoden, sie aufzuspüren.[84] Sie aktiv wahrzunehmen, entscheidet über Gelingen oder Misserfolg. Sie können jederzeit auftreten, den Prozess irritieren, verunmöglichen oder auch stimulieren. Deshalb werden sie vom Projektleitungsteam laufend beobachtet, reflektiert und so bearbeitet, dass sie in einer konstruktiven Form in die Gestaltung des nächsten Schrittes integriert werden können. Gelingt dies nicht, zieht sich das System auf sein altbekanntes Terrain zurück und verweigert sich der Veränderung.

Prozessverlauf

Gemeindeentwicklung ist ein Prozess mit verschiedenen Phasen – und überall ist es wieder anders. Jeder kirchliche Ort ist eine Welt für sich, mit seinen Menschen und spezifischen Gegebenheiten, den Chancen und dem Potenzial. Deshalb wird jede Phase massgeschneidert und als Unikat gestaltet. Diese zu entwerfen ist etwas Kreatives und eng mit der Kultur und den Rahmenbedingungen vor Ort, den mitwirkenden Persönlichkeiten sowie den Prozessthemen verknüpft. Gemeindeentwicklung ist somit ein Gemeinschaftswerk. Standardisierte Gesamtprojektanlagen funktionieren erfahrungsgemäss nicht, weil sie nicht präzise genug auf die spezifische Situation und Emotionalität eingehen.

Folgende Skizze stellt eine erprobte Prozessgestaltung vor. Sie kann auf unterschiedliche Situationen und Vorhaben angewendet werden, auch auf Teilprojekte wie die Sommerprojekte in Liestal und Flawil.

---

84 Beispiele: TZI, Themenzentrierte Interaktion oder TZT, Themenzentriertes Theater. Literaturhinweis: Heinrich Werthmüller, Menschlich Lernen, TZT-Basisbuch, SI TZT-Verlag, 1988.

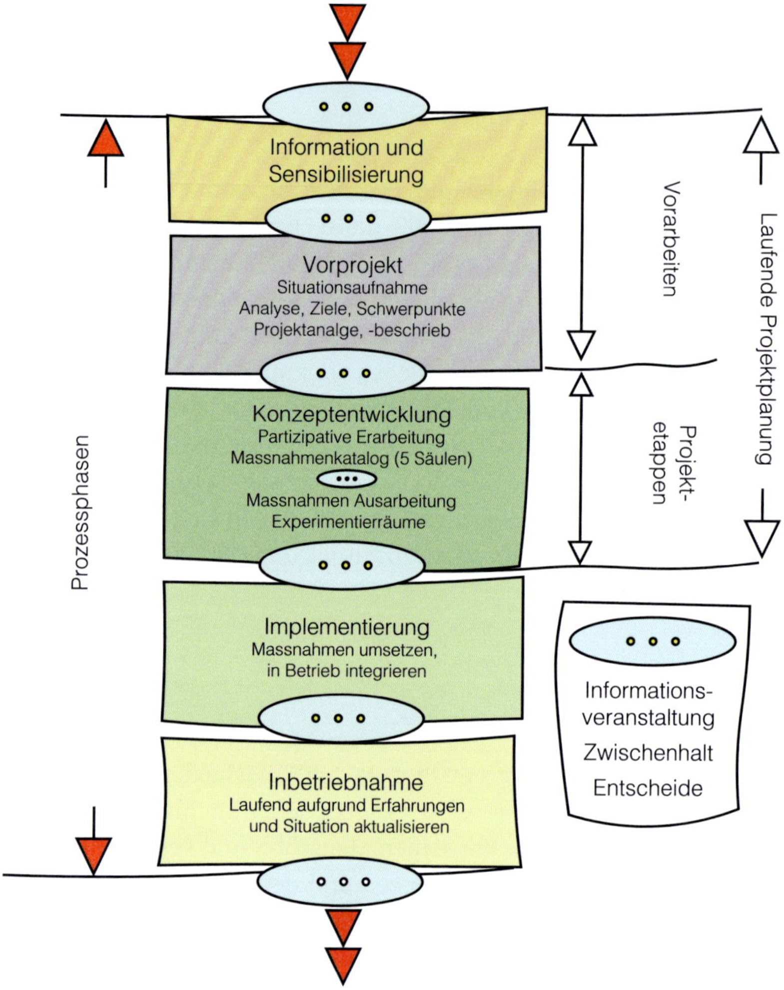

Die wichtigsten Begriffe

Prozess: Der Fluss dessen, was passiert; Kirchgemeinden verwenden dafür bildhafte Namen wie eine gemeinsame Reise, eine Bergwanderung, ein Segeltörn auf das offene Meer hinaus. Jeder Prozess zeichnet sich durch seine Eigendynamik aus.

Phase: Bezeichnet einen Abschnitt im Prozess, in dem bestimmte Themen im Zentrum stehen und bearbeitet werden. Jede Phase baut auf der vorherigen auf.

Projekt: Ein Projekt ist der strukturierte Teil innerhalb einer Phase. Zur Projektstruktur gehören Anfang und Ende, Ziele,

Inhalte, Projektanlage, Etappen, Funktionen, Budget, Auftrag, Entscheide, Projektablauf, Terminplan, Zwischenhalte, Produktentwicklung, Methoden.

Etappen: Wenn diverse Inhalte zu erarbeiten sind, kann das Projekt in Etappen unterteilt werden. Meist ist die Konzeptphase so strukturiert.

Zwischenhalt: Zwischen jeder Phase (oder Etappe) macht die Behörde eine Standortbestimmung mit Rückschau und Vorausschau. Zwischenhalte sind strategische *Stop-or-go-Momente*. Die Behörde entscheidet, ob und wie es weitergeht. Das kann zur Folge haben, dass das Projekt einen anderen Verlauf nimmt als geplant. Je fortgeschrittener ein Projekt ist, desto mehr ist rollende Planung angesagt.

Wie ist die Stimmung?

Wo stehen wir? Was haben wir erreicht?

Welche Prozessthemen sind aktuell?

Was braucht es als Nächstes?

Was können wir verbessern, bezüglich des Vorgehens, der Arbeitsweise, der Reiseroute?

Kann die Reiseroute wie geplant gegangen werden?

Ziele, Vorgehen und nächste Entscheide werden vorbereitet.

Öffentliche Informationsveranstaltungen: Die Ergebnisse werden einem breiten Kreis präsentiert und dort diskutiert. Austausch und Vernetzung finden statt. Das Leitungsteam erhält Rückmeldungen zu den erarbeiteten Inhalten und kann aktuelle Prozessthemen orten und wertschätzend aufgreifen. Die Öffentlichkeit erfährt via Presse davon. Für Daniela Zillig-Klaus sind das wichtige Momente, «um die Menschen mit ins Boot zu holen, die Projektphase abzuschliessen und das weitere Vorgehen zu skizzieren.»[85]

85 Präsidentin Reformierte Kirche Flawil.

Die einzelnen Phasen[86]

Sensibilisierung und Information

Gemeindeentwicklung ist immer Neuland. Das Verständnis für Sinn und Gewinn muss erst geschaffen werden, die Rahmenbedingungen müssen stimmen. Die Kultur einer Kirchgemeinde spielt eine massgebende Rolle. Deshalb ist Sensibilisierung wichtig, damit sich die Beteiligten mit dem Vorhaben auseinandersetzen, es diskutieren und sich eine Meinung bilden können. Das Ziel: Das Vorhaben wird von allen getragen (Behörde, Mitarbeitende, Gemeindeglieder). In Kenntnis dessen, was die Kirchgemeinde braucht und was es für sie bedeutet, werden die nächsten Schritte beschlossen.

Vielerorts ergreifen einzelne Mitarbeitende oder Behördenmitglieder die Initiative und verschaffen sich einen Überblick, welche Vorgehensmöglichkeiten es gibt. Idealerweise wirkt bereits hier ein kleines Team zusammen. Mögliche Informationsquellen sind: kantonale Fachstellen, Besuch von Kirchgemeinden und Pfarreien, Websites und Literatur, Erstgespräch mit Berater/-innen, Weiterbildung und Informationsveranstaltungen.

Vorprojekt

Bei einem grösseren Vorhaben bewährt sich ein *Vorprojekt*, um die Situation zu analysieren und einen Projektaufbau auszuarbeiten. Die Behörde beauftragt eine fachübergreifende Co-Leitung oder eine Vorprojektgruppe (eventuell auch regional vernetzt) zusammen mit einer externen Leitung.

Situationsanalyse

Um das Bestehende umfassend und unvoreingenommen wahrzunehmen, ist eine Situationsanalyse hilfreich. Was wie recherchiert wird, hängt ab von der Ausgangslage, der Fragestellung und der Absicht.

> Kontext (demografisch, Sozialstruktur, geografisch, geschichtlich, wirtschaftlich, kulturell, Spezialitäten des Gemeinwesens)

---

86 Die Phasen sind hier idealtypisch dargestellt. Je nach Bedarf der Projektgemeinde ist ein anderer Aufbau angezeigt.

- Zielgruppen, bei Bedarf mithilfe von Zielgruppengesprächen
- Aktualitäten, Brennpunkte und Handlungsbedarf, ausgehend von den Menschen
- Angebotsanalyse
- Liegenschaften: Potenzialanalyse
- Ressourcen und Potenzial (bezüglich Personal, Vernetzung, Zusammenarbeit vor Ort)
- Bereits Erarbeitetes einbeziehen

Projektaufbau

Aus der Analyse ergeben sich die zu bearbeitenden Themen. Auf dieser Grundlage wird der Projektaufbau entworfen. Wir empfehlen, diesen an der 5-Säulen-Struktur auszurichten und mit der Kultur vor Ort abzustimmen.

Projektbeschrieb

Den Beschrieb braucht es für die Diskussion, Entscheide, Finanzierungsgesuche und als Orientierung. An einer Informationsveranstaltung können die Interessierten das Vorhaben, den Beratungsansatz, die beteiligten Persönlichkeiten und den Arbeitsstil kennenlernen. Wichtige ausserkirchliche Akteure werden dazu eingeladen. Die Behörde verfügt damit über Rückmeldungen der Basis und kann im Blick auf die anstehende Entscheidung die Stimmung besser einschätzen. An der Kirchgemeindeversammlung wird danach über das Vorhaben abgestimmt.

Konzeptentwicklung

In dieser Phase werden die Inhalte erarbeitet, und zwar, das ist für das Gelingen wichtig, partizipativ. An öffentlichen Veranstaltungen werden Vorstellungen, Erfahrungen und Wissen der beteiligten Personen erfragt und laufend Prozessthemen bearbeitet. Die Sammlungen bilden das Material für die konzeptionelle Verdichtung. Die Ergebnisse liefern die strategische Grundlage für alles Folgende. Hier werden die Weichen für die Gemeindeentwicklung über mehrere Jahre gestellt.

Ein Konzept zu entwickeln, ist anspruchsvoll und erfordert Denkarbeit. Viel Vorstellungskraft ist gefragt, weil das Vorhaben für die Zukunft entworfen wird. Wie gross der Gewinn ist, zeigt sich oft erst im Nachhinein, betont Markus Fässler. «Es braucht ein Konzept und ein Profil. Dies schärft die Wahrnehmung, bündelt die Mehrstimmigkeit und gibt somit eine Grundlage für alle weiteren Schritte. Es ist zuerst ein Aufwand, aber letztlich eine Abkürzung, weil sich viele Diskussionen erübrigen. Man hatte eine gemeinsame Basis. In den Profilprozess zu investieren, finde ich elementar wichtig.»[87]

Spezifische Konzepte: Ein Konzept kann es für vieles geben. Das kann ein Basiskonzept für die Gemeindeentwicklung sein, ein Identitätsprofil, ein Profil für ein Haus, eine Angebotsstrategie oder ein Nutzungskonzept für eine Liegenschaft.

Massnahmenkatalog: Bei einem grossen Vorhaben stellt das Leitungsteam anhand des Konzepts die Massnahmen zusammen – ebenfalls eine strategische Grundlage und Entscheidungshilfe. Als Ordnungssystem eignet sich wiederum die 5-Säulen-Struktur. Die ausgewählten Massnahmen werden in der nächsten Phase parallel oder nacheinander ausgearbeitet.

Experimentierraum

Nach einer gewissen Zeit der Konzeptentwicklung, erfahrungsgemäss nach zwei Etappen, sind die Visionen formuliert und ein Rhythmuswechsel hin zum Machen und Ausprobieren ist angesagt. Die Beteiligten möchten jetzt etwas Konkretes an die Hand nehmen. Da es oft noch dauert, bis die konzeptionellen Grundlagen verwirklicht werden können – zum Beispiel, wenn es sich um ein Bauprojekt handelt, bietet es sich an, Erfahrungen in Form eines begrenzten Experimentierraums zu sammeln. Mit einer niederschwelligen Drehscheibe wird die Vision für alle erlebbar und überprüfbar. Das ist kreativ, kommunikativ und lustvoll. Die Erfahrungen sind für kommende Umsetzungen wegweisend. Das Experiment verbindet sich mit dem Konzept. Spätere Entscheidungen an der Kirchgemeindeversammlung sind in der Meinungsbildung disponiert.

Themen der Betriebsorganisation

In einem nächsten Schritt geht es um Finanzen, Personal und Strukturen – die Machtthemen einer Institution. Durch die vorgängige Auseinandersetzung mit dem Selbst-

---

87 Pfarrer Sonnegg Zürich-Höngg.

verständnis verfügen die Beteiligten über eine gemeinsame Ausrichtung und wegweisende Kriterien. Diese sind notwendig, um die anstehende Auseinandersetzung inhaltlich begründet und konstruktiv zu führen. Startet eine Gemeindeentwicklung mit den Finanzen und Strukturen, besteht die Gefahr, dass die inhaltliche Entwicklung und die Motivation der Beteiligten in den Hintergrund rücken und verloren gehen.

Implementierung

Wenn die Konzepte, Abklärungen, Studien und Erfahrungen zur Verfügung stehen und das Projekt zu Ende geht, findet die Implementierung in den bestehenden Betrieb statt. Die Rollen ändern sich. Beteiligte, die an der konzeptionellen Phase mitgewirkt haben, stehen jetzt vor der operativen Umsetzung oder sie pausieren. Dieser Rollenwechsel bedarf besonderer Aufmerksamkeit und muss sorgsam gestaltet werden. Falls früher eine externe Beratung mitwirkte, wird diese nun nur noch punktuell beigezogen, oder es entsteht der Wunsch nach einer anderen Form der Prozessbegleitung. Je nach Bedarf braucht es bei den anstehenden Massnahmen Fachkräfte mit einem spezifischen Know-how.

Inbetriebnahme und Alltagsbetrieb

Der normale Alltag nimmt nun seinen Lauf. Die Konzepte dienen der Behörde und den Mitarbeitenden weiterhin zur Orientierung. Die Erfahrungen im Alltagsbetrieb geben Impulse, um diese anzupassen und zu verbessern. Beispielsweise werden Betriebskonzept und -abläufe laufend verfeinert. Oder es lohnt sich, bei personellen Wechseln, die strategischen Grundlagen und die bisherigen Erfahrungen weiterzugeben, damit auch die nächste Generation die Leitideen, den Prozess und die Details kennt.

Partizipative Konzepterarbeitung

Partizipation als Qualitätsmerkmal

Partizipation bedeutet Einbezug und Mitwirkung der Menschen und Akteure vor Ort, egal welchen Kirchenbezugs. Deren Vorstellungen, Know-how und Erfahrungen bilden den Fundus für die Entwicklung eines Vorhabens. Die Beteiligten können sich einbringen, den Werdeprozess miterleben und aktiv mitgestalten. Es wächst eine Gesprächs- und Zusammenarbeitskultur, das Vertrauen in die Erneuerungen und in die Verantwortlichen wird gefestigt. Und umgekehrt: «Die Stimmen und Ansichten auch von Aussenstehenden haben unseren Blick geweitet und waren entscheidend für das Finden der eigenen Identität und Rolle», blickt Mark Hampton zurück.[88]

Mitwirkung schafft Kontakte und Vernetzung, Teilhabe und Identifikation. Das stützt die Behörde und erleichtert die Entscheide an der Kirchgemeindeversammlung.

Das Ziel eines partizipativen Prozesses ist: Die erarbeiteten Grundlagen werden von allen mitgetragen und stossen auf breite Akzeptanz. Kontroverse Punkte sind diskutiert. Die Chance, dass das Vorhaben gelingt, wird grösser.

Partitur für die Konzeptentwicklung[89]

Mitwirkung in der Konzeptphase geschieht in Form öffentlicher Werkstätten: Der Fokus liegt auf der Entwicklung des Zukünftigen. Da es um Veränderung geht, ist es neben der gedanklichen Arbeit auch emotional anspruchsvoll.

Die Skizze zeigt, wie die verschiedenen Beteiligten in einer logischen und zeitlichen Abfolge zusammenwirken können.

---

88 Pfarrer Reformierte Kirche Flawil.

89 Hier wird die Arbeitsweise von cottier + zogg beschrieben. Mehr zur Partizipation siehe zum Beispiel bei Wilhelm, Gemeindeentwicklung in 7 Tagen, Tag 5, Partizipation.

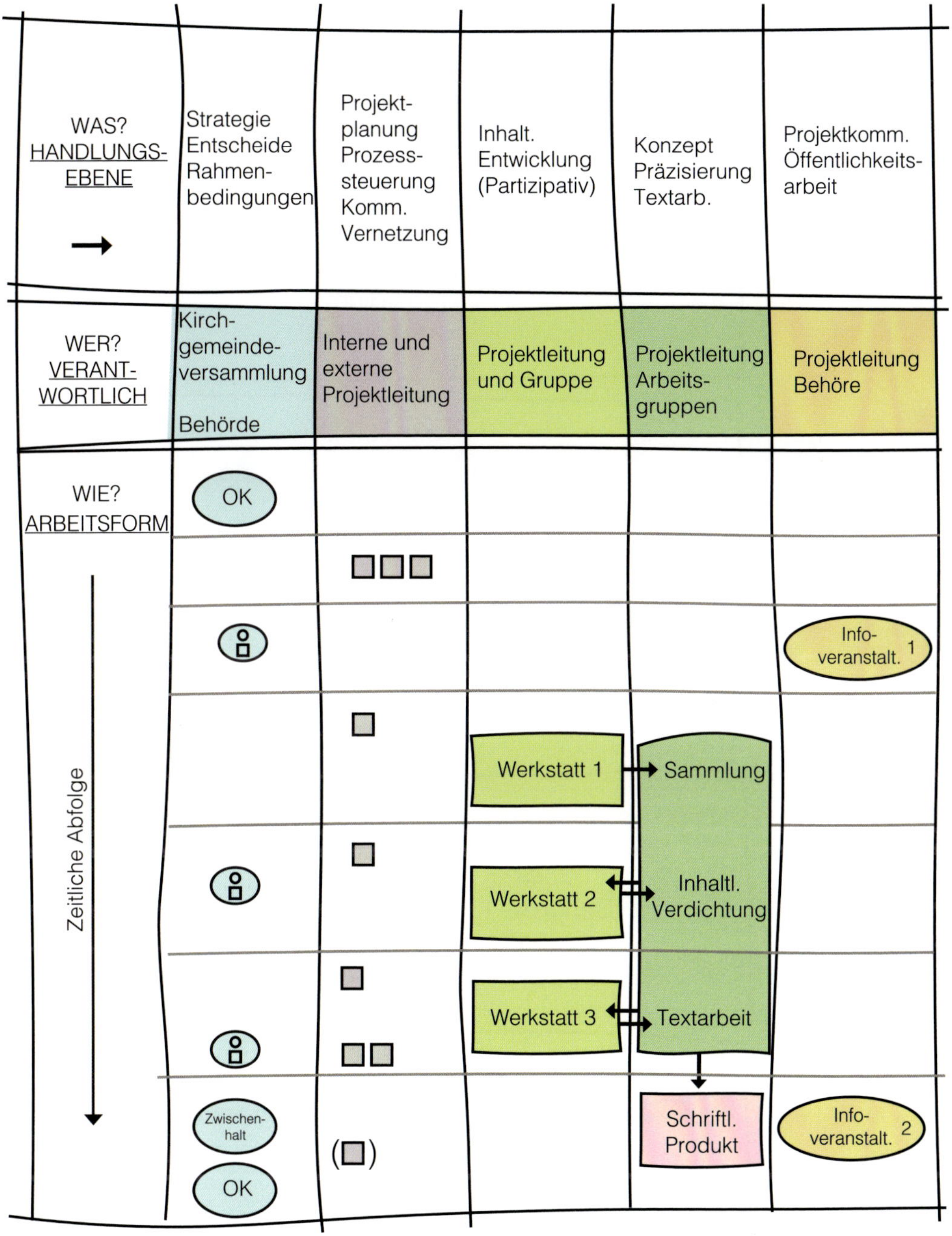
WAS?
HANDLUNGS-EBENE
Strategie Entscheide Rahmen-bedingungen
Projekt-planung Prozess-steuerung Komm. Vernetzung
Inhalt. Entwicklung (Partizipativ)
Konzept Präzisierung Textarb.
Projektkomm. Öffentlichkeits-arbeit
WER?
VERANT-WORTLICH
Kirch-gemeinde-versammlung
Behörde
Interne und externe Projektleitung
Projektleitung und Gruppe
Projektleitung Arbeits-gruppen
Projektleitung Behöre
WIE?
ARBEITSFORM
Zeitliche Abfolge
OK
Info-veranstalt. 1
Werkstatt 1
Sammlung
Werkstatt 2
Inhaltl. Verdichtung
Werkstatt 3
Textarbeit
Schriftl. Produkt
Zwischen-halt
OK
Info-veranstalt. 2

Akteure

Die Zusammensetzung der Beteiligten und die Art des Einbezugs sind während des Prozesses immer wieder genau zu überlegen. Je mehr Perspektiven einbezogen werden, desto reichhaltiger und realistischer wird das Konzept. Die Skizze zeigt eine Übersicht möglicher Akteure.

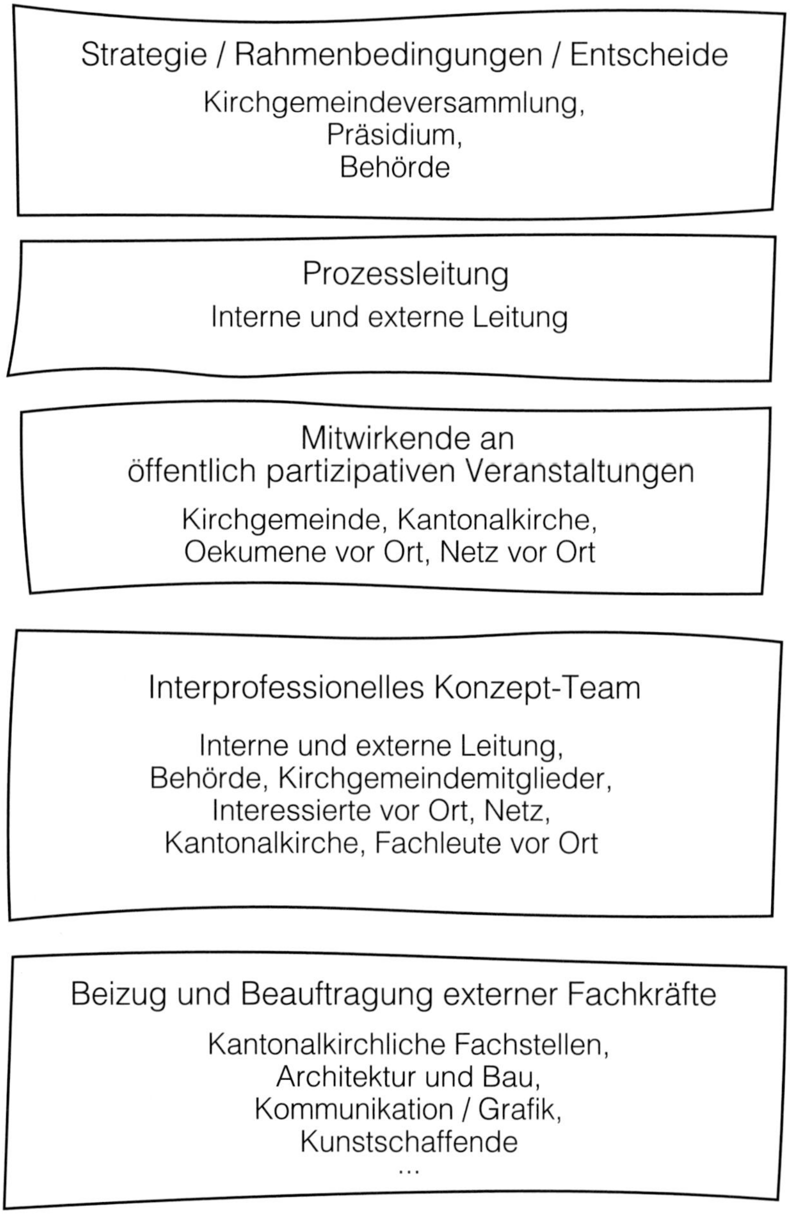

Partizipative Methodik

Eine partizipative Anlage ist vielschichtig. Es handelt sich gleichzeitig um einen zielorientierten und ergebnisoffenen Prozess. Eine aufmerksame und agile Moderation sorgt für das Wechselspiel zwischen Struktur, Sicherheit und Freiraum für die Vision.

Einführen

Die Beteiligten werden eingeführt. Bei partizipativen Veranstaltungen hängt viel davon ab, wie verständlich das Vorhaben dargelegt wird, ohne dass die Komplexität ausser Acht gelassen wird. Eine Visualisierung mit Objekten, eventuell kombiniert mit einer digitalen Präsentation, hat sich bewährt. Objekte sind analog, dreidimensional und veranschaulichen komplexe Zusammenhänge. Sie bleiben während der ganzen Veranstaltung im Raum stehen, können berührt und begutachtet werden. Mit ihrer Hilfe wird eine Bühne geschaffen und eine Szene kreiert. Sie wecken Neugier und Emotionales. Viele reagieren positiv auf die Formen und Farben. Bei der Einführung interessieren folgende Themen:

> Was ist die Ausgangslage und die inhaltliche Ausrichtung?
> Worum geht es beim Vorhaben und wo sind die Grenzen?
> Um welche Themen geht es heute?
> Was wird von mir erwartet?
> Was passiert mit meinem Beitrag?
> Wie geht es weiter?

Schritt 1: Sammeln

Die verschiedenen Sichtweisen, Ideen, Meinungen werden anhand von Fragen zusammengetragen. Dies kann in Gruppen oder an Thementischen geschehen. Die Beteiligten werden gebeten, ihre Überlegungen aufzuschreiben, möglichst detailliert, um aussagekräftiges Material zu erhalten. In der Nachbereitung wird eine Abschrift der Notizen erstellt. Wichtig ist: Diese werden nicht bewertet.

Fragen stellen

Beim partizipativen Vorgehen spielen Fragen eine zentrale Rolle.

Beispiel: Fragen zur Konzeptentwicklung für einen kirchlichen Aussenraum

Welche Qualitäten soll der Kirchenpark ausstrahlen? (Adjektive)

Wie würdest du den Kirchenpark persönlich nutzen? Was ermöglicht er dir?

Was würde dich zufrieden, glücklich machen?

Was würde dich abschrecken? Wann würdest du nicht hingehen?

Worauf ist aufgrund deiner Erfahrung zu achten, damit das Neben-, Mit- und Durcheinander der verschiedenen Generationen/Kulturen gelingt?

Zielgruppenperspektiven einnehmen

Die Teilnehmenden werden gebeten, sich in eine andere Perspektive zu versetzen, anhand von Karten mit Vertreter/-innen einzelner Zielgruppen, die entweder ausgewählt oder zugeteilt werden. Variante:
Sie stellen sich eine Person aus ihrem Umfeld vor:

- 70-jährige gehbehinderte Frau
- 50-jähriger Mann, der seine Stelle verloren hat und auf Arbeitssuche ist
- 7-jähriger Junge mit geschiedenen Eltern, Fussballfan
- Grossvater mit zwei Enkeln
- Mutter mit einem Neugeborenen
- Alleinerziehende Mutter mit einem Vorschul- und einem Schulkind
- Alleinerziehender Vater mit einem Schulkind
- Frisch pensioniertes Ehepaar mit Interesse an Gartenarbeiten
- 16-Jähriger auf der Suche nach einer Lehrstelle
- Ehepaar, frisch zugezogen, beide berufstätig usw.
- Typische lokale Situationen

Schritt 2: Verdichten

Die Sammlung liefert die Inhalte für die Konzeptentwicklung. Die Aussagen werden nach Themen geordnet und mit Begriffen strukturiert. Diese Arbeit ist anspruchsvoll und wird mit Vorteil von jemandem aus dem Projektleitungsteam gemacht. Sie erfordert den Überblick, Unvoreingenommenheit, Wohlwollen und manchmal auch Übersetzung. Sowohl qualitative und wie quantitative Aspekte spielen eine Rolle. Mittels Sammeltöpfen, Überschriften oder Mindmaps werden die grossen Linien sichtbar, ohne dass die Details verloren gehen. Manchmal sind die Aussagen der Menschen so berührend, dass sie sich, nach deren Zustimmung, als Testimonials und für die Kommunikation eignen.

Welche Interessen und Bedürfnisse werden zwischen den Zeilen sichtbar (unabhängig von den vorgeschlagenen Lösungen)?

Welche Themen werden genannt? Wie häufig?

Wie lassen sie sich gruppieren?

Was ist generationenübergreifend wichtig?

Was wird von bestimmten Zielgruppen favorisiert?

Wo zeigen sich Spannungsfelder?

Schritt 3: Auf den Punkt bringen

Jetzt liegt der Ball bei der erweiterten Projektleitung oder bei einer Arbeitsgruppe. Die strukturierte Sammlung wird gemeinsam gesichtet und diskutiert.

Wie kann das Gefundene in ein Konzept integriert werden?

Wie passt es zu den Zielen des Vorhabens?

Was ist mit unserem Selbstverständnis und dem Verständnis unserer Gastlichkeit kompatibel?

Wie gewichten wir die Aussagen?

Was liegt im Rahmen unserer Möglichkeiten?
Was nehmen wir auf?

Was lassen wir weg?

Oft hilft es, das gemeinsame Vielfache zu erfassen. Manchmal führt die Fokussierung auf bestimmte Aspekte weiter. Auch das partizipative Vorgehen erfordert Entscheidungen auf Leitungsebene. Aufgrund dieser Evaluation entsteht der erste Konzeptentwurf. In öffentlichen Präsentationen werden die Resultate und erarbeiteten Produkte vorgestellt, Rückmeldungen und Impulse erneut aufgenommen und in das Konzept integriert.

Kreislauf

Sammeln, verdichten, auf den Punkt bringen, informieren – zusammen bilden sie einen Kreislauf, der mehrmals durchlaufen werden kann und dabei immer präzisere Resultate hervorbringt.

Erfahrungen

Welche Faktoren führen zum Erfolg eines Gemeindeentwicklungsprozesses? Sechs Leitungsverantwortliche ziehen Bilanz.[90]

- Karin Gubser, Sozialdiakonin Reformierte Kirche Flawil
- Mark Hampton, Pfarrer Reformierte Kirche Flawil
- Martin Jud, Pfarrer Evangelische Kirche Uznach und Umgebung
- Peter Messingschlager, Gemeindeleiter Pfarrei Bruder Klaus Liestal
- Esther Salathé, Projektleiterin Pfarrei Bruder Klaus Liestal
- Daniela Zillig-Klaus, Präsidentin Reformierte Kirche Flawil

Beziehungsqualität und Vertrauen

«Es braucht gutes Einvernehmen und Vertrauen ineinander, das sich vermehrt, wenn in der Umsetzung verlässlich gearbeitet wird.» *Mark Hampton*

Langfristige Perspektiven

«Wenn man immer nur auf das Kurzfristige reagiert, kannst du keine langfristigen Projekte stemmen. Es braucht eine Affinität, sich solchen Themen und Prozessen über Jahre zu stellen. Das Timing ist wichtig.» *Martin Jud*

---

90 Aus: Ev.-ref. Graubünden, GemeindeBilden, Modell, S. 29.

Auftrag, öffentliche Legitimation
«Eine demokratische Legitimation durch die Kirchbürger und Kirchbürgerinnen ist unverzichtbar.» *Mark Hampton*

Ein konstantes Team
«Wir hatten eine konstante Zusammensetzung von Behörden und Mitarbeitenden über ein paar Jahre, ein Glücks- und Erfolgsfaktor.» *Martin Jud*

Einbezug
«Alle Leute involvieren, die in irgendeiner Weise in der Kirchgemeinde oder Pfarrei engagiert sind. Damit es gelingt und man nicht immer auf Widerstand stösst.» *Peter Messingschlager*

«Es braucht neue Menschen, die mitmachen und mitziehen.» *Esther Salathé*

Gespräche, Begegnung, Auseinandersetzung
«Es braucht diese Bereitschaft, sich zu öffnen für die Menschen.» *Mark Hampton*

«Gespräche führen miteinander.» *Peter Messingschlager*

Vorangehen, leiten, führen
«Es braucht Führungspersönlichkeiten, damit der Funke springt.» *Daniela Zillig-Klaus*

«Ein Zugpferd, das sich nicht beirren lässt auf dem Weg ins Offene. Menschen müssen Vertrauen in die Gestaltenden haben.» *Martin Jud*

Pioniergeist, Offenheit für Neues
«Eine innere Bereitschaft, das Bisherige stehen zu lassen, sich auf etwas einzulassen und aufzubrechen.» *Mark Hampton*

«Das Neue hat mich schon sehr gereizt, die leere Wiese, das Pionierhafte.» *Martin Jud*

Feuer, Begeisterung
«Es braucht das Feuer für die Innovation. Wenn du be-

wahren willst, ist es nicht das Richtige. Aber wenn man nur verändern will, ist man auch nicht am richtigen Ort.» *Daniela Zillig-Klaus*

«Bei einem neuen Projekt braucht es Menschen, die begeistert sind, und diese Energie, mit der man sich voll dafür engagiert, damit man überhaupt sehen kann, wie es funktioniert und was passiert.» *Esther Salathé*

Vielfältige Kompetenzen

«Du musst in der Projektleitung Verschiedenes können: Strategisches Denken, Einfühlung in andere, vernetztes Denken, weil es immer komplex ist.» *Martin Jud*

«Flexibel arbeiten können, wir mussten Zeitpläne immer wieder neu anpassen; planerische Kompetenzen mit dem Gesamtblick über eine lange Zeit; theologische Kompetenzen, dieser Blickwinkel ist wichtig.» *Daniela Zillig-Klaus*

«Sagen können: Das sind meine Stärken und da brauche ich Ergänzung.» *Mark Hampton*

Sinn für unternehmerisches Handeln

«Kirche ist ein Unternehmen, das sich entwickelt und das man steuern muss.» *Martin Jud*

Dynamische Personalplanung

«Der ganze Entwicklungsprozess hilft einem, genauer zu wissen, welche Mitarbeitenden zur Kirchgemeinde passen.» *Daniela Zillig-Klaus*

Resultate, Erfolge, Anerkennung

«Die Leute müssen sehen, dass nicht nur schön geredet wird, sondern ein Resultat da ist.» *Karin Gubser*

«Ohne Anerkennung hätte ich mir eine neue Herausforderung gesucht.» *Martin Jud*

Beharrlichkeit, ein langer Atem

«Es ist ja nicht immer alles rund gelaufen.» *Peter Messingschlager*

«Prozesse in der Kirche dauern, was nicht nur schlecht ist.» *Martin Jud*

Sich überraschen lassen, im Prozess bleiben

«Bereit sein, sich überraschen zu lassen, weil es interaktiv ist. Und die aktuellen Situationen einbeziehen und gestalten.» *Mark Hampton*

Risiken

«Wenn die Beziehungsqualität nicht vorhanden ist. Und man kann nicht vom Bürotisch aus sagen: So muss es jetzt sein!» *Mark Hampton*

«Eine introvertierte Persönlichkeit hat in einem solchen Prozess keine grosse Chance.» *Daniela Zillig-Klaus*

«Wenn Misstrauen in der Gemeinde ist und wenn es um Macht geht, ist fertig lustig.» *Martin Jud*

Kantonaler und schweizerischer Kontext

Netzwerke und Kreisläufe

Forschen, ausprobieren, neue Wege gehen – das findet an vielen kirchlichen Orten statt, gerade in krisenhaften Zeiten. Die christlichen Gemeinden verfügen so zusammen einen Schatz an Erfahrung und Erneuerungs-Know-how, der allen nützlich werden kann. Jeder kirchliche Ort ist Teil eines Netzwerks, eingebunden in grossmaschige Strukturen: Kantonalkirchen, Landeskirchen, Bistümer – über die Landesgrenzen hinaus bis zur weltweiten Verbundenheit.

Kirchenentwicklung ist ein dynamisches Geschehen mit verschiedenen Engagierten und Institutionen, ein Kreislauf von Experimentierraum, Know-how-Transfer und interprofessionellem Austausch. Einzelne Kirchgemeinden, Regionen und Kantonalkirchen übernehmen dabei eine Pionierrolle, wenn sie sich an grosse Projekte mit gesamtbetrieblichen Auswirkungen wagen. Sie probieren aus, was auch anderen nützlich werden kann. Für sie ist der Austausch mit anderen, die ebenfalls eine Gemeindeentwicklung wagen, sehr wertvoll. Am Beispiel der Reformierten Kirche Flawil: «Die Vernetzung, zum Beispiel mit den zuständigen Personen der Kantonalkirche, ist uns ein grosses Anliegen. Es geht um ein gegenseitiges Geben und Nehmen: Wir bekommen Unterstützung verschiedenster Art. Auch die Ausflüge an Orte mit ähnlichen Projekten haben uns inspiriert. Ich hatte Begegnungen, die ich sonst nie gehabt hätte.» Zudem betont Daniela Zillig-Klaus, dass auch ihre Gemeinde gerne bereit ist, ihr Know-how weiterzugeben und andere an ihren Erfahrungen teilhaben zu lassen. Die gelebten Beispiele inspirieren andere. Es bringt allen einen Mehrwert, über den Gartenhag zu schauen und sich auszutauschen.

Was funktioniert bei anderen gut? Was hat sich bewährt?

Worauf kommt es an?

Wo stehen wir selber? Wie möchten wir Erneuerung angehen?

Von welchen Erfahrungen können wir profitieren?

Wer kann uns dabei unterstützen?

Nachhaltige Kirchenentwicklung braucht die vernetzte, interkantonale, länderübergreifende Zusammenarbeit und unterliegt einem Kreislauf:

> Initianten und Initiantinnen an der Basis wagen ein Entwicklungsprojekt.
> Übergeordneten Strukturen wie die Kantonalkirchen unterstützen sie bei ihrem Vorhaben. Sie finanzieren mit, beraten, vernetzen und machen bestehendes Wissen zugänglich.
> Die Zusammenarbeit von internen und externen Fachkräften trägt dazu bei, Neues nachhaltig aufzubauen.
> An interkantonalen Informations- und Austauschplattformen wird das Wissen aufgearbeitet und weiteren Kreisen zugänglich gemacht.
> Der Ball liegt damit wieder bei der Basis, wo neue Projekte entstehen, die die Kirchenentwicklung vorantreiben.

Zum Beispiel das Forum Generationenkirche

Das *Forum Generationenkirche* versteht sich als fachübergreifende Austausch- und Bildungsplattform für alle, die

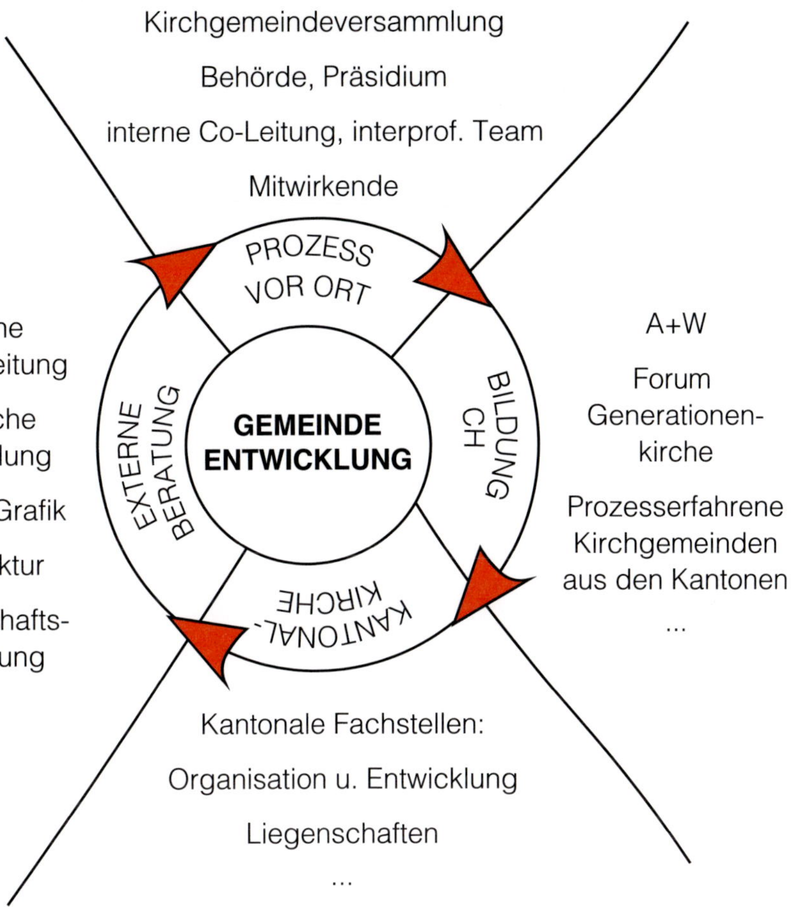

sich für Gemeindeentwicklung und die Erfahrungen anderer interessieren. An Tagungen wird exemplarisch ein Projekt vorgestellt und reflektiert, in der Regel direkt vor Ort. Erfahrungen mit Innovation werden geteilt und diskutiert. Das schafft Vernetzung und stärkt den eigenen Innovationswillen.

Eingeladen sind Behörden, Mitarbeitende verschiedener Arbeitsbereiche und Interessierte quer durch die deutschsprachige Schweiz. Empfohlen wird, als Gruppe zu kommen, damit die Themen im Team diskutiert werden können. Weiter sind kantonalkirchliche Akteure, Berater/-innen und Gäste aus anderen Berufsgattungen erwünscht, zum Beispiel aus der Architektur.

Skizzen und Grafiken

Porträts **von fünf Projektgemeinden**

PORTRÄT

14. UZNACH UND UMGEBUNG, EVANGELISCHE KIRCHGEMEINDE

Uznach befand sich als Diasporagemeinde schon immer ausserhalb der Komfortzone und ist beseelt von einem Pioniergeist. Dies führte ab 2008 zu einer exemplarischen Neuorientierung. Ein Identitätsprofil gibt die Richtung vor: Die Gemeinde will für alle Generationen etwas bieten und im Alltag präsent sein, auch in den verstreuten Dörfern. Im Fokus stehen das neue Generationenhaus in Eschenbach und das neu konzipierte Zentrum in Uznach mit Kirche, Kirchgemeindehaus und Park.

Im Frühjahr 2021 haben Danielle Cottier und Miriam Albisetti sechs Projektgemeinden besucht und interviewt, damit deren Erfahrungen mit dem Modell Generationenkirche in diesem Buch thematisiert werden können.[91]

Kriterium für die Auswahl war die Verschiedenheit der Projekte. Die einen sind mitten im Prozess oder erneut unterwegs, andere blicken mit Abstand auf ihren Weg zurück.

Die Projektgemeinden erzählten, was sie begeisterte, was schwierig war und worauf es bei der Umsetzung ankommt. Miriam Albisetti resümiert: «Es war interessant zu erleben, wie unterschiedlich das Modell Generationenkirche in den Projektgemeinden angewendet wurde. Jedes Projekt ist ein Unikat. Trotz aller Verschiedenheit funktioniert es überall, zum Beispiel beim Aufbau des Niederschwelligen, das teils fix in schönen Häusern, teils temporär in einer Jurte umgesetzt wurde.»

Steckbrief Evangelische Kirche Uznach und Umgebung	
Anzahl Mitglieder	- 4758 Personen (2022) (Stand 2008: 4417 Personen). Die Anzahl der Evangelischen hat zugenommen. Neuzugezogene im Alter von 31 bis 54 Jahren sind die grösste Gruppe
Einzugsgebiet	- Die reformierte Bevölkerung lebt als Minderheit in einem römisch-katholisch geprägten Umfeld. Sie umfasst sechs politische Gemeinden des Linthgebiets
Gremien[92]	- Kirchgemeindeversammlung (Legislative), Kirchenvorsteherschaft (Exekutive)
Stellen	- Vier Pfarrstellen, insgesamt 340 % - Fünf diakonische Mitarbeitende, 265 % - Kirchenmusiker, Fachlehrpersonen Religionsunterricht, Sigrist, Gastgeberinnen, Kirchgemeindeschreiber - Sekretariat

91 In den folgenden Kapiteln werden fünf Projektgemeinden porträtiert. Das Interview mit dem Team Bümpliz, Bern ist in Kapitel 8 zur niederschwelligen Drehscheibe verarbeitet.

92 Die Namen für kirchliche Behörden sind in der Schweiz je nach Kanton verschieden: Exekutivorgane auf Gemeindeebene heissen zum Beispiel Kirchenrat (Glarus), Kirchgemeinderat (Bern), Kirchenpflege (Zürich), Kirchenvorsteherschaft (St.Gallen). Die Legislative heisst Kirchgemeindeversammlung.

Liegenschaften	- Kirche und Kirchgemeindehaus in Uznach, mit grossem Umschwung Generationenhaus und Pfarrhaus in Eschenbach
Spezielles	- Diaspora; die ökumenische Zusammenarbeit ist sehr wichtig
Beratung	- Peter Christinger, Paul Baumann, Markus Ramm, Veronika Longatti, alle von der Arbeitsstelle Gemeindeentwicklung der Kantonalkirche St. Gallen / cottier + zogg

Beteiligte am Interview

> Undine De Cambio, Gerontologin MAS, Präsidentin Kirchenvorsteherschaft von 2014 bis 2022, wohnt seit 1987 in der Schweiz. Als die Kinder klein waren, arbeitete sie im Team der Kinderkirche mit. «Weil es mir hier gut gefallen hat, wollte ich nach der Konfirmation meiner Kinder weiterhin etwas machen. Aber für Personen meines Alters gab es nichts Attraktives. Statt immer nur zu fordern, wollte ich selbst mitentwickeln. Das war meine Motivation, an diesem Projekt mitzuarbeiten und später das Präsidium zu übernehmen.»

> Martin Jud, Pfarrer in Uznach seit 1999, mit den Schwerpunkten Kinder und Familie und Eschenbach. «Ich konnte mich hier verwirklichen und persönlich weiterentwickeln. Ich half, das Generationenhaus Eschenbach von Anfang an aufzubauen, neben den Projektleitungsaufgaben.»

> Matthias Schneebeli, Pfarrer mit Schwerpunkt Uznach seit 2019. «Auch als Pfarrer frage ich mich: Was macht die Kirche für mich persönlich attraktiv? Worum geht es bei der Kirche?»

Martin Jud und Matthias Schneebeli leiten zusammen den aktuellen Prozess zum Zentrum in Uznach.

Ausgangslage: Pioniergeist

Die Kirche Uznach und Umgebung ist eine junge Diasporagemeinde im St. Galler Linthgebiet am oberen Zürichsee, gegründet vor etwa 100 hundert Jahren (1920). Man hat damals mit sehr wenig angefangen. In einem katholischen Umfeld musste sie sich schon immer behaupten, unter anderem mit dem Bau einer Kirche in Uznach (1961). Dieser Pioniergeist wirkt weiterhin, stellt Undine de Cambio fest: «Das ist ein Erbe unserer Vorfahren – das Zutrauen, dass wir es schaffen, der Glaube an die Gemeinschaft, dieses Positive. Wir wollen diesen Geist als Kirchgemeindekultur wachhalten und weitergeben.»

Auslöser für die Gemeindeentwicklung war die bevorstehende Pensionierung einer Mitarbeiterin. Die Kirchgemeinde definierte neue Tätigkeitsschwerpunkte, unter anderem den Schwerpunkt Familien und Erwachsene, den Martin Jud übernahm. Ihm war aber nicht klar, was dieser beinhalten sollte. «Der Besuch einer Tagung zur Generationenkirche brachte den zündenden Gedanken: Es geht nicht nur um Familien, sondern um Generationenverbindung und darum, die Kirche als Ganzes zu denken.»

Die Kirchenvorsteherschaft entschied sich, mit dem Modell Generationenkirche zu arbeiten, um die Gemeindeentwicklung gesamthaft anzugehen. Dies wurde möglich durch die finanzielle Unterstützung der Kantonalkirche St. Gallen.

Nach dem anfänglich guten Start kam eine Durststrecke. Es dauerte zwei Jahre, bis das Jugendpfarramt besetzt werden konnte. Martin Jud erzählt, wie ihn das ernüchterte, bis er merkte: «Es war das Beste, das passieren konnte. Diese Zusatzschlaufen können langfristig sehr viel bringen. Wir nutzten die Zeit, um uns weiterzubilden. So konnte sich das Thema setzen.»

Etappe 1: Identitätsprofil, 2009

Zielgruppengespräche und Situationsaufnahme

Die Gemeindeentwicklung startete ohne Vorprojekt direkt mit einer Standortbestimmung. Mehr als hundert Kirchenmitglieder von jung bis alt aus allen Dörfern wurden besucht und zu ihren Interessen, Bedürfnissen und Ansichten befragt. Demografische Angaben, Informationen zum Kontext und eine Angebotsanalyse ergänzten die Datensammlung. Dabei zeigte sich die Stärke der evangelischen Kirche: Mit mittelschwelligen Angeboten (Kasualien, Unterricht,

Ökumene) war sie in den Dörfern sehr präsent. Aber es fehlten Formen der Alltagskirche und niederschwellige Zugänge, unter anderem im wachsenden Dorf Eschenbach.

Identitätsprofil

Ausgehend von dieser Analyse entwickelte eine interdisziplinäre Projektgruppe mit Kirchenvorsteherschaft, Mitarbeitenden und Freiwilligen mit viel Herz und Enthusiasmus die zukünftige Ausrichtung.[93]

Der Stern gibt Antwort auf die Frage: Was für ein Ort ist die Kirchgemeinde für die Menschen?

Sie ist eine Drehscheibe für Begegnung, Geselligkeit und Austausch.
Sie ist ein Ort der Präsenz Gottes.

Sie gibt Spielraum für Eigeninitiative, Kreativität und Beteiligung.
Sie ist ein Ort zum Still- und Ruhigwerden und zum Kraft schöpfen.

Und sie ist eine Plattform für Lernen, Kultur und Kunst.
Sie ist ein Ort des Feierns – im Alltag und an Festtagen.

Sie ist ein Ort der Beheimatung für Einzelne und Gruppen.
Sie ist ein Ort der Integration und Vernetzung.

Sie bietet Räume zum Wohlsein, Entspannen und Verweilen.
Und sie ist ein Ort für solidarisches und gemeinschaftliches Handeln.

Im Massnahmenkatalog wurden die Ziele für das kommende Jahrzehnt festgehalten:

> Das Kirchenverständnis wird breit diskutiert und erweitert; die Zielgruppen werden definiert und priorisiert, u. a. mit einem Schwerpunkt bei den Familien. *Säule Selbstverständnis*

---

93 Projekt Generationenkirche, Evangelische Kirche Uznach und Umgebung. Identitätsprofil, 2009.

- Erste Priorität hat der Aufbau eines Zentrums in Eschenbach als niederschwelliger Begegnungsort. In zweiter Priorität wird die Neugestaltung des Areals in Uznach als Zentrumskirche ins Auge gefasst. *(Säulen Räume+Angebote)*
- Die Alltagskirche wird gestärkt: in den Zentren durch niederschwellige Angebote und die Öffnung der Räume, in den Ortschaften mit einem Netz von Multiplikator/-innen. *(Säule Angebote)*
- Ressorts, Arbeitsschwerpunkte, Wohnsitz der Pfarrpersonen, Kommunikation innen und aussen – all dies soll angepasst werden. *(Säulen Betriebsorganisation und Kommunikation)*

Evaluation

In der Rückschau zeigte sich viel Positives, aber auch Belastendes. Höhepunkte waren die Unterstützung des Projekts durch Team, Kirchenvorsteherschaft und Kantonalkirche; die Bereitschaft verschiedener Personen mitzuarbeiten, auch solche, die bisher in der Kirche nicht aktiv waren; und die Möglichkeit, einen spannenden Prozess zu gestalten. Die Tiefpunkte betrafen vor allem die Ressourcen. Es brauchte mehr Zeit und Kraft als gedacht; der Zeitaufwand für die Projektleitung beeinträchtigte andere Aufgaben; und die hohen Kosten sind ein neuer Budgetposten, der, weil unüblich, gut kommuniziert werden muss.

Etappe 2: Generationenhaus Eschenbach, 2010 bis 2014

Ausgangslage: Wenig präsent und wenig verankert

Als erste grosse Massnahme wurde in Eschenbach das Generationenhaus konzipiert und gebaut, damit sich die evangelische Kirche dort verankern konnte.

Eschenbach, durch die geografische Lage faktisch eine Agglomerationsgemeinde von Zürich, ist ein stark wachsendes regionales Zentrum mit einem Milieumix und einem aktiven Dorfleben. Auch die evangelische Bevölkerung wuchs und wächst weiter. Trotzdem nahmen verhältnismässig wenig Gemeindeglieder aktiv am kirchlichen Leben teil, das vorwiegend in Uznach stattfand. Die Kirchgemeinde war im Alltag der Menschen kaum präsent. Offene Formen und niederschwellige Zugänge fehlten. Die räumliche Situation war unbefriedigend. Lediglich einige gemietete Räume in den oberen Stockwerken des ehemaligen Gemeindehauses standen zur Verfügung. Auch im Dorf fehlte ein Begegnungsort von mittlerer Grösse.

Nutzungskonzept: Lebensraum für alle Generationen

Die Kirchgemeinde wollte nun nicht etwa eine Kirche, sondern ein alltagsnahes Generationenhaus bauen, um im Dorf mit einem Begegnungszentrum präsent zu sein. Das Haus sollte einerseits den Evangelischen dienen, andererseits einen Beitrag zum Zusammenleben im Dorf leisten. Die Vision: Es ist ein Lebensraum für alle Generationen, mit Platz für die Bevölkerung im Einzugsgebiet von Eschenbach, für Mitglieder und Akteure der evangelischen Kirchgemeinde und für alle Interessierten. Für Mädchen und Buben, Männer und Frauen, Menschen jeden Alters – vom Säugling bis zur Seniorin, von Singles und Paaren bis zu den Familien in ihren verschiedenen Lebensformen und -phasen. Es lädt dazu ein, es in Besitz zu nehmen und mit Leben zu füllen. Man kann als Einzelperson hereinschauen oder sich als Gruppe treffen, mit Gleichgesinnten zusammensein oder in das Generationennetz eintauchen. Neuzugezogene sind ebenso willkommen wie Alteingesessene.[94]

Das Konzept für das Generationenhaus wurde partizipativ entwickelt. Personen von kirchennah bis distanziert und von jung bis alt brachten sich ein. Neben Eschenbach waren weitere Ortschaften in der Projektgruppe vertreten. Entscheidend war, die katholische Pfarrei mit ins Boot zu holen, weil direkt neben ihrer Kirche gebaut werden sollte. Auch die Vernetzung mit der politischen Gemeinde, den Schulen, Vereinen, anderen Religionsgemeinschaften und weiteren Institutionen war wichtig. «Wir waren überrascht, wie gross die Unterstützung der Bürger und Bürgerinnen war. Sie gaben uns ein riesiges Vertrauen und waren dankbar, dass wir etwas machen und eine Vision haben. Man konnte sozusagen auf der grünen Wiese etwas Neues anfangen. Man ist niemandem auf die Füsse gestanden. Wir hatten viel Freiraum zum Gestalten», blickt Martin Jud zurück.

---

94 ↓ Vgl.: Konzept Generationenhaus Eschenbach, 2011.

Werdegang Generationenhaus Eschenbach
Vom Konzept bis zum fertigen Bau dauerte es vier Jahre.

- 2010: Konzeptentwicklung
- 2011: Entscheid Architekturwettbewerb durch die Kirchgemeindeversammlung
- 2011–2012: Durchführung Wettbewerb, Auswahl und Überarbeitung des Siegerprojekts von Architekt Heinrich Schwarzenbach
- 2012: Bewilligung Projektierungskredit in der Höhe von CHF 350´000, Projektierungsphase, Bewilligung Baukredit in der Höhe von CHF 4´190´000. Finanzierung durch zeitweilige Steuererhöhung und mit Unterstützung der Kantonalkirche St. Gallen durch den Innovationsfonds
- 2013: Spatenstich und Grundsteinlegung
- 2014: Eröffnung mit einem grossen Fest und einer Programmwoche

Ein Augenschein im Generationenhaus

Das Haus liegt neben dem Areal der katholischen Kirche und verfügt über zwei Etagen, die beide mit dem Aussenraum verbunden sind.

- Erdgeschoss (EG): Foyer, Garderobe, Bistro, Lounge und Ruheraum, Saal mit separatem Tisch- und Stuhllager, Küche mit Kühl- und Vorratsraum, Gruppenraum, rollstuhlgängiges WC mit Wickelraum, Lift
- Untere Etage (UG): Raum der Stille, Spielzimmer, Atelier/Schulzimmer und Jugendbereich je mit einem eigenem Aussenzugang, Büros, Kopierraum, Gesprächsraum, Hauswirtschaftsraum, sanitäre und technische Anlagen, Geräteraum und Lagerräume
- Das Haus lebt von den vielen Ein- und Ausgängen, je acht im EG und im UG. Die beiden Etagen sind verbunden durch einen Lift und ein Treppenhaus mit Handläufen auf Kinder- und Erwachsenenhöhe.
- Aussenraum: Terrasse mit Plattform, zum Teil überdacht, Vorplatz zum Jugendraum und Atelier/Schulzimmer, Spielbereich mit Rutschbahn, Parkplätze, Veloständer

Kulturplattformen

Annäherungszone

Die Rutschbahn ist das rot leuchtende und anziehende Aushängeschild des Generationenhauses. Unter dem schützenden Vordach lässt sich gut verweilen, plaudern und spielen. Es wirkt einladend und schafft Geborgenheit.

Bistro innen und aussen

Im Bistro gibt es warme und kalte Getränke und kleine Snacks, bedient oder in Selbstbedienung. Erwachsene geniessen abends regelmässig Mixgetränke. Bei Sonnenschein sitzt man auf der Terrasse. Für kleine Kinder ist innen ein Spielbereich integriert. Dieser ist mobil, damit der Raum verschieden genutzt werden kann.

Lounge

Die Lounge ist direkt vom Bistro aus erreichbar. Erwachsene können sich hierher zurückziehen, um diskretere Gespräche zu führen, etwas zu lesen oder einfach mal auszuruhen. Darum heisst er auch Ruheraum.

Küche

Die Küche liegt zentral in der Nähe des Bistros und des Saals. Praktisch, grosszügig und professionell angelegt, ist sie für alle Generationen benutzungsfreundlich. Dort wirkt eine Gastgeberin für die Gäste, sie kocht zum Generationenmittagessen oder backt für das Bistro. Hier findet das *Guetzlen* in der Adventszeit statt. Manchmal wird die Küche von Gruppen oder für private Feiern benutzt. Freiwillige und Asylsuchende kommen regelmässig zum Einsatz. Kinder und Jugendliche benützen die einfache Küche im Jugendraum.

Saal

Der Saal beim Foyer und in der Nähe des Bistros hat mit Konzertbestuhlung für maximal 150 Personen Platz. Er ist schlicht gestaltet und wird für die unterschiedlichsten Zwecke genutzt: Gesellige Anlässe wie das Generationenmittagessen oder grosse Apéros, Konzerte und kulturelle Veranstaltungen, Vorträge und Gruppenanlässe (auch zusammen mit anderen Anbietenden), Versammlungen und Sitzungen. Für private Feiern kann der Raum gemietet werden. Der Saal ist mit moderner Technik ausgestattet (Redepult mit Lautsprecher und Projektionsmöglichkeiten).

Spielzimmer innen und aussen

Das Spielzimmer liegt im UG mit direktem Zugang zum Aussenbereich. Kinder können sich dorthin zurückziehen via Treppenhaus (mit Geländer auf Kinderhöhe), den unteren Hauseingang oder, am beliebtesten, via die rote Rutschbahn.

Atelier

Das Atelier beziehungsweise Schulzimmer verfügt über viel Tageslicht und hat einen Zugang nach draussen. Hier kann man kreativ sein und werken. Der Raum wird neben den Kinder-Bastelnachmittagen auch für den Religionsunterricht und für Erlebnisprogramme mit Jugendlichen genutzt. Kunstwerke, Farbtupfer, kleine Schrammen und Schnipsel am Boden sind Teil der Ästhetik. Ausgestattet ist er mit robusten Materialien und mit Werkzeugen, Bastelmaterialien und Malutensilien. Es hat unterschiedlich hohe Arbeitsflächen für Kinder und Erwachsene und genug Stauraum im direkt angrenzenden dazugehörigen Lagerraum.

Gesprächsraum

Er liegt in der unteren Etage geschützt zwischen den Büroräumen. Er kann auch via den unteren Eingang aufgesucht werden. Das helle Ambiente, die Fenster ins Grüne und ein fahrbares Möbel mit Kaffeemaschine und Getränken sind Teil der Gastlichkeit.

Raum der Stille

Dieser Raum mit einem sakralen Ambiente ist von aussen zugänglich und bietet Platz für ca. fünfzehn Personen, was sich rückblickend als zu klein bemessen herausstellt. Dieser spirituelle Ort ist ruhig, warm und schön – mit einer Mischung von Licht und geborgener Dunkelheit. Die Farbfenster geben dem Raum eine intime und besinnliche Atmosphäre. Hier finden das Mittagsgebet vor dem Generationenessen und die monatlichen Samstagabendgottesdienste statt. Ab und zu wird eine Taufe im familiären Rahmen gefeiert. Mit Kinderangeboten (Geschichten erzählen im Unterricht oder Kinderfeier) ist man hier regelmässig zu Gast.

Jugendraum

Die Lage des grossen Jugendraums im Erdgeschoss mit einem separaten Eingang, einer kleinen Küche und einem eigenen Aussenbereich ermöglicht eine vom Rest des Hauses unabhängige Nutzung. Hier bereiten die Kinder bei ihrem Erlebnisprogramm[95] etwas Feines zum Schmausen zu. Einzig die Nähe zu den Nachbarn schränkt die Nutzung wegen Lärmemissionen etwas ein, vor allem abends. Darum wird dieser Raum auch nicht vermietet.

Büros

Die hellen und modernen Räume befinden sich im ruhigeren Bereich des Hauses. Offene Türen signalisieren: Wir sind ansprechbar. So bekommt man mit, was im Haus läuft. Wer konzentriert arbeiten muss, schliesst die Türe. Auch die Gastgeberin hat ein Büro, um den Betrieb des Hauses zu organisieren.

---

95 Ergänzender Teil zum Religionsunterricht in der Evangelisch-reformierten Kirche des Kantons St. Gallen.

Sanitäre Anlagen

Die sanitären Anlagen sind attraktiv. Vor allem die Toiletten für die Kinder finden viel Anklang. Martin Jud erzählt, wie ein Kind an einem freien Nachmittag mit seiner Mutter an seine Tür klopft, um zu fragen, ob es das schönste WC in Eschenbach benützen dürfe.

Hauswirtschaftsraum und Stauräume

Das Generationenhaus ist grosszügig mit Stauräumen bestückt. Das erleichtert den Betrieb und fällt auch Gästen positiv auf.

Parkplätze und Zugänge

Es hat Parkplätze für allerlei Gefährte, Velos und Velöli, Autos, Rollatoren und Kinderwagen. Der Hauptzugang ist mit einer Rampe rollstuhlgängig.

Zur Betriebsorganisation

Das Generationenhaus ist in die Strukturen der Kirchgemeinde eingebunden. Auf strategischer Ebene ist die Kirchenvorsteherschaft zuständig. Sie setzte zur Entlastung eine Betriebskommission ein. Ein Hausteam aus Programm- und Betriebsleitung leitet das Generationenhaus operativ. Es regelt den Alltagsbetrieb und ist Ansprechstelle für Koordination, Reservationen, Vernetzung und Diverses.

Der Stellenplan und die Aufgabenverteilung mussten angepasst werden. Arbeitsplätze für Mitarbeitende wurden im Generationenhaus angesiedelt (Pfarramt und Diakonat), Pensen für Betrieb, Unterhalt und Reinigung geschaffen oder aufgestockt (Gastgeberin inklusive Stellvertretung, Mesmer/-in).

Erst während des Betriebs zeigte sich, was realistisch war und wo weitere Anpassungen erforderlich waren. «Unterschätzt haben wir die Auswirkungen auf die Gesamtgemeinde und die Veränderungen bezüglich der Berufsbilder und der fachübergreifenden Zusammenarbeit. Dies alles braucht viel Zeit, auch wenn sich alle mit Freude und Begeisterung an die Umsetzung machen. Auch wenn der Betrieb eines solchen Hauses eingespielt ist, braucht es neue Ideen und Initiativen. Einiges könnte noch besser laufen. Aber mir fehlen die Ressourcen dazu. Das hat auch mit meiner Rolle zu tun, alles im Blick zu haben und nicht nur dieses Haus.

Die Gesamtentwicklung der Kirchgemeinde ist im Moment wichtiger», beschreibt Martin Jud den Zielkonflikt.

Etappe 3: Neugestaltung des Areals Uznach

Ausgangslage: Wie verwaist

Die Neugestaltung des Zentrums in Uznach, bereits 2009 ein Thema im Massnahmenkatalog, wird ab 2018 angepackt und befindet sich aktuell in der Konzeptphase. Das Areal in Uznach besteht aus der Kirche, dem Kirchgemeindehaus und einem grossen, noch nicht erschlossenen Park. Auf dem Kirchturm nisten Störche. Nach der Einweihung des Generationenhauses in Eschenbach war das Areal in Uznach eine Zeit lang beinahe verwaist. Der Aussenraum lag brach. Dass mit dem Kirchgemeindehaus wegen hohen Sanierungsbedarfs nun baulich etwas passieren muss, hat laut Undine de Cambio geholfen, den Prozess der Neugestaltung des ganzen Areals anzustossen: «Vor dem Baulichen überlegen wir, was im Gesamtareal Uznach mit Kirchgemeindehaus, Kirche und Umgebung stattfinden soll.»

Im Unterschied zu Eschenbach, wo alles Neuland war, geht es jetzt darum, Bestehendes zu verändern. Mit dem kirchlichen Areal in Uznach sind viele Emotionen verbunden. Vor sechzig Jahren war es für die Reformierten in einem katholischen Umfeld ein historisches Statement, eine Kirche zu bauen und das Kirchgemeindehaus zu erwerben. Das hat eine Wirkung und ein Gewicht bis heute. Wie kann dieses Erbe in die Zukunft mitgenommen werden?

Konzeptentwicklung Zentrum Uznach

Die Kirchgemeindepräsidentin beschreibt die Vision: «Beim aktuellen Projekt möchten wir die Kirche ins Zentrum stellen. Wir werden sie nicht antasten, zumindest äusserlich nicht. Wir möchten das Kirchgemeindehaus entlasten, damit dort und im Aussenraum die nötigen Anpassungen vorgenommen werden können, um unsere Vision zu realisieren. Uznach mit der Kirche wird das Zentrum für Spirituelles. Dazu kommt mit dem Kirchgemeindehaus und dem Aussenraum das Gemeinschaftliche und Gesellige.»

Angebotsstrategie

Zehn Jahre sind eine lange Zeit, deshalb wurden die Angebote zusammen mit dem ganzen Team wiederum analysiert und das zukünftige Angebotskonzept für die ganze Kirchgemeinde und speziell für Uznach skizziert. Dies ist die Grundlage für die räumlichen Anpassungen. Dabei zeigte sich, dass die erweiterte Nutzung der Kirche ein Thema ist, ebenso die Option, das bestehende Kirchgemeindehaus durch einen Neubau zu ersetzen.

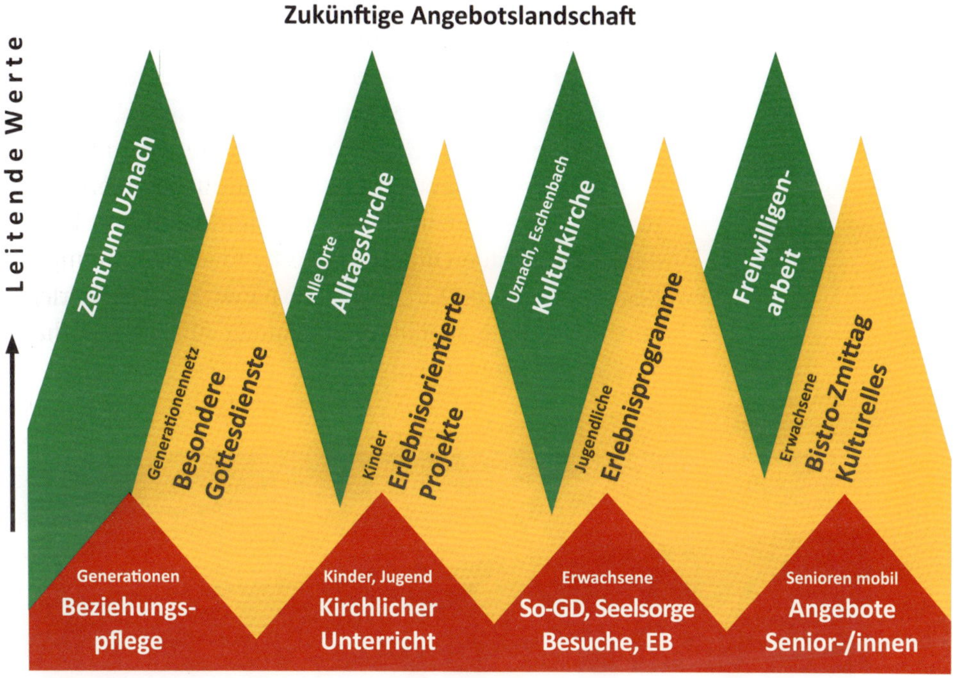

Nutzungskonzept

Im nächsten Schritt wurde das Nutzungskonzept für das Areal in Uznach entworfen. Die Erarbeitung erfolgte im Wechsel von partizipativen und verdichtenden Arbeitsschritten. Das Ausgangsmaterial bildeten die Angebotserfassung, das ermittelte Optimierungs- und Veränderungspotenzial sowie das in Leitlinien umrissene Selbstverständnis. Der Gesamtraum des Kirchenareals Uznach wurde in sieben Kulturplattformen aufgeteilt, die sich aus den Zielgruppen und Angebotsschwerpunkten ergaben:

> Lebensraum Kirche (Kirche)
> Gastlichkeit & Info-Drehscheibe (inkl. Bistro)
> Lebensraum Kirchenpark
> Spielen & Begegnen
> Bildung
> Lebensraum Jugend
> Bereiche Mitarbeitende & Lounge

In Gruppen wurden weitere Grundlagen zu den einzelnen Kulturplattformen und dem Gesamtareal in Uznach erarbeitet: Das Selbstverständnis (Haltung), die Grundangebote und die räumlichen Gestaltungsanforderungen an die Kulturplattformen. Ergänzend kommen betriebliche Überlegungen des Teams der Mitarbeitenden sowie Skizzen eines beigezogenen Architekten dazu.

Geplant ist, dass 2023 eine Broschüre und eine Veranstaltung über das Nutzungskonzept informieren werden, um der interessierten Öffentlichkeit die Idee des Lebens- und Begegnungsraums Kirche Uznach näherzubringen. Danach wird die Kirchgemeindeversammlung über den weiteren Verlauf des Projekts entscheiden.

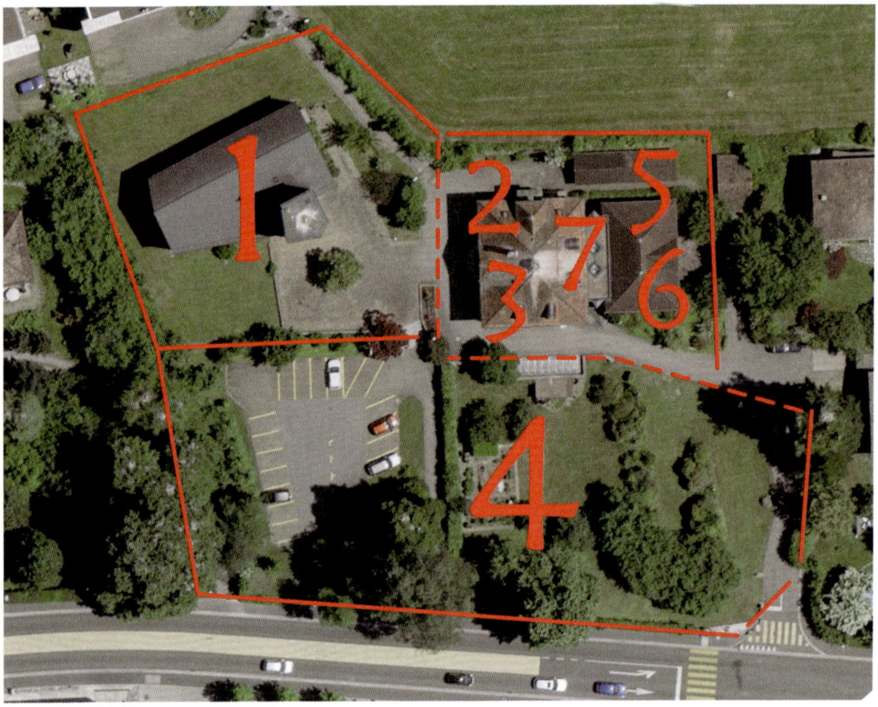

Erfahrungen: «Alles ist anders.»

Im Rückblick ziehen Pfarrer Martin Jud, Pfarrer Matthias Schneebeli und Präsidentin Undine De Cambio folgende Bilanz:

Das Ganze im Blick

Die Kirchgemeinde befindet sich mittlerweile mehr als ein Jahrzehnt in einem fortwährenden Entwicklungsprozess, mal intensiv, mal gemächlich. Verschiedene Prozesse laufen nebeneinander, die gut aufeinander abgestimmt werden müssen: der Betrieb des Generationenhauses Eschenbach, die Konzeptentwicklung des Areals Uznach, personelle Wechsel. Und last, but not least der ganz normale Alltag der Kirchgemeinde. Die Projektleitung muss das Ganze im Auge behalten und über die eigene Nasenspitze und das nächste Jahr hinausdenken. Dabei zeigt sich, dass man einerseits an frühere Erfolge anknüpfen kann, andererseits ganz neu denken muss, weil sich die Situation und das Umfeld verändert haben. Martin Jud, der die ganze Zeitspanne überblickt, stellt fest: «Der Prozess ist nicht mehr der gleiche wie vor zehn Jahren. Das Zusammenstellen der Projektgruppe ist schwieriger geworden. Wir müssen uns von alten Bildern lösen und flexibel sein, hinschauen, hinhören, den Kontext mitdenken, Leute miteinbeziehen. Corona hat uns ausserdem zeitlich wie kräftemässig ausgebremst. Diese Herausforderungen können an die Substanz gehen.»

Talentorientierung und Teamzusammenarbeit

Die Persönlichkeiten im Team sind sehr verschieden. Gerade das sieht Matthias Schneebeli als Chance. «Alle tragen ihren Teil zum Ganzen bei; darum dürfen gar nicht alle gleich sein.»

Projektleitung

Für Martin Jud war die Projektleitung eine Sehschule: «Es hat sich mir eine Denkwelt erschlossen, die sehr wertvoll ist. Dieses Fachgebiet fehlte in unserer Ausbildung, obwohl es zu einer Grundaufgabe gehören würde. So bin ich halt Autodidakt: Learning by Doing.»

Erweiterung des Pfarrprofils zum Gastgeber

Niederschwellige Kontakte sind ein Schlüssel für eine lebendige Kirchgemeinde: Da und ansprechbar sein, wahrnehmen, zuhören. Martin Jud sieht sich als Gastgeber und Botschafter: «Die Kollegin bestreitet das Kinderprogramm, ich trinke mit den Eltern Kaffee. Dort passiert viel. Das gehört zwar nicht in herkömmliche Pfarrstellenbeschriebe. Aber um das Haus zu leiten und zu beleben, ist diese Beziehungsarbeit entscheidend: Ich gebe dem Haus ein Gesicht, zusammen mit dem Team.»

Know-how-Transfer

Personelle Wechsel sind Meilensteine. Es geht um die Weitergabe des Wissens bezüglich des Prozesses wie des Ortes. «Wenn man neu dazukommt, fehlt einem dieses Wissen, man kennt die Vorgeschichte nicht. Es ist wichtig, davon zu erfahren, weil ich ja sowieso damit in Berührung komme.» Matthias Schneebeli half das, einen Zugang zu finden, seine Erfahrungen einzuordnen und seinen Aussenblick einzubringen.

Erfolgsfaktoren

> Das Vertrauen der Menschen in die Gestaltenden.
> Ein bis zwei Pioniere, die das durchziehen, im Wissen darum, dass es Jahre dauert. Und ein bis zwei Zugpferde, die sich auf dem Weg ins Offene nicht beirren lassen. Das visionäre Spinnen und das langfristige Planen gehören zusammen. Die Kunst ist, beides zu verbinden.
> Einen langen Atem und Beharrlichkeit, Mut und Geduld aller Beteiligten.
> Die konstante Zusammensetzung von Behörden und Mitarbeitenden.
> Erfolg, den man am besten mit etwas Abstand misst. Beim bilanzierenden Zurückblicken entdeckt man: Das ist ja toll, was wir erreicht haben.
> Wertschätzung und Anerkennung gegenüber allen Beteiligten und diese positiv zu unterstützen.
> Kommunikation: Immer wieder breit über den aktuellen Stand informieren.

Zum Modell Generationenkirche

Für Martin Jud stellt «das Modell Verbindungen her zwischen Dingen, die man sonst nicht als verbunden wahrnimmt. Es setzt die gastliche Grundhaltung methodisch um.» Matthias Schneebeli hatte als Erstes eine Bruchlandung. «Die Begriffe des Modells habe ich erst nach und nach gelernt und verstanden. Nun ist es ist wie eine Brille, die ich aufsetze, um Dinge genauer wahrzunehmen, auch ausserhalb der Kirche. Das Modell wirkt integrierend, es ist ganzheitlich und nahe an der Lebensrealität.» Undine De Cambio findet es «ein wunderbares Hilfsmittel, um alle Aspekte, die eine Kirchgemeinde ausmachen, ernst zu nehmen. Es gab Punkte, die wir sonst nicht bedacht hätten.»

Identitätsprofil Generationenkirche, 2009, Konzept Generationenhaus Eschenbach, 2011

15. SONNEGG, ZÜRICH-HÖNGG

Das alte Haus Sonnegg wurde in ein modernes Familien- und Generationenhaus umgewandelt. Seit 2015 steht es nun offen und ist aus dem Gemeindeleben nicht wegzudenken. Die Kirchgemeinde geht mit dem niederschwelligen Ort der Begegnung neue Wege. Sie will verschiedene Milieus ansprechen und ihnen kirchliche Zugehörigkeit ermöglichen. Hier trifft man sich, auch neue Leute kommen dazu. Inspirierend.

Beteiligte am Interview

- Markus Fässler, von 2002 bis 2022 Pfarrer in Höngg, Schwerpunkte Kind und Familie, Religionspädagogik, Freiwillige. «Es war manchmal anstrengend, aber es hat sich gelohnt.»
- Claire-Lise Kraft, Sozialdiakonin im Bereich Familien/Generationen und Freiwillige. «Die grosse Unterstützung durch freiwillig Engagierte gab Kraft. Man sieht: Das Haus wird genutzt und die Leute engagieren sich. Man ist auf dem richtigen Weg.»
- Gudula Matzner, Mitglied der Kirchenkreiskommission seit 2020. Sie ist Ergotherapeutin und Teamleiterin in einer Institution für Menschen mit Handicap; In Kontakt mit dem Sonnegg kam sie anlässlich einer Vernissage, wo Bilder ihrer Institution ausgestellt wurden: «Dies war wohl ausschlaggebend, dass man mich für dieses Amt angefragt hat.»

Claire-Lise Kraft und Markus Fässler bildeten bis zu ihrer beider Pensionierung 2022 das interdisziplinäre Leitungs- beziehungsweise Koordinationsteam Sonnegg.

Steckbrief Sonnegg Zürich-Höngg und Kirchgemeinde	
Anzahl Mitglieder	- 6400 Mitglieder und alle Menschen, die einen Bezug zu ihr haben oder suchen
Kirchgemeinde	- Kirchenpflege (11 Mitglieder), Kommissionen
Stellen	- 4 Pfarrstellen (total 400%) - 4 Sozialdiakonische Mitarbeitende - 1 Sekretariat - 2.5 Sigristen/Hausdienst - 3–4 Katechetinnen (Teilzeit)
Liegenschaften	- Kirche, Sonnegg mit Garten, Kirchgemeindehaus mit Schulzimmern und grossem Saal, 4 Pfarrhäuser
Beratung	- Gesamtkirchlicher Dienst (H50) der Kantonalkirche, cottier + zogg, Peter Kraft (Architekt), Picture-Planet GmbH und VEROWA.ch (Verwaltungstool), holenstein & holenstein (Grafik), Interface Luzern (Evaluation)
Spezielles	- Zum Namen und zur Struktureform: Der heutige Name ist Familien- und Generationenhaus Sonnegg, Reformierte Kirchgemeinde Zürich, Kirchenkreis zehn, Höngg.

Gemeinsam mit Höngg gehören ab 2021 auch die ehemaligen Kirchgemeinden Oberengstringen und Wipkingen zum Kirchenkreis zehn. Das Projekt Sonnegg wurde vor der Kirchenreform der Stadt Zürich entwickelt. Wir verwenden hier den Kurznamen Sonnegg Zürich-Höngg

Ausgangslage: Für Familien etwas machen

Claire-Lise Kraft und Markus Fässler entwickelten gemeinsam seit 2002 die Kinderkirche (mit *Kiki-Fäscht* und *Kiki-Träff*, Tageslagern, Gottesdiensten mit *KLEIN und gross*). Dabei entdeckten sie, dass es auch die Eltern genossen, sich in einem niederschwelligen und unverbindlichen Rahmen zu treffen und sich bei einem Kaffee auszutauschen. Ihnen wurde klar: Die Kirchgemeinde muss etwas für Familien machen. Als die Renovation des Sonneggs direkt neben der Kirche anstand, setzten sich beide dafür ein, die Nutzung des Hauses zu erweitern. Bisher wurde es von den Sonnegg-Frauen für die Zielgruppe 65plus betrieben. Könnte nun daraus ein Familien- und Generationenhaus entstehen, zumal das Areal neben einem öffentlichen Spielplatz liegt? Sie fanden: Wenn schon renovieren, dann innovativ. Als Laborprojekt entstand 2010 der *FamilienTag*.

Konzeptentwicklung

Wie aber so etwas angehen? Der Impuls dazu kam von der Reformierten Kirche des Kantons Zürich. Für Claire-Lise Kraft war das ausschlaggebend. «Ich habe dort das Modell Generationenkirche kennengelernt. Wenn die Kantonalkirche das nicht unterstützend propagiert hätte, hätten wir diesen Schritt nie gewagt.»

Die Idee und Möglichkeiten zur Konkretisierung festigten sich durch Kontakte mit cottier + zogg. Die positive Resonanz der Kirchenpflege führte zu deren Beauftragung für die Leitung der Profilentwicklung. «Dies hemdsärmelig selber zu machen, wäre für uns eine Schuhnummer zu gross gewesen», meint Markus Fässler. Und da die Kirchgemeinde heterogen und komplex ist, schien es ihm realistisch, Gemeindeentwicklung modellhaft am Sonnegg zu machen, «von unten nach oben, damit das, was wir mit diesem Haus entwickeln, auf die ganze Gemeinde ausstrahlt.»

Im Kern ging es darum, eine permanente niederschwellige Drehscheibe für verschiedene Zielgruppen und als Plattform für die Mitarbeitenden zu konzipieren. Beteiligt waren die Kirchenpflege, die Mitarbeiterschaft, Freiwillige, die Sonnegg-Frauen und Vertreter/-innen der Zielgruppen, insbesondere der Familien. In sechs partizipativen Projektgruppensitzungen entstand das Konzept, das in der Broschüre *Profil Sonnegg* verschriftlicht wurde.[96]

Der Prozess ist demokratisch abgelaufen und die Diskussion wurde offen geführt, auch in Bezug auf das Ergebnis. Das war wesentlich, um alle zu integrieren und führte dazu, dass die Kirchgemeindeversammlung dem Profil einstimmig zustimmte. Im Rückblick beurteilen Markus Fässler und Claire-Lise Kraft diese Phase als grundlegend: «Das Konzept ist geblieben und hält bis heute.»

Vom Konzept zur Eröffnung, 2010 bis 2015

Bis zur Eröffnung des neuen Sonneggs dauerte es sieben Jahre, mit teilweise happigen Wegstrecken. Es war unsicher, ob das Vorhaben gelingen würde.

> 2010 bis 2013: Das Bauprojekt musste vom Stadtverband, dem damaligen Gremium, bewilligt werden. Dieser forderte von der Kirchgemeinde eine Machbarkeitsstudie und eine Laborphase, um die niederschwellige Drehscheibe auszuprobieren. Rückblickend beurteilt Markus Fässler diesen Umweg als produktiv. Obwohl aufwendig, wurden damit solide Grundlagen geschaffen. Es half zu merken: «Auf der Ebene der Anlässe funktioniert's und es ist lustvoll. Und wir entdeckten, wo wir anstehen.» Weiter mussten die Stellenprozente für den Hausdienst festgelegt werden.
> 2013: Bewilligungsverfahren und Zusage des Bau- und Betriebskredits
> 2014: Eine weitere Projektrunde folgte. Wie wird das Sonnegg ins Gesamte integriert und welches sind die zukünftigen Angebotsschwerpunkte? Als Produkt entstand ein Dossier mit den Resultaten, ein Identitätsprofil zur ganzen Kirchgemeinde und ein Gottesdienstkonzept
> 2014: Konzepte für die Grundangebote: kafi & zyt, Chinderhuus, Atelier, Markt & Info

96 ⤓ Profil Projekt Sonnegg – Familien- und Generationenhaus, 2009.

> 2014/2015: Planungs- und Bauphase durch GXM Architekten, Zürich
> 2015: Eröffnung des Familien-Generationenhauses

Augenschein im neuen Sonnegg

Fläche über 4 Stockwerke:

- Haus Sonnegg: 3 Geschosse á 125 m²

- Chinderhuus: 2 Geschosse á 30 m²

- Unterkellerung Kiesplatz für Jugendraum, Lager 110 m²

Nutzungskonzept

Ebenerdig: GenerationenCafé, Küche, Garderobe mit Info-Bereich, Chinderhuus mit Kinder-WC, Garten mit Spielbereich, angrenzend an den öffentlichen Spielplatz

1. Obergeschoss: multifunktionaler Saal, Büro, WC

2. Obergeschoss: Lounge mit Balkon, 2 Büros

Untergeschoss: WC, Behinderten-WC mit Wickeltisch, Atelier, 4 Lagerräume, Personal-WC und Garderobe Küche, Technikraum, Jugendraum, Chinderhuus

Betrieb

Öffnungszeiten des GenerationenCafés kafi & zyt: Montag bis Freitag, 14 bis 17.30 Uhr (während den Schulferien geschlossen)

Hausdienst und Kulinarium 50 %, Atelierleitung 30 %, später 50 %

Projekt-Pfarrstelle 30 % (für 4 Jahre), für weitere 4 Jahre 15 %

Sozialdiakonie 20 % (Stellenaufstockung)

Leitende Werte

Ort zum Sein – Ort zum Handeln

Generationen nebeneinander – miteinander – durcheinander

Einladend, spannend, handlungsfreundlich, klar, zeitgemäss

Kulturplattformen

Empfang mit Marktplatz und Informationsbörse

Der Empfang ist die Drehscheibe für das Anbieten und Holen von Ideen, Dienstleistungen, Projekten und Know-how, kirchenintern wie für das Gemeinwesen. Hier hängen Flyer und Informationen von verschiedenen Anbietenden, ein Bildschirm informiert über Aktuelles.

GenerationenCafé innen und aussen

Best coffee in town, dafür ist das GenerationenCafé bekannt. Hier schlägt das Herz des Sonneggs. Man trifft sich zu einem Kaffee, Sirup und einem kleinen Snack. Eltern und kleine Kinder können dank des mobilen Spielbereichs verweilen. Ein Erker bietet Rückzugsmöglichkeiten. Bei Gemeindeanlässen werden viele Gäste verpflegt, am *FamilienTag* ist für über hundert Gäste aufgedeckt, in der warmen Jahreszeit auch draussen, mit Blickkontakt zum Chinderhuus. Manchmal ist es ein richtiges Gewusel. Auch kulturelle Events finden hier statt. Die Gastroküche, die Stauräume und die Anlieferung sind praktisch und auf verschiedene Nutzergruppen ausgerichtet.

Chinderhuus

Dieses freistehende Häuschen nur für die Kinder war früher ein Schuppen. Ebenerdig besteht ein direkter Zugang zur Gartenbeiz, unterirdisch ist es via eine Treppe mit dem Atelier und dem Ausgang in den Garten verbunden. Das Chinderhuus wird für das freie Spiel während den Öffnungszeiten des Cafés, bei Angeboten und Vermietungen benutzt. Die Sitzgelegenheiten an der Wand mit dem integrierten Stauraum ermöglichen verschiedene Inszenierungen. Die Querstreben des alten Schuppens blieben erhalten, ihr Spiel mit Licht und Schatten bietet Geborgenheit.

Garten

Der Garten liegt am Hang, mit einem weiten Ausblick über Zürich. Er ist mit dem öffentlichen Spielplatz verbunden. Der Mix von Steigungen und ebenen Flächen ist ideal zum Spielen und Verweilen.

Saal

Der multifunktionale Raum mit einer kleinen Schrankküche befindet sich im ersten Obergeschoss. Er bietet Platz für über sechzig Personen an Tischen. Bei grossen Anlässen dient er als Erweiterung des Restaurants. Er ist unterschiedlich inszenier- und einrichtbar und wird genutzt für Vorträge, Kurse, Gesprächsrunden, das Singen mit Kindern, Spiel- und Filmabende und vieles mehr.

Dach-Lounge für Erwachsene

Der Raum direkt unter dem Dach ist via Treppe oder Lift erreichbar. Er bietet einen gemütlichen Rahmen für kleine Gruppen. Dort findet vieles statt: Gespräche, Sitzungen, Meditation oder Diskussionsrunden und auch Seelsorge. Für das Sonnegg-Team ist der Raum Gold wert. Ort und Ausblick sind traumhaft schön.

Raum für Jugendliche und junge Erwachsene

Der offene Treff befindet sich im Untergeschoss, mit Zugang zum Atelier und zum Garten. Die Jugendlichen haben ihn selbst gestaltet – mit Spielbereich und Sitzgruppe, Bar und Veranstaltungstechnik. Der Raum wird vielfältig genutzt (Events, Filmnacht, Treffen, Angebote usw.).

Atelier mit Gartenteil

Der Werkraum im Untergeschoss mit Gartenzugang gehört zu den Grundangeboten. Manchmal ist er offen und für alle zugänglich. Manchmal finden dort bestimmte Angebote statt: das Basteln am Familientag, Unterricht, professionelle Kurse für alle Altersstufen, Vernissagen, Events …

Weitere Raumbereiche

- Drei Büros für Ansprechpersonen und Gastgebende
- Unterstand für Kinderwagen, Kinderfahrräder und Velos im Garten als Abgrenzung zur Strasse
- Durchgänge zum Gesamtareal
- Der Kirchplatz ist ein beliebter Aufenthaltsort. Wie schon im Generationenhaus Eschenbach dient das Mäuerchen als Sitzgelegenheit. Der Platz wird als Handlungs- und Kulturplattform genutzt, für Hüpfkirche, Ponyreiten, Karussell usw.
- Kirche mit Chor
- Infrastruktur

Überall wurde auf Kinderhöhe, Familienfreundlichkeit und hindernisfreie Zugänglichkeit geachtet: bei Toiletten, Geländern, Garderoben und Parkplätzen.

Das Sonnegg im Betrieb, ab 2015

Das erste Jahr

Wer ist für die Kaffeemaschine zuständig? Wer für welchen Raum? Im ersten Jahr ging es darum, das Haus zu organisieren. Details wurden geregelt, Unstimmigkeiten bereinigt. Markus Fässler fand diese Phase anspruchsvoll: «Aber nachdem man diese Konfliktpunkte geklärt hatte, kehrte Ruhe ein. Alle haben ihren Platz und ihre Funktion gefunden.» Für Claire-Lise Kraft war es ein grosser Aufsteller, «dass wir nach der Eröffnung gleich vierzig freiwillig Engagierte für das *GenerationenCafé kafi & zyt* hatten.»

2016, Jetzt läuft's

Das Team freute sich: Das Sonnegg ist etabliert. Auf operativer Ebene ist es gut geregelt, Leute übernehmen Verantwortung und sind als Gastgebende präsent. Auch die Gäste wissen, wie das Haus funktioniert und nutzen es. Es ist ein Motor, der läuft. Markus Fässler ist erleichtert: «Wir müssen nicht ständig schieben. Es brachte etwas in Bewegung, das in einer guten Dynamik bleibt.»

2017, Evaluation: Der Betrieb ist eine Erfolgsgeschichte

Bei einem innovativen Projekt macht eine Evaluation immer Sinn. In einem Bericht, durchgeführt von Interface Luzern, wurde das Projekt ausgewertet. Alle Involvierten konnten Stellung nehmen: Was ist gut, was hat sich nicht bewährt? Was kann verbessert werden? Das Resultat: Es funktioniert tatsächlich![97]

---

97 ⤓ Interface, Evaluation Familien- und Generationenhaus Sonnegg. Schlussbericht zuhanden der Evangelisch-reformierten Kirchgemeinde Höngg, Luzern 2017. Broschüre und ausführlicher Bericht.

Organisationsstruktur

Das Sonnegg ist organisatorisch beim Team Familien/Generationen angegliedert. Aber es lebt davon, dass Leute, die hier arbeiten, sich selbstständig mit anderen vernetzen können. Es funktioniert faktisch Generationen verbindend. Das Atelier zum Beispiel wird nicht nur von Familien und Generationen genutzt, sondern auch von den Jugendlichen, die zu einem anderen Ressort gehören. Aus Sicht von Markus Fässler ist diese vernetzende Struktur der Kirche ein Stück weit fremd. Deren bestehende Struktur sei eher auf einzelne Generationen ausgerichtet und geprägt durch Angebote wie Gottesdienst, Erwachsenenbildung, Religionspädagogik.

Erfahrungen: Schön, die Leute kommen

Im Rückblick ziehen Sozialdiakonin Claire-Lise Kraft, Pfarrer Markus Fässler und Kirchenkommissionsmitglied Gudula Matzner folgende Bilanz:

Zur Konzeptentwicklung

Von Erfahrungen ausgehen

Das Konzept knüpfte an Bestehendes an. Das Leitungsteam betont: «Wir entwickelten nicht für Leute, die wir gerne hätten, sondern für Leute, die bereits da waren, die wir aus der Kinderkirche kannten und die Interesse zeigten.» Das hat sich ausbezahlt.

Enge Zusammenarbeit zwischen interner und externer Projektleitung

Eine gute und transparente Leitung ist essenziell. Ein Schlüsselpunkt war die Klarheit, wer was macht, sowohl bei den partizipativen Werkstätten wie bei der Produktentwicklung.

Einbezug aller

Bei der Bildung der Projektgruppe wurde darauf geachtet, dass alle Anspruchsgruppen und Positionen möglichst stark vertreten waren. Dieses Integrieren war entscheidend – jeder Beitrag war wichtig und jede Meinung zählte. Genau das bewirkte, «dass die Menschen das Vertrauen bekamen:

Alles wird bedacht und berücksichtigt», stellt Gudula Matzner fest und Claire-Lise Kraft ergänzt: «Am Schluss war das Sonnegg ein Haus von allen für alle. Die Identifikation mit dem, was hier gestaltet wurde, ist gelungen. Diese partizipative Arbeitsweise hat sich auch im Alltag bewährt. Wir haben hier ja auch Menschen, die verschieden denken und verschiedene Bedürfnisse haben.»

Fokus auf den Bedürfnissen und Inhalten

Der Fokus der Konzeptentwicklung lag auf den Bedürfnissen der Menschen und den Inhalten. Es wurde vermieden, sie für Ziele, die es vorher schon gab, zu instrumentalisieren: Die Menschen wurden ernst genommen mit ihren Bildern, ihrer Vorstellung, ihrer Prägung, ihren Anliegen.

Prozessthema Generationenwechsel

Wie bekommen ältere Generationen das Vertrauen, dass *ihr Haus* auch bei Jüngeren in guten Händen ist? Markus Fässler freut sich: «Wir konnten die Sonnegg-Frauen, die dieses Haus während dreissig Jahren betrieben hatten, mitnehmen. Wir haben ihnen quasi ihr Kind weggenommen und sie sind trotzdem mitgekommen. Es gab da und dort Schmerzen, aber keine Brüche. Ohne dieses Mitnehmen gäbe es das Familien-und Generationenhaus nicht. Für mich war es ein Highlight, als jemand bei der Eröffnung sagte: ‹Es ist alles neu, und gleichwohl ist es noch das alte Sonnegg.›»[98]

Offene Kommunikation

Es wurde immer offen informiert, intern wie extern. Die Idee wäre sonst gleich wieder gestorben. Es ist besser, jemanden zu viel einzubeziehen als jemanden zu vergessen. Dank den vorher aufgebauten guten Beziehungen war auch die Unterstützung durch die Presse gross.

Rückblick auf den Betrieb

Entspricht einer Nachfrage

Die Angebote werden gut besucht, auch von Menschen aus kirchenfernen Milieus. Es kommen mehr und auch andere Leute. Die niederschwellige Drehscheibe funktioniert. Man

98 Vgl. Kapitel 13, Prozessthemen.

getraut sich, einfach mal vorbeizukommen, zu schauen und wieder zu gehen. Oder zu bleiben. Es ist gross geworden. Markus Fässler stellt fest: «Wir kennen nicht mehr alle, manchmal eine ernüchternde Realität. Es gibt immer wieder neue Gesichter und neue Kontaktmöglichkeiten.»

Arbeitsinstrument für alle

Für die Pfarrerinnen und Pfarrer, die hier mit Menschen Kaffee trinken, werden neue Kontakte möglich. Das können sie für Angebote zum Beispiel im Bildungsbereich nutzen. Das Sonnegg schafft für alle im Team einen Boden für die ganze Kirchgemeindearbeit.

Treffpunkt, Dorfplatz, Begegnungszentrum, Eventort

Man kommt ins Sonnegg, weil man weiss, dass auch andere da sind. Familien mit Kindern kommen wegen des Spielplatzes, des Kaffees und des Kinderhauses. Das Café wird auch von Teilnehmenden an hochschwelligen Angeboten besucht. Frauen vom Malkurs begegnen Eltern und Kindern, die gerade kochen. Das Sonnegg hat Dorfplatzcharakter. Man kann hier Geburtstag feiern oder sonst ein privates Fest. Das wird von verschiedensten Seiten geschätzt, weil es hier schön ist.

Grundangebote als Motor

Das Herzstück ist das GenerationenCafé mit der Kinderecke und der Verbindung zum Kinderhaus. Es wird rege genutzt, am Vormittag durch die Spielgruppe, am Nachmittag als Spielraum für ältere Kinder. Dazu gehört der Garten. Wichtig ist zudem der Marktplatz mit den Magnetwänden für die Aushänge, dem Flyerständer und dem Begrüssungsbildschirm, wo Infos aus dem Quartier platziert werden können. Dies alles gewährleistet das Funktionieren des Hauses. Diese verschiedenen Schauplätze helfen, dass das Haus von aussen wahrgenommen und besucht wird.

Neue und andere Leute durch das Atelier

Das Haus ist ein Ort zum Sein und ein Ort zum Handeln. Für das Handeln braucht es etwas, das man mit den Händen kreativ machen kann. Dazu dient das Atelier. Es ist ein Bedürfnis für alle Generationen. Der kreative Bereich hat eine andere Klientel ins Haus gebracht. Auch für Vernetzung ist das Atelier interessant. «Die Bewohnerinnen und Bewohner unserer Institution für Menschen mit Handicap haben Bilder gemalt, die im Sonnegg ausgestellt wurden. Das Sonnegg-Team gestaltete für uns einen Flyer. Das war grossartig, dass es ein Haus gibt, das so etwas für uns macht», erzählt Gudula Matzner, die durch das Atelier in Kontakt mit der Kirchgemeinde gekommen ist.

Kommunikationsmittel

Das Sonnegg wirkt nach aussen kommunikativ – durch die Räume, die Leute, die sich hier bewegen, den Infomarkt. Bei einem Taufgespräch weiss die Familie meist bereits, was das Sonnegg anbietet. Das war früher anders.

Zeitgleiche Verknüpfung von Nieder-, Mittel- und Hochschwelligem

Beim *FamilienTag*, einer niederschwelligen Plattform für Kinder und Eltern, wurde die *GeschichtenKiste* integriert. Dort werden biblische Basisgeschichten erzählt, weil in vielen Familien das Grundwissen fehlt. Die einen kommen extra zur *GeschichtenKiste* und gehen danach wieder. Andere bleiben im Kanal des *FamilienTags*, noch andere wechseln hin und her. Durch die Verknüpfung mit dem Niederschwelligem wird etwas Hochschwelliges mittelschwellig. Das ist neu und das Kreative, dass man dies verbindet und parallel anbietet. Weil es am *FamilienTag* angesiedelt ist, getraut man sich, mal reinzuschauen und merkt: Das ist ja spannend – und kommt beim nächsten Mal wieder.

Stärkung des Hochschwelligen und Förderung der Eigeninitiative

Die niederschwellige Drehscheibe trägt dazu bei, dass das Interesse für hochschwelligere Angebote geweckt wird: den *Trauertreff*, die *Herbstzeitlosen*, den Filmabend mit Apéro, den *Spieltreff*, *Frauen lesen die Bibel*, Kulturelles, *Liib und Seel* (Gottesdienst mit Abendmahl und anschliessendem Spaghetti-Essen). Diese Angebote wurden teilweise von den Leuten selbst entwickelt. Auch der *Sunntigstreff* ist eine Eigeninitiative von Familien. Das Leitungsteam gibt den Rahmen und Hilfestellungen, damit es funktioniert.

Rückblick auf den ganzen Prozess

Kirche für das Gemeinwesen

Das Sonnegg wird als offenes kirchliches Angebot und als diakonisches Projekt wahrgenommen und geschätzt. Im urbanen Dorf Höngg ist angekommen, dass die Kirche etwas für das Gemeinwesen macht. Das Image der Kirchgemeinde hat sich dadurch über das Gottesdienstliche hinaus erweitert.

Die Raumsprache schafft Klarheit

Dass die Nutzung, das Ambiente und die Einrichtung der Räume konzeptionell beschrieben und umgesetzt wurden, hat sich bewährt. Die Leute verstehen die Raumsprache intuitiv.

Erweiterung des Pfarrprofils

Wenn Markus Fässler jemanden dabei beobachtet, «wie er Mühe hat, die Türe zu öffnen, dann helfe ich ihm.» Das gehört zu seiner Rolle als Gastgeber im Sonnegg. Die gastliche Haltung wurde im ganzen Team zur Norm.

Fachübergreifendes Teamwork als Motor

Eine einzelne Person hätte ein Projekt wie das Familien- und Generationenhaus nicht zustande gebracht. Es braucht einen Pool verschiedenster Begabungen, die sich ergänzen; in diesem Fall beispielsweise die Zusammenarbeit eines Pfarrers und einer Sozialdiakonin.

Weitergabe des Wissens

Die Stabsübergabe der Sonnegg-Leitung steht aufgrund der Pensionierung des Leitungsteams an. Wie geht das: Erfahrung und erprobtes Know-how weitergeben? Neue Mitarbeitende müssen gut informiert und eingeführt werden, damit die Idee weitergeht.

Zum Modell Generationenkirche

Das Team des Sonnegg beurteilt das Modell Generationenkirche als gut umsetzbar. Markus Fässler erlebte es als integrierend und innovationsoffen: «Es hat mit den fünf Säulen eine Struktur und mit der niederschwelligen Drehscheibe eine inhaltliche Vorstellung. Alle haben Platz. Es ist nie ein Konflikt zwischen alt und neu entstanden, wie sonst oft in Veränderungsprozessen. Es war nie das Thema: Wir verlieren etwas und jetzt müssen alle das Neue machen. Man kann es der Situation und den Menschen anpassen und weiterentwickeln. Das Konzeptionelle bleibt nicht abstrakt, es wird verbunden mit dem Konkreten. Die Offenheit für Innovation spricht mich an.» Claire-Lise Kraft erachtet das Modell als eine Weiterentwicklung des religionspädagogischen Gesamtkonzepts der Reformierten Kirche des Kantons Zürich.

Profil Projekt Sonnegg

16. GLARUS, EVANGELISCH-REFORMIERTE LANDESKIRCHE

Die Landeskirche will mit ihren zwölf Kirchgemeinden nahe bei den Menschen sein und eine kantonale Identität aufbauen. Ein komplexes und anspruchsvolles Unterfangen. Seit 2012 gehören aktive und ruhige Phasen, Krisen und Routenänderungen dazu. Was als Projekt begann, geht als Kirchenentwicklung weiter. Wie wachsen die Kirchgemeinden des Kantons zusammen und wie finden sie zu einer gemeinsamen Sprache?

Beteiligte am Interview

- Christina Brüll Beck, Pfarrerin im Kirchenkreis Glarus Nord bis 2022 mit Schwerpunkt in der Evangelisch-Reformierten Kirchgemeinde Mollis-Näfels. Sie ist von Anfang an auf allen Ebenen dabei. «Es hat eine Menge angestossen. Im Alltag geht es bei mir manchmal etwas unter.»
- Sebastian Doll, Pfarrer in der Evangelisch-Reformierten Kirchgemeinde Glarus-Riedern, Präsident des Kantonalen Kirchenrats seit 2021. Er war im Leitungsgremium. «Ich habe viel gelernt und in die alltägliche Haltung übernommen.»
- Elisabeth Fischli, Sozialbegleiterin, Synodale. Von Anfang an aktiv dabei, engagierte sie sich in der Region und in verschiedenen Kommissionen. «Diese Perspektive: ‹Aha, das ist auch möglich› hat für mich Türen geöffnet. Ich merkte: Da will ich mitmachen.»
- Ulrich Knoepfel, pensionierter Pfarrer auf Kerenzen (Obstalden-Filzbach und Mühlehorn) und ehemaliger Präsident des Kantonalen Kirchenrats. Er hat die Kirchenentwicklung mitinitiiert: «Es war ein langer Prozess, um es in Gang zu bringen. Wir mussten den Kantonalen Kirchenrat, die Kirchgemeinden und die Synode ins Boot holen. Zuerst gab es eine grosse Begeisterung, aber dann natürlich auch Widerstände.»

Steckbrief Evangelisch-Reformierte Landeskirche des Kantons Glarus	
Anzahl Mitglieder	- 12'864 Personen, Abnahme innerhalb der letzten 10 Jahre um ca. 13.5 %
Einzugsgebiet	- Zwölf Kirchgemeinden
Kantonalkirche **Kirchgemeinde**	- Synode (Legislative), Kantonaler Kirchenrat (Exekutive) - Kirchgemeindeversammlung (Legislative), Kirchenrat (Exekutive)
Stellen	- Landeskirche: Zentrale 190 %, Spezialpfarrämter 140 % (Spitalpfarramt, Behindertenpfarramt), kirchlicher Sozialdienst 20 % - 12 Gemeindepfarrämter mit 980 % - Weitere Mitarbeitende in der Verantwortung der Kirchgemeinden (Sekretariat, Unterricht, Musik, Sigristendienst)

Liegenschaften im Kanton	- 18 Kirchen, 13 Pfarrhäuser, 7 Kirchgemeindehäuser/Kirchgemeindesäle/Mehrzweckgebäude, 5 andere Liegenschaften
Steuern Landeskirche	- Landeskirche: ca. CHF 1 070 000 - Kirchgemeinden: ca. CHF 5 600 000
Beratung	- cottier + zogg, Paul Baumann in der Rolle als selbstständiger Coach, Werner Näf/Kirchenweb

Ausgangslage: Wir müssen etwas unternehmen

«Wir hatten das Gefühl, unsere Kirche schläft ein. Wir verlieren Mitglieder, Finanzen, Perspektiven», beschreibt Ulrich Knoepfel die Ausgangslage 2011. Worin die Krise bestand, zeigte sich in den Gesprächen, die mit sechs Kirchgemeinden im Vorprojekt 2012 zuhanden der Situationsaufnahme geführt wurden.

> *Gesellschaftlicher Wandel,* der sich auf die Kirche auswirkt: Dazu tragen viele Fakoren bei wie der Wandel der Bevölkerungsstruktur (Auswanderung der Jungen aus den Berggebieten; Neuzuziehende in Glarus Nord); unterschiedliche Werte und Lebensrealitäten zwischen Alteingesessenen und Neuzugezogenen; die Fusion der politischen Gemeinden in drei Grossgemeinden; Säkularisierung und zurückgehende Finanzen.

> *Milieukonflikte:* Sie zeigten sich als Spannungsfeld zwischen kirchennahen und kirchenferneren Gemeindegliedern. Es kam vor, dass traditionelle Formen gegen moderne Formen ausgespielt wurden. Kirchennahe konnten sich zum Beispiel keinen Tanz-Gottesdienst oder eine Taufe am Wasserfall vorstellen.

> *Zwiespältige traditionelle Kirchenbilder:* Die Kirche ist zwar noch im Dorf, aber es kamen immer weniger Leute in die Kirche, sprich in den Sonntagsgottesdienst. Dies führte zum Gefühl der Erfolglosigkeit, bis zur Identitätskrise. Die Jugendlichen rebellierten gegen den Zwang, Gottesdienste besuchen zu müssen. Die Individualisierung des Glaubens beschäftigte: «Die Leute wollen selbst bestim-

men, was sie wann wo wie nutzen wollen», fasst ein Behördenmitglied zusammen.

> *Kirche als Gruppe einiger weniger Engagierter:* Angestellte und Kirchenräte fühlten sich etwas abseits. Es war schwierig, Ehrenamtliche zu finden. Es engagierten sich nur noch Wenige. Damit nahm die Arbeitslast für die Einzelnen zu, bis zur Erschöpfung. Dies wiederum schreckte andere ab.
> *Leiden an der uncoolen Kirche:* Der Graben zwischen den wenigen Aktiven und den vielen sogenannt Passiven verstärkte das Image der Kirche als Insiderclub. Die Aktiven wurden von aussen als fixe Gruppe wahrgenommen. Die Kirche schien immer mehr an den Rand zu rutschen. An dieser Insidergruppe teilzunehmen, war für viele Menschen nicht oder nur punktuell attraktiv. Wenn man sich trotzdem engagierte, wirkte das wie ein Coming-out. Die Frage stellte sich: Wie könnte man die Kirche für die Bevölkerung wieder attraktiver machen?
> *Konkurrenz untereinander:* Es bestand ein Überangebot. Damit konkurrenzierten sich die Kirchgemeinden gegenseitig. Vieles konzentrierte sich auf die Pfarrperson, welche die Kirche hauptsächlich repräsentierte.
> *Zielkonflikt:* Obwohl Mitglieder und Ressourcen rückläufig waren und sind, wurden immer mehr Angebote geschaffen, die von immer weniger Leuten besucht wurden.
> *Autonomie versus Regionalisierung:* Die einzelnen Kirchgemeinden verstanden sich als autonome Organisationen. Gleichzeitig war das Bewusstsein für die Notwendigkeit von Zusammenarbeit und Vernetzung vorhanden. Aber faktisch bestand wenig Durchlässigkeit zwischen den Kirchgemeinden, obwohl sie zum Teil nahe beieinanderliegen.
> *Fokus:* Der Fokus lag auf den Defiziten und nicht auf den Ressourcen.
> *Viel Potenzial:* Es bestand und besteht bei vielen Gemeindegliedern eine wohlwollende Akzeptanz der Kirche trotz der Ambivalenz ihr gegenüber. Sie steht für die Werte, die man wichtig findet. Attraktive Innen- und Aussenräume, Kulturkirche, innovative Projekte, Präsenz bei den Leuten, engagierte Menschen usw. – all dies stimmte optimistisch.

Projektphasen

Sensibilisierung: Von den Stärken ausgehen

Der Impuls zum Prozess kam vom Pfarrkonvent, der eine Gemeindeentwicklung mit dem Modell Generationenkirche favorisierte. Der Kantonale Kirchenrat, die Kirchgemeinden und die Synode wurden mit Sensibilisierungsveranstaltungen ins Boot geholt und cottier + zogg mit der externen Projektleitung beauftragt, zusammen mit Sebastian Doll und Ulrich Knoepfel. Laut Christina Brüll Beck war das ein entscheidender Moment: «Wir haben die Perspektive verändert. Weg vom Jammern, dass immer weniger Leute kommen, hin zu: Was ist da? Was ist positiv?»

Vorprojekt: Vertrauen gewinnen

Die Glarner legen viel Wert auf Eigenständigkeit. Im Vorprojekt ging es darum, dies zu respektieren und das Vertrauen der teilweise skeptischen Gemeinden zu gewinnen. Das Ziel: Die unterschiedlich grossen Kirchgemeinden werden in ihrem Selbstbewusstsein gestärkt. Sie gewinnen Klarheit über ihre Eigenheiten und Stärken und bringen sich auf regionaler und kantonaler Ebene so ein, dass ein gemeinsames Selbstverständnis wachsen kann. Es braucht eine sensible, die Unterschiede wertschätzende Herangehensweise. «Wir müssen nicht alle gleich sein oder gleich ticken. Jeder hat sein Tempo. Wichtig ist, dass wir uns austauschen», beschreibt Sebastian Doll die Philosophie.

Projektanlage

Der Fokus lag auf dem inhaltlichen Prozess. Folgende Themen sollten bearbeitet werden:

- Zielgruppengespräche
- Spezialitäten der Kirchgemeinden und Vernetzungspotenzial
- Generationenräume schaffen
- Profil Glarner Generationenkirche/Landeskirche
- Dienstleistungsschwerpunkte der Kantonalkirche
- Gemeinsame Kommunikationsplattform
- Anpassung gesetzliche Grundlagen

Das Projekt war in Etappen aufgebaut und wurde in der *Informationsbroschüre zum Reformprojekt Glarner Generationenkirche* verschriftlicht, eine Roadmap bis heute.[99] An Zwischenhalten sollten jeweils die nächsten Schritte präzisiert und der Synode zur Bewilligung vorgelegt werden.

Parallel dazu fand im ganzen Kanton ein zweites extern geleitetes und für alle Kirchgemeinden verpflichtendes Projekt statt: Am *Runden Tisch* wurden dringliche Finanz- und Strukturfragen geklärt, um gemeinsame Grundlagen zu schaffen. Unter anderem entstand ein neuer Finanzausgleich sowie ein für alle Kirchgemeinden verbindlicher Kontenplan.

Das Vorhaben für eine ganze Kantonalkirche war komplex. Der Prozess kam nicht überall gleich flüssig in Gang. Es gab Bremsende und solche, die mitgezogen haben. Dank ihnen konnte man vorangehen. «Ein solcher Prozess funktioniert nur mit jenen, die wollen. *Contre coeur* kann man so etwas nicht umsetzen», bilanziert Ulrich Knoepfel. Qualitätskriterien für einen solchen Prozess sind:

- Visionär und gastlich: Die Grundhaltung in allem
- Konkret und verständlich: Die Kirche rückt näher zu den Menschen
- Selbstbestimmt und beziehungsreich: Die einzelnen Akteure werden gestärkt und eine gemeinsame Identität wird aufgebaut
- Zielorientiert und situationsgerecht: Die Kirche bringt sich in ihrem Umfeld selbstbewusst ein

Etappe 1: Zielgruppengespräche

Die Interviews fanden in 7 Kirchgemeinden mit 222 Personen im Alter von 4 bis 76 Jahren nach dem in Kapitel 3 beschriebenen Konzept statt. Sie waren kantonal organisiert, eine weitere Gelegenheit, über die Gemeindegrenze hinauszuschauen. Die Resultate sind in einer schriftlichen Auswertung dokumentiert.[100] Sie wurden an öffentlichen Meetings diskutiert und in Form von Thesen und Umset-

99 ⭳ Glarner Generationenkirche: Informationsbroschüre zum Reformprojekt für Kirchgemeinden, Synode und interessierte Kreise, Leitungsgruppe Vorprojekt und Vorprojektgruppe zusammen mit cottier + zogg, 2012.

100 ⭳ Zogg: Interessiert, persönlich, präsent, lebensnah.

zungsleitlinien zusammengefasst, die die zukünftige Richtung angeben.[101] Mit den Worten von Ulrich Knoepfel: «Wir lernen, uns mit den Augen unserer Mitglieder zu sehen und gestalten aus diesen Erkenntnissen heraus selbstbewusst unser neues Kirchesein *nahe bei den Leuten*: immer gastlich, oft niederschwellig, in mannigfaltigen Lebensräumen, Kultur- und Handlungsformen.»

Zwischenhalt und Strategiewechsel

Der Zwischenhalt führte zur Veränderung der Projektanlage. Sebastian Doll erklärt: «Wir haben mit Maxi angefangen und gesehen, dass wir das Tempo anpassen müssen. Das war ja einer der Grundsätze, dass es möglich sein muss, den Projektplan zu ändern.» Der Kantonale Kirchenrat übernahm die Leitungsrolle, cottier + zogg wurden für Teilprojekte beauftragt.

Etappe 2: Regionale Angebotsstrategie

Was bieten die einzelnen Kirchgemeinden an? Wo liegen ihre Schwerpunkte? Wo zeigen sich Überschneidungen? Wo ist eine Zusammenarbeit attraktiv? Wie werden der Tourismus, das Kulturelle und die grandiose Berglandschaft integriert? Denn das sind wichtige Faktoren im Kanton Glarus. Von 2015 bis 2017 recherchierten die Kirchgemeinden ihre Angebote und entwickelten eine regionale Zusammenschau. Glarus Nord zum Beispiel schuf ein gemeinsames regionales Programm, strukturiert durch die Alltags-, Lern-, Feier- und Kulturkirche. Christina Brüll Beck sieht viele Vorteile, wenn man regional zusammenarbeitet, weil mehr Ressourcen zur Verfügung stehen. Eine kleine Gemeinde muss das finanziell und personell nicht allein stemmen und sie kann das Mass des Mitmachens selbst bestimmen.

Weitere Etappen

> Bis dahin wirkte das Projekt vor allem nach innen. Das Bedürfnis nach etwas öffentlich Sichtbarem wuchs. Mit dem Projekt *Generationenkirche live 2017* sollte die Bevölkerung die Kirche als attraktiv und überraschend erleben. Grüne Fahnen mit einem grossen hellen *Ja* grüssten von Palm-

---

101 ⤓ Thesen und Umsetzungsleitlinien zu Etappe 1, Evangelisch-Reformierten Landeskirche Glarus, 2014.

sonntag bis Ostern von allen Kirchtürmen und schufen Momente des Gemeinsamen und einen Anlass, über das Ja Gottes zu den Menschen, zur Schöpfung und zur Kirche zu sprechen. Und als Kirchgemeinden am gleichen Strick zu ziehen.

> Die Kantonalkirche schuf ein neues Ressort Kommunikation und erarbeitete einen einheitlichen Webauftritt und ein Konzept.
> Eine Arbeitsgruppe entwickelte das kantonale Leitbild in Form von zwölf Leitsätzen.
> Auch die Räume und Raumnutzungen sind aktuell ein Thema. Es geht um den Erhalt der Liegenschaften und um die Frage: Was soll mit den vielen Kirchen im Kanton Glarus geschehen? Und was ist mit den übrigen Räumlichkeiten? Aus Sicht von Christina Brüll Beck sind Kooperationen mit der Dorfgemeinschaft eine Option: «Wenn man in Mollis ein grösseres Apéro machen will, ist es mühsam, etwas zu finden. Die Kirche möchte deshalb der Dorfgemeinschaft Raum zur Verfügung stellen. Wir haben eine grosse Wiese beim Kirchgemeindehaus und es gibt die Idee, zusammen mit anderen Vereinen ein Begegnungszentrum zu bauen. Ein von der Kirchgemeinde finanziertes Vorprojekt mit dem Familienverein und die Machbarkeitsstudie sind bereits gemacht.»
> An Pfingsten 2022 wurde ein kantonaler ökumenischer Kirchentag durchgeführt, entsprechend dem Geist der Generationenkirche: Die Kirche geht zu den Menschen an ihren Orten.

Erfahrungen: Es hat sich überall etwas getan

Pfarrerin Christina Brüll Beck, Pfarrer Sebastian Doll, Sozialbegleiterin Elisabeth Fischli und Pfarrer Ulrich Knoepfel schauen zurück:

Im Gegenwind

Veränderungsprozesse sind anspruchsvoll. Sie brauchen Zeit und durchlaufen chaotische Phasen. Sie machen Lust und aktivieren Widerstände. «Veränderung setzt Ängste frei. Die sonntägliche Kerngemeinde hatte Angst um ihren

Gottesdienst», konstatiert Sebastian Doll. Dranbleiben erfordert Beharrlichkeit. «Man war ständig im Gegenwind. Das hat viel Energie und Kraft gebraucht. Trotzdem hat sich viel bewegt», findet Elisabeth Fischli.

Zum Verhältnis zwischen Landeskirche, Regionen und Kirchgemeinden

Das Projekt aktivierte die Dynamik zwischen der Landeskirche und den Kirchgemeinden. Einerseits ging es um das Bewahren der Gemeindeautonomie. Andererseits wuchs das Verständnis, dass alle zusammengehören und aufeinander angewiesen sind. Ein diffiziles Gleichgewicht. «Vor dreizehn Jahren hiess es: ‹Mit der Nachbargemeinde wird nicht geredet, jede macht ihr Ding!› Das ist vorbei. Es gibt einen grösseren Zusammenhalt», beschreibt Sebastian Doll die Entwicklung. Für Ulrich Knoepfel hat «der Prozess geholfen, uns als ein Ganzes zu verstehen.»

Mehr regional

Noch vor Kurzem hörte Kirche an den Gemeindegrenzen auf. Durch kantonale Meetings, Kirchenratstreffen und die Entwicklung von regionalen Profilen entstand mehr Durchlässigkeit. Ein Umdenken hat stattgefunden, dass Zusammenarbeit möglich ist. Von grosser Bedeutung war dabei, dass die kleineren Gemeinden nicht unter die Räder kamen, sondern gestärkt wurden und die Erfahrung machten: Wir sind gleichwertig. Es bringt uns etwas, uns als Region zu verstehen.

Kultur-, Alltags-, Feierkirche

Die Differenzierung in die vier Handlungsfelder bewährt sich. Sebastian Doll stellt fest: «Fast alle Kirchgemeinden haben ihre Kulturkirche aufpoliert. Einige Gemeinden haben die Aussenräume für die Alltagskirche attraktiver gemacht, um die niederschwellige Drehscheibe erlebbar zu machen.» Man ist sich bewusst: Kirche hat Raum und ist Erlebnisraum. Elisabeth Fischli erwähnt ein Gespräch mit jungen Taufeltern, die erzählten, dass sie zwar nicht aktiv mitmachen, aber froh sind, dass es eine Spielgruppe gibt und dass die Grossmutter einmal im Monat in der Kirchgemeinde essen kann.

Experimentierraum

Mit dem Projekt Generationenkirche wurde ein Experimentierraum geschaffen, um Neues auszuprobieren und dafür Akzeptanz zu schaffen. Sebastian Doll erwähnt die regelmässigen Übernachtungsaktionen mit Kindern in der Kirche. «Beim Kinderkonzert dürfen die Kinder über die Bänke springen, sie eignen sich den Raum so an. Da läuft etwas Schönes und die Menschen verlieren Vorurteile, beispielsweise, dass man in der Kirche immer still sein muss. So kann man erleben: Der Raum macht Spass. Die Experimentierfreudigkeit hat zugenommen, ausgefallenere Gottesdienste zu machen.» Auch mit der ausserkirchlichen Vernetzung wurde experimentiert. Christina Brüll Beck achtet beispielweise in ihrer Gemeinde drauf, mit dem Familienverein und dem Jugendsport zusammenzuarbeiten, mit denen zusammen ein Pfingstfest durchgeführt wurde.

Der Drive geht verloren

Die Kontinuität in einem längeren Prozess zu wahren, fordert heraus, vor allem, wenn die Behördenmitglieder wech-

Foodsave-Bankett am Glarner Kirchentag

seln. Die Langfristigkeit ist ein Problem. Ein Engagement für vier oder acht Jahre wollen viele nicht.

Komplexität von Entwicklungsprozessen

Kirchenentwicklung ist komplex, insbesondere in grossen Organisationen wie einer Kantonalkirche mit vielen autonomen Kirchgemeinden. Die Anforderungen, damit ein solcher Prozess gelingen kann, sind gross.

Projekt und Prozess

Die Glarner Generationenkirche startete als Projekt. Es ist aber auch ein Prozess, der nicht einfach zu Ende geht. Man muss dranbleiben. Die Kommunikation und Namensgebung müssen sorgfältig überlegt werden. Für Ulrich Knoepfel brauchte es hier eine Anpassung. «Der Name Generationenkirche ist für uns nicht mehr hilfreich, weil die Leute zu fragen begannen: ‹Ist das nun normale Kirche oder Generationenkirche?› Die Sonderbezeichnung hat Verwirrung gestiftet. Wir machen jetzt einfach Kirchenentwicklung, die zu einem schönen Teil auf den Gedanken der Generationenkirche basiert.»

Externe Beratung

Die Glarner Generationenkirche startete mit Externen in der Projektleitung. Für Sebastian Doll schuf dies Verbindlichkeiten: «Wir haben nie so produktiv gearbeitet wie dann, aber es braucht finanzielle Entscheidungen und Leute, die mitgehen.» Nach zwei Jahren entstand der Wunsch, weniger strukturiert und dicht vorzugehen, den Stil zu wechseln, den finanziellen Aufwand zu senken und den Prozess rollender und weniger schriftlich zu gestalten. Aber für Elisabeth Fischli ist klar: «Alleine zu arbeiten, hat uns mehr Energie und Kraft gekostet.»

Wie misst man den Erfolg?

Welche Auswirkungen hat der Prozess auf das Kirchenvolk? Elisabeth Fischli und Christina Brüll Beck finden es nicht so einfach, den Erfolg zu messen. Es geht um nicht greifbare Dinge wie gelebte Haltungen und Werte. Sichtbare Erfolgserlebnisse stellen sich in einem langen Prozess eher langfristig ein. Für Sebastian Doll zeigt sich der Erfolg im Alltag: «Es hat viel angestossen und ermutigt, andere

Sachen zu machen. Das Denken hat sich verändert: die neue Haltung der Kolleginnen und Kollegen, die Offenheit, die sich über die Generationenkirche verbreitet hat. Ich denke an junge Eltern, die vielleicht das letzte Mal bei der Konfirmation in der Kirche waren und nun ihr Kind taufen lassen wollen. Ich frage sie: ‹Wo soll die Taufe stattfinden – beim Wasserfall? Oder im Gottesdienst? Und wann?› Die sind dann überrascht, dass die Kirche so offen und modern ist und haben sofort einen guten Kontakt. Mein Ziel ist, dass, wenn man in der SAC-Hütte mit Freunden am Abend zusammensitzt und die Lästerei über die Kirche losgeht, ein solches Paar dann sagt: ‹Moment mal, wir haben unser Kind taufen lassen, das war cool.› Dann haben wir schon viel gewonnen. Und wenn es nur das Argument ist, nicht den Austritt zu geben. Bei den meisten, die an verantwortlichen Stellen sitzen, ist angekommen: Wir müssen uns reformieren, sonst geht's nicht weiter. Jetzt sehen wir die Früchte. Es hat sich überall etwas getan.»

Zum Modell Generationenkirche

Laut Ulrich Knoepfel animiert das Modell dazu, «die Kirche anders zu betrachten, auch von aussen, und zu sehen, dass die Kirche nicht nur aus Gottesdienst besteht, sondern auch aus ganz viel anderem. Dass die Theologie mehr oder weniger ausgeblendet ist, macht es vielseitig anwendbar für Gemeinden mit verschiedenen theologischen Ausrichtungen. Es können sich viele Leute einbringen.» Sebastian Doll betont, dass es neben dem Werkzeugkasten um einen Paradigmenwechsel geht und um die innere Haltung. «Die Materie ist komplex, mit den nieder-, mittel-, und hochschwelligen Angeboten, den vier Handlungsfeldern, den fünf Säulen. Sich damit auseinanderzusetzen, setzt einiges voraus. Für nicht ganz so ambitionierte Räte und Rätinnen ist es schwierig umzusetzen. Ich finde das Modell trotzdem etwas vom Besten zur Kirchenentwicklung.»

Dokumente zum Prozess in Glarus

17. FLAWIL, REFORMIERTE KIRCHGEMEINDE

Dieses Kapitel erzählt vom Enthusiasmus eines tragfähigen jungen Teams für eine innovative Kirchenentwicklung. «Zuerst denken, dann machen», heisst der Vorsatz. Das Vorhaben ist komplex. Basiskonzept und Identität sind entwickelt. Vieles wird angepackt, von der Alltagskirche mit der Begegnungsplattform über die Feierkirche und Kulturkirche. Die Modernisierung der Kirche mitten im grünen Park und der Experimentierraum Sommer im Feld gehören dazu.

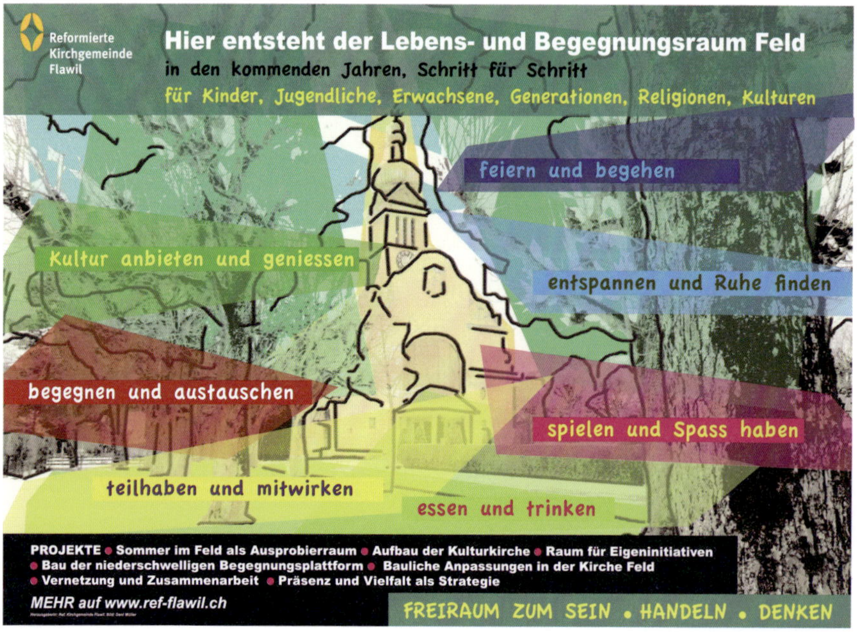

Beteiligte am Interview

- Daniela Zillig-Klaus, Psychologin, Lehrerin, Mutter von drei Kindern, seit 2010 in der Kirchenvorsteherschaft, ab 2014 deren Präsidentin. Das Amt ist mit 45 Stellenprozenten dotiert. «Die Teilzeit-Anstellung ermöglicht mir, mich für den Aufbau der Kirchgemeinde einzusetzen. Ich schätze die Vielseitigkeit und Verantwortung dieser Aufgabe, und dass ich etwas bewegen kann.»
- Mark Hampton, seit 2014 zu 100 % Pfarrer mit den Schwerpunkten Soziales, Diakonie, Erwachsene, Senioren/Seniorinnen. «Ich schätze die tolle Zusammenarbeit in Team und Behörde, die es mir ermöglicht, über die Zukunft der Kirche im Gespräch zu sein.»
- Karin Gubser, Sozialdiakonin, Sozialpädagogin, seit 2020 mit Schwerpunkt Kinder-Jugend-Familie angestellt. Ihre Stelle wurde im Rahmen der Gemeindeentwicklung neu geschaffen. «Ich wurde in Flawil getauft und konfirmiert. Damals konnte man in der Kirche nicht mitreden. Ich war ihr gegenüber wohlwollend distanziert.» Als sie die Stelle ausgeschrieben sah, wusste sie: «So möchte ich gerne arbeiten.»

Steckbrief Reformierte Kirche Flawil	
Einzugsgebiet	- Flawil, Niederwil
Anzahl Mitglieder	- 2549 Personen (2021); Abnahme seit 2014 ca. 9 %
Gremien	- Kirchgemeindeversammlung (Legislative), Kirchenvorsteherschaft (Exekutive)
Stellen	- Pfarramt insgesamt 130 %, Präsidium 45 % Sozialdiakonin 50 %, Jugendarbeiter 50 %, Sekretariat 95 %, Mesmerinnen 100 %, Gastgeberin 20 %, Religionslehrpersonen und Musiker
Liegenschaften	- Areal Feld mit Kirche, Kirchgemeindezentrum und einem grossen Park - Kirche Oberglatt, Kasualkirche, Mitnutzung des Pavillons der katholischen Pfarrei in Niederwil - Diverse weitere Liegenschaften im Finanzvermögen und mit dem Potenzial, finanzielle Mittel zu generieren
Einnahmen	- Steuern ca. CHF 1 319 000

Spezielles	- Ökumenische Zusammenarbeit ist wichtig
Beratung	- Paul Baumann, Arbeitsstelle Gemeindeentwicklung der Evangelisch-reformierten Kirche des Kantons St. Gallen, cottier + zogg, Matthias Hubacher, Architekt

Ausgangslage: Etwas Neues muss entstehen

Die Reformierte Kirche Flawil hat eine bewegte und schwierige Vergangenheit – und immer Wege gefunden, damit umzugehen. «Das hat uns zu Menschen gemacht, die sich für die Kirchgemeinde einzusetzen vermögen. Wir mussten keine Komfortzone verlassen, denn es gab keine», erklärt Daniela Zillig-Klaus.

2014 wurde die Kirchenvorsteherschaft neu zusammengesetzt, beide Pfarrpersonen waren neu. Der Zeitpunkt für Veränderungen war günstig. Man erwartete vom neuen Team einen frischen Wind. Alle sehnten sich nach Erneuerung. Gründe dafür gab es viele: Ein unpraktischer Kirchenraum; das Fehlen von Familien und Kindern bei den Anlässen; nicht zuletzt die Studie des Schweizerischen Nationalfonds mit der Prognose, dass die Reformierten älter, weniger und ärmer würden.[102] «Wir dachten, wenn das so weitergeht, gibt es die Kirche irgendwann nicht mehr. Und doch sind wir überzeugt, dass die Kirche eine Daseinsberechtigung hat», beschreibt Daniela Zillig-Klaus die Motivation, eine Gemeindeentwicklung zu wagen.

Projektphasen und Etappen

Sensibilisierung: Grundlegend hinschauen

Auf der Suche nach einem passenden Vorgehen wandten sich die Flawiler im Jahre 2014 an Paul Baumann, den damaligen Gemeindeentwickler der Kantonalkirche. Aus verschiedenen Gemeindeentwicklungskonzepten wählten sie jenes von cottier + zogg. Die ganzheitliche Sichtweise des Modells Generationenkirche war ausschlaggebend, denn

102 Stolz, Ballif, Die Zukunft der Reformierten, 2010, TVZ.

man wollte grundsätzlich hinschauen: Wer sind wir? Wo stehen wir? Was brauchen wir, um die Reise auf positive Weise fortzusetzen?

Vorprojekt, 2015

Die ersten Hürden wurden überwunden: Das Hauptprojekt war skizziert und die Finanzierung sichergestellt – die Evangelisch-reformierte Kirche des Kantons St. Gallen sagte einen namhaften Beitrag zu. Die Kirchgemeinde stimmte dem Projekt zu – obwohl vorher viel Überzeugungsarbeit nötig war, denn es bestanden viele Einwände: Braucht es das überhaupt? Warum sollen wir uns von aussen dreinreden lassen? Es gab Diskussionen, weil es etwas kostete und weil es als ein längerfristiger Prozess aufgegleist war. Im Rückblick beurteilt Daniela Zillig-Klaus diesen Prozess der Meinungsfindung als zentral, um den Boden für das Projekt zu schaffen.

Etappe 1: Basiskonzept, 2016/2017

Projektaufbau, Auswahl der Beteiligten und Vorgehen orientierten sich am Modell Generationenkirche.[103] Zur Co-Leitung intern gehörten die Präsidentin Daniela Zillig-Klaus und Pfarrer Mark Hampton. Von extern wurden cottier + zogg beigezogen, später der Architekt Matthias Hubacher für Liegenschaftsfragen.

Nach der Analyse der bestehenden Angebote und des Gebäudepotenzials wurde zusammen mit Gemeindegliedern und sporadischer Beteiligung der politischen Gemeinde die Zukunft der Kirchgemeinde entworfen. Dieses erste Jahr war intensiv, weil partizipativ in Workshops zusammengearbeitet wurde. Für den Start war es wichtig, dass sich ein Zusammengehörigkeitsgefühl entwickeln konnte. Als Produkt entstand das Basiskonzept. Es beschreibt die Ziele und Entwicklungslinien und war beziehungsweise ist wegweisend für die weiteren Etappen. Im Basiskonzept ist festgehalten, dass sich die Kirchgemeinde zehn Jahre Zeit für ihre Neuorientierung gibt:

> Sie ist Ort der Orientierung, Akzeptanz und Gastfreundschaft, mitten im Leben und nahe bei den Menschen.

---

103 Vgl. Kapitel 13.

- Sie übt bei allem das Vertrauen in Gott und in die Menschen.
- Sie übersetzt das Evangelium in ihre Haltung, in ihr Wirken und in ihre Räumlichkeiten und weckt damit breites Interesse.
- Sie bietet attraktive Lebens- und Begegnungsräume mit unterschiedlichen Zugängen (Areal Feld, Oberglatt, Niederwil oder in mobiler Form).
- Sie positioniert sich in Dorf und Region als profilierte und präsente, verbindende und glaubwürdige Partnerin.
- Das Selbstbewusstsein der Gemeindeglieder, Teil der reformierten beziehungsweise christlichen Gemeinschaft zu sein, ist gestärkt.[104]

Das Basiskonzept definierte die Liegenschafts- und Angebotsstrategie[105] mit den unverzichtbaren Basisangeboten beziehungsweise Herdfeuern (rot), ihren gut funktionierenden Leuchtfeuern (gelb) und den Innovationsfeldern, die es weiterzuentwickeln galt (grün). Als Zukunftslinien wurden dort festgehalten: Zentrum der Innovation ist das Areal Feld mit der grossen Kirche und dem Park. Dort soll eine niederschwellige Begegnungsplattform für das ganze Dorf geschaffen werden, mit Bezug zur Alltags-, Feier-, Lern- und Kulturkirche. Gleichzeitig bleibt die gesamte Kirchgemeinde im Blick.

Ein Massnahmenkatalog hielt die Teilprojekte fest. Er dient bis heute als Roadmap für das weitere Vorgehen.

Etappe 2, 2018, Konzept Alltagskirche

Neben einem runden Tisch mit lokalen Akteuren und dem Start der Arbeitsgruppe Finanzierung und Organisation standen zwei Massnahmen im Vordergrund. Einerseits *Generationenkirche konkret* [106]. Der Name steht für das unbürokratische Ausprobieren einfacher Ideen und kleinerer Projekte. Dafür wurden jährlich 10 000 Franken budgetiert, die von einer Ansprechperson mit Entscheidbefugnis zeitnah ausgelöst werden können. Andererseits ging es um das Konzept Alltagskirche und die niederschwellige

---

104 ⤓ Basiskonzept Gemeindeentwicklung Flawil, 2017, 5. Mit einem Handout.

105 Vgl. Kapitel 7, Vorgehen zum Entwickeln einer Angebotsstrategie.

106 ⤓ Generationenkirche konkret, Konzept.

Begegnungsplattform Feld.[107] Die Entwicklung einer niederschwelligen Drehscheibe wurde im Basiskonzept als Innovationsfeld definiert. Dazu wurde nun ein Konzept erarbeitet und mit einer Broschüre die Öffentlichkeit informiert. Im Unterschied zur Feierkirche wird in der Alltagskirche kaum ausdrücklich gepredigt. Der ganze Lebens- und Begegnungsort ist *Predigt,* strahlt Liebe und Wertschätzung aus. Im Zentrum der Alltagskirche steht die niederschwellige Begegnungsplattform auf dem Areal Feld. Man kommt und geht zu einem selbst gewählten Zeitpunkt und findet dort verschiedene Handlungsmöglichkeiten – verweilen, essen und trinken, spielen, begegnen und sich austauschen. Die Alltagskirche im Feld ist konzipiert als *Markt* mit verschiedenen Anbietenden der Kirchgemeinde, des Dorfs und der Region. Um das zu realisieren, plant die reformierte Kirchgemeinde einen Neubau. Dieser schafft für das Areal mit den bestehenden Gebäuden und dem grossen Park eine einladende Mitte mit Ausstrahlung. Er wertet die bestehenden Gebäude auf. Das Feld wird zu einem offenen Lebens- und Begegnungsraum für alle Generationen, die Kirchgemeinde und das Dorf.

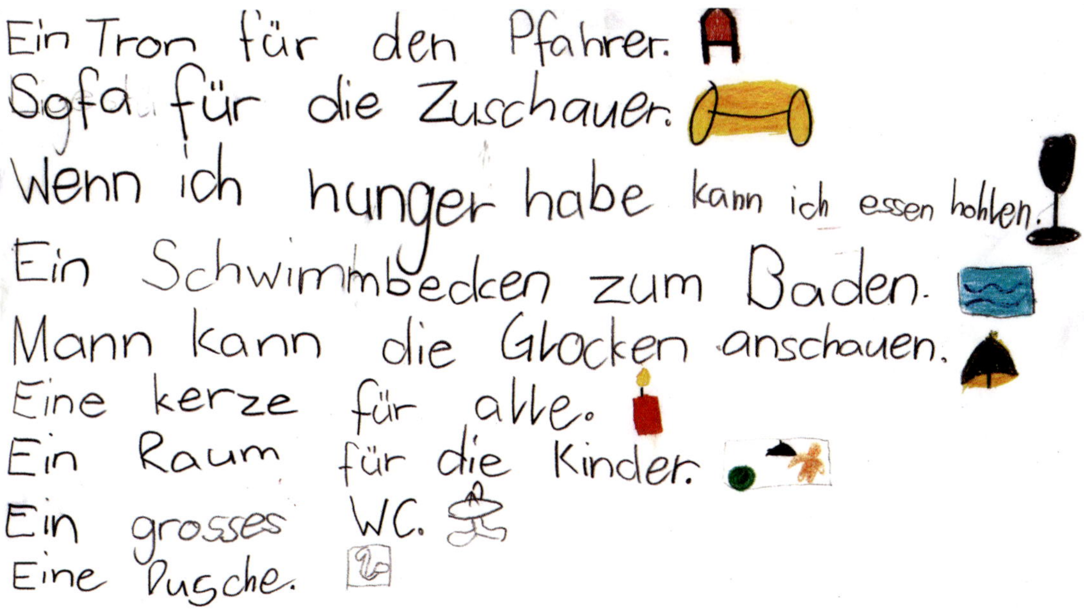

107 Alltagskirche Flawil und die niederschwellige Begegnungsplattform im Feld. Informationsbroschüre zum Konzept, 2018.

Vorgesehen war, mit der Planung der niederschwelligen Begegnungsplattform Feld weiterzufahren. Diese Idee musste aber sistiert werden, da die zugesagten Mittel der Kantonalkirche nicht für ein Bauprojekt verwendet werden konnten. Daniela Zillig-Klaus gibt zu: «Das war ein Frust, als wir nicht mehr weiterzukommen schienen. Ich erinnere mich, wie wir unsere Projektleitungssitzung draussen im Park abhielten. Mark meinte, aus allem ergebe sich etwas Positives. Und schon einige Minuten später war die Idee des Sommers im Feld geboren.» Das Bauliche wurde darauf zeitlich nach hinten geschoben.

Etappe 3: Konzepte und Labor Sommer im Feld

Der Fokus lag nun auf der weiteren Konzeptarbeit und auf dem Projekt in Niederwil. Zudem wurde die Vision zur Kirche Feld entwickelt sowie Erfahrungen mit der niederschwelligen Drehscheibe *Sommer im Feld* gesammelt (vgl. die Unterkapitel *Umnutzung der Kirche Feld* und *Sommer im Feld*).

Vielfältig am Puls. Konzept Feierkirche[108]

Die Kirchgemeinde stellt in dieser Publikation fest, dass es unterschiedliche Gottesdienstgemeinden gibt und sie reflektiert das Gemeinschaftsverständnis. «Wir respektieren, dass die Erwartungen und Bedürfnisse nach Gemeinschaft unterschiedlich sind.»[109] So gibt die Kirchgemeinde das Ideal einer umfassenden Gemeinschaft auf, zugunsten der vielen Teilgemeinden, die sich immer wieder neu und anders zusammenfinden. «Eine liturgische Artenvielfalt ist angesagt.»[110] Deshalb werden verschiedene Formate definiert, die sich im Setting und bezüglich der Zielgruppen prägnant unterscheiden.

Kultur im Feld. Konzept Kulturkirche[111]

In diesem auch der Öffentlichkeit zugänglichen Konzept wird die Kulturkirche als eigenständiges Handlungsfeld der Kirchgemeinde beschrieben, mit dem Label *Kultur im*

---

108 ⤓ Vielfältig am Puls. Konzept Feierkirche, 2019.
109 Vielfältig am Puls, 4.
110 Ebd.
111 ⤓ Kultur im Feld. Konzept zur Umsetzung der Kulturkirche in Flawil, 2019.

Feld. Kultur und Kirche sollen damit näher zusammenrücken. Um das zu realisieren, wird speziell die Kirche Feld zusätzlich zu den Gottesdiensten bespielt. Profis wie Laien erhalten eine Plattform und einen Dialograum. Für nahe, traditionsverbundene wie für wohlwollende und distanzierte Gemeindeglieder werden attraktive Zugänge zur Kirche geschaffen. Die Angebote der Kulturkirche sind in fünf Sparten eingeteilt, die für ein breites Publikum eine kulturelle Vielfalt eröffnen: 1. Familien & Kinder 2. Goll-Orgel 3. Experimentell-Kreativ 4. Gospel 5. Im Dialog (mit Raum für Gespräche).

Ökumenische Adventsjurte Niederwil 2018

Im Basiskonzept wurde festgehalten, dass die Kirchgemeinde auch im eigenständigen Dorf Niederwil präsent sein will. Deshalb wurden für die Niederwiler speziell auf sie zugeschnittene Massnahmen vorgesehen.

In Niederwil wohnen über 300 Reformierte, ca. zwölf Prozent der Gemeindeglieder. Sie sind in einem katholischen Umfeld eine Minderheit. Das ehemalige Bauerndorf mit Anbindung an die Autobahn ist stark gewachsen, vor allem Einfamilienhäuser wurden gebaut. Neben den Alteingesessenen gibt es viele Neuzugezogene, mehrheitlich Familien. Zwischen Niederwil und Flawil liegt eine beträchtliche Distanz, gegenseitig sind weite Wege zurückzulegen. Für die Niederwiler/-innen besteht somit ein grösserer Aufwand, am kirchlichen Leben in Flawil teilzunehmen. Die Erwartung, dass sich die Reformierten der beiden Dörfer durchmischen, ist unrealistisch. Bei der Situationsaufnahme wünschten sich die Niederwiler eine Stärkung des ökumenischen Lebens in ihrem Dorf.

Die reformierte Kirchgemeinde und die für Niederwil zuständige katholische Seelsorgeeinheit boten nun gemeinsam die *ökumenische Adventsjurte* an. Sie diente als Experimentierraum für die niederschwellige Arbeitsweise, mit Spielinfrastruktur, einfacher Bewirtung, Verweilmöglichkeit und adventlichen Glanzpunkten. Die Rückmeldungen waren sehr positiv: Kirchgemeinde und Pfarrei wurden von der Bevölkerung als interessante und verlässliche Partnerinnen für die Dorfgemeinschaft erlebt. Das Projekt zeigte, in welche Richtung ein zukünftiges Engagement gehen könnte, auch bezüglich der ökumenischen Zusammenarbeit.

Etappe 4: Raumfragen und Betriebsorganisation, ab 2019

Wie wichtig die Liegenschaften für die Umsetzung der Vision sind, wurde immer deutlicher. Sie unterstützen oder behindern die Entwicklung. Deshalb wurde eine Liegenschaftsstrategie erarbeitet, die vorsieht, die alten Pfarrhäuser zu verkaufen, um mit dem Erlös die Kirche Feld umzugestalten, eine Begegnungsplattform zu realisieren sowie ein Grundstück der Kirchgemeinde mit einem generationenfreundlichen Mehrfamilienhaus zu überbauen, um für den zukünftigen Betrieb Erträge zu generieren. Diese Bauprojekte sind in Entwicklung und werden durch Fachgruppen begleitet. Die Gemeindeglieder haben regelmässig Gelegenheit, sich zu äussern. Prozessthemen wie Angst vor dem Umbruch, Verlustgefühle oder Neid werden stetig bearbeitet.

Die Erneuerung der Betriebsorganisation war und ist immer wieder Thema. Sie soll die im Projekt gewachsene Leitungsstruktur und die neuen Gefässe zur fachübergreifenden Vernetzung der Mitarbeitenden abbilden. Die Zuständigkeiten der Behördenmitglieder haben sich verändert, der Fokus liegt nun vor allem auf dem Strategischen. Diese Reorganisation ist im Gang.

Aufgeschoben wurde die Erstellung eines Kommunikationskonzepts, um Vorlagen der Kantonalkirche abzuwarten, die an die Flawiler Gegebenheiten angepasst werden können. Die Zeit wird genutzt, um mit Kommunikation zu experimentieren.

Umnutzung der Kirche Feld

Die Kirche Feld, von 1908 bis 1911 von Karl Moser erbaut, hat für Flawil grosse Bedeutung. Sie prägte die Geschichte des Dorfs, ist ein weitherum sichtbares Wahrzeichen und mit dem grosszügigen Park das Zentrum des Lebens- und Begegnungsraums Feld. Aber der frühere Glanz ist verblasst. Mit ihren tausend Plätzen wirkt sie starr und geprägt von einem vergangenen Zeitgeist. Die flächendeckende Bestückung mit fixen Bänken verunmöglicht eine flexible Nutzung. Viele empfinden sie als düster, dunkel und bedrückend. Man fühlt sich in ihr nicht geborgen.

Kirche Feld, Reformierte Kirche Flawil

Bauliche Massnahmen nötig

Die Kirche kann ihre Aufgabe, Menschen zusammenzubringen und zu berühren, nicht mehr erfüllen. Weil sie sich für vieles nicht eignet, finden dort viel zu wenige Veranstaltungen statt – gemessen an der Bedeutung, die sie hat, am Potenzial, das sie in sich birgt und an den finanziellen Mitteln, die ihr Unterhalt jährlich verschlingt. Die Kirchgemeinde ist gezwungen, sie zu modernisieren – oder aber sie aufzugeben. Denn die abnehmenden Mittel machen es unmöglich, in ein Gebäude zu investieren, das den Aufgaben der Kirche nicht dienlich ist.

Die Kirche Feld hat für zukünftige Angebote der Feierkirche und der Kulturkirche grosses Potenzial. Je intensiver sie bespielt wird, umso attraktiver wird der Gesamtraum Feld als Lebens-, Begegnungs- und Kulturraum.

Über kurz oder lang sind bauliche Massnahmen nötig, die eine breite Nutzung ermöglichen, verschiedene Raumbereiche schaffen und die Ausstrahlung des Innenraums aufhellen. Die Kirche Feld soll aufgewertet und in das Geschehen rundherum integriert werden (Park, Begegnungsplattform, Kirchgemeindezentrum, Nachbarschaft).

Die Vision: Der denkmalgeschützte Bau verbindet sich mit der heutigen Lebensweise, die Tradition mit zeitgemässer Formsprache. Die Kirche wird integrierter Teil des Lebens- und Begegnungsraums Feld. Jung bis Alt besuchen und erleben die Kirche Feld beim Feiern, an Konzerten, in Ausstellungen und vielem mehr. Als Rahmenbedingungen gelten: Die baulichen Massnahmen sind überschaubar und entsprechend den Richtlinien des Denkmalschutzes rückbaubar. Die gestalterische und technische Umsetzung wird von Fachpersonen nach der Bewilligung eines Projektierungskredits durch die Kirchbürgerschaft ausgearbeitet.

Die Vision wurde zusammen mit dem Architekten Matthias Hubacher in Abstimmung mit dem Basiskonzept entwickelt und in einem öffentlichen Faltblatt verschriftlicht: Kirche im Feld.[112]

Beharrlich für die Vision kämpfen

Ein Auswahlverfahren für einen geeigneten Architekten folgte. Dieser erarbeitete ein Vorprojekt, in dem die Vision konkretisiert wurde. Die Gespräche mit der kantonalen Denkmalpflege erwiesen sich als schwierig und zogen weitere Kontakte mit dem kantonalen Kirchenratspräsidenten und dem Finanzverantwortlichen nach sich. Die zuständigen Personen der politischen Gemeinde wurden einbezogen, eine Projektberatung durch Prof. Dr. Johannes Stückelberger in Anspruch genommen. Die Beharrlichkeit lohnte sich. Auf beiden Seiten wurden Kompromisse möglich, sodass in einem nächsten Schritt die Diskussion mit der Kirchgemeinde über die Umgestaltung sowie die detaillierte Projektierung aufgenommen werden kann.

112 ⤓ Kirche im Feld. Zu ihrer Bedeutung und zu den baulichen Anpassungen aufgrund der Gemeindeentwicklung, 2019, Faltblatt A3.

DIE TEXTE BESCHREIBEN DIE BEREICHE UND THEMEN, DIE EINE BAULICHE ANPASSUNG ERFORDERN.
DIE ZEICHNUNGEN VON DANIEL MÜLLER SIND IMAGINATIONEN. SIE ZEIGEN DAS POTENZIAL DER KIRCHE FELD.

LICHT UND BELEUCHTUNG

Damit die Kirche zum Leuchten kommt und ihren alten Glanz zurückgewinnt.

Passend zum jeweiligen Anlass können spezifische Stimmungen erzeugt und einzelne Bereiche ausgeleuchtet werden. Das richtige Licht ermöglicht ebenfalls, die Kirchenfenster, die Marmorwand, den Sonneneinfall und das Tageslicht zu akzentuieren.

AKUSTISCHE ANLAGEN FÜR SPRACHE UND MUSIK UND VISUELLE VERANSTALTUNGSTECHNIK FÜR PROJEKTIONEN

Damit die technischen Anlagen den modernen Standards entsprechen und die Attraktivität der Kirche erhöht wird.

BÜHNENRAUM VORNE MIT PODEST UND VERGRÖSSERUNG DES CHORBEREICHS

Damit grössere Anlässe der Feier- und Kulturkirche Platz finden und zur Geltung kommen.

BEWEGLICHE BÄNKE UND STÜHLE

Damit der imposante Raum der Kirche immer wieder neu erlebt werden kann.

BEREICH FÜR MEDITATION, GEBET UND STILLE

Damit alle, die einen Moment innehalten möchten, Raum für Stille und Besinnung finden.

Dieser Bereich ist gut zugänglich und kann spontan oder geplant aufgesucht werden. Er bietet einen geborgenen, intimen Rahmen für kleine Gruppen oder einzelne Personen.

BARBEREICH MIT THEKE UND SITZGELEGENHEITEN IM HINTEREN TEIL DER KIRCHE

Damit rund um die Anlässe Begegnung, Geselligkeit und das Kulinarische nicht zu kurz kommen.

KLEINE, FLEXIBLE BÜHNE

Damit auch kleinere Anlässe gross herauskommen.

Die Bühne kann für kleinere Anlässe aufgebaut werden, zum Beispiel in der Mitte oder an einem geeigneten Platz.

GESTALTUNGSMÖGLICHKEITEN

Damit es genau so ist, wie man es braucht.

Die mobilen Sitzgelegenheiten können je nach Anlass und Bedarf neu gruppiert und zusammengestellt werden, ausgerichtet nach vorne zum Chor, zur Mitte oder schräg. Man kann kleinere und grössere, halbe oder ganze Kreise bilden. So wird es möglich, die Kirche leerzuräumen, um den Raum als Ganzes auf sich wirken zu lassen; oder für Kunstausstellungen; oder ihn mit Tischen zu bestücken, zum Beispiel für ein Bankett.

KINDERBEREICH

Damit Kinder verschiedenen Alters in der Kirche einen Ort «extra für mich» finden.

Die Kinder können sich entsprechend ihrer spielerischen Lebensweise betätigen, fühlen sich wohl und aufgehoben. Der Bereich ist flexibel. Er wird platziert, wo es ihn braucht und kann bei Bedarf weggeräumt werden.

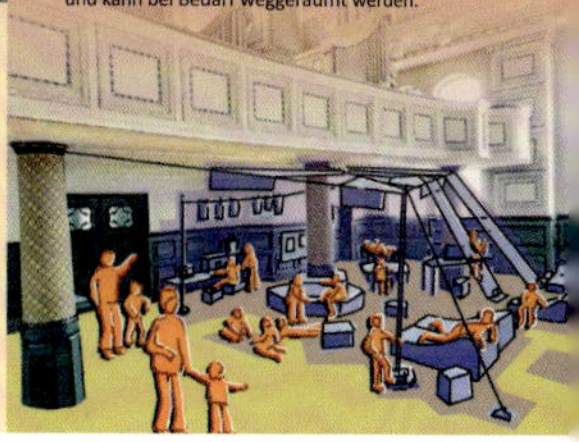

Sommer im Feld

Nach drei Jahren Konzeptarbeit wuchs das Bedürfnis nach etwas Handfestem. Die Kirchgemeinde inszenierte in ihrer Parkanlage den Sommer im Feld, eine temporäre niederschwellige Drehscheibe. Dabei ging es, wie schon bei der Adventsjurte in Niederwil, um viel mehr als um ein Angebot, wie Daniela Zillig-Klaus betont: «Wir haben die Kirchgemeinde für drei Monate total umgebaut, die Kirche anders genutzt, die Mitarbeitenden anders eingesetzt. Das wäre ohne die konzeptionelle Vorarbeit nicht akzeptiert und mitgetragen worden. Der Sommer im Feld ist zudem ein Kommunikationsmittel, um über Kirchenentwicklung zu sprechen und zu zeigen, was die Idee hinter der Generationenkirche ist, warum wir das machen und wie das in

Zukunft weitergehen wird. Zum ersten Mal wurde *öffentlich* sichtbar, was die Generationenkirche bedeutet. Wir konnten ernten, was wir gesät haben. Das machte viel Freude und hat ein gutes Klima geschaffen.»

Steckbrief in Zahlen

- Durchgeführt in den Jahren 2019, 2021, 2022; weitere sind geplant.
- Freiwillige: In der Feldbeiz sowie für die Infrastruktur halfen jeweils über 100 Personen zwischen 2 und 85 Jahren mit. Es zeigte sich: Kurzes, lustvolles Mitarbeiten begeistert, für ein längerfristiges Engagement möchte sich fast niemand verpflichten. Auf der Bühne standen Persönlichkeiten, die meist aus purer Freude ihr Können zum Besten gaben.
- Gäste: Die Anzahl der Gäste variierte stark, von 0 bis 400, abhängig vom Anlass und vom Wetter.

Spaziergang durch die Kulturplattformen

Der Sommer im Feld ist als niederschwellige Drehscheibe aufgebaut. Entscheidend ist, dass er sich im Aussenraum abspielt.

Infrastruktur

Das Herzstück des Sommers im Feld ist das grosse, luftige Zeltdach – ein Dach ohne Wände, schwellenlos und einladend. Hier verweilt man in der Feldbeiz, hier finden kleinere Veranstaltungen statt.

Der Eingang zur Kirche ist fürs Publikum geschlossen (es gibt zum Glück Seiteneingänge), denn er wurde zur Bar umfunktioniert. Nebst einer Theke sind Kühlschränke, Kaffeemaschine, Spültrog und Geschirrspülmaschine vorhanden. Das Foyer der Kirche sowie der hintere Kirchenraum leisten gute Dienste als Küchen- und Lagerraum.

Ein weiteres Zelt auf einem Podest dient als Bühne. Ausserdem wichtig sind die Grillstelle, die Spielinfrastruktur und Verweilmöglichkeiten im gesamten Park.

Die Infrastruktur des Sommers im Feld wird jeweils mithilfe von Freiwilligen an einem Tag aufgebaut, spontan und mit viel Enthusiasmus und Spass. Es ist jedesmal ein Wagnis, ob die Freiwilligen kommen, aber es hat noch immer geklappt, freut sich Daniela Zillig-Klaus.

Gastliche Grundangebote

Spielen, verweilen, sich austauschen, essen – diese Grundangebote bestehen immer auf eine sehr gastliche Art und Weise. Der Sand- und Wasserbereich befindet sich direkt neben dem Spielplatz der Schule. Jung und Alt treffen sich unter dem Zeltdach auf einfachen und bequemen Sitzgelegenheiten. Die Kirchentreppe wird zum Lebensort. Dort spielen Kinder oder man findet zu einem Schwatz zusammen.

Feldbeiz

Der Restaurationsbetrieb ist draussen unter einem grosszügigen Zeltdach eingerichtet. Es ist von Mittwoch bis Sonntag geöffnet. An Werktagen gibt es mittags ein feines Menü, ansonsten ist eine Grillstelle vorhanden, die jederzeit genutzt werden kann. BYO[113] ist akzeptiert, die Preise sind moderat. In der Gastroküche des angrenzenden Kirchgemeindehauses wird gekocht oder ein Restaurant aus dem Dorf wird einbezogen, das das Essen liefert. Ein grosses Team aus freiwilligen Personen wurde geschult, gastgebend zu sein. Meistens ist eine angestellte Person als Ansprechperson anwesend.

Reichhaltiges Programm

Auf dem Teller und auf der Bühne gibt es etwas für jeden Geschmack. Zu den Grundangeboten kommt ein Programm dazu. Es ist in seiner Bedeutung nicht zu unterschätzen, weil es den Lebensraum bekanntmacht. Ob Konzerte verschiedenster Art, gemeinsames Turnen, Hundeberatung, Meditation, Geschichtenstunde, Filmvorführung, Lesung, kulinarische Weltreise, Eltern-Kind-Singen, Kinderflohmarkt, Gottesdienst – den Ideen sind keine Grenzen gesetzt. Der breite Mix des Programms stösst auf grosses Interesse und bietet vielfältige Möglichkeiten der Mitwirkung. Wer die Infrastruktur für ein eigenes Angebot nutzen möchte, kann dies tun und wird dabei unterstützt. Die Dorfbevölkerung schätzt die unkomplizierte Art und leistet gerne einen Beitrag.

---

113 Englisch: Bring Your Own. Deutsch: Bring dein Eigenes.

Atmosphäre

Der erste Eindruck zählt! Die Atmosphäre ist das A und O. Das Team legt Wert auf schöne Einfachheit. Die Möbel sind aus Paletten zusammengeschraubt, die Kissen bequem und in warmen Farbtönen. Auf den Tischen stehen immer frische Blumen vom Feld, abends Windlichter. Das Zelt ist farbig beleuchtet, ermöglicht durch eine ausgeklügelte Lichttechnik und eine Materialsammlung für die Inszenierung. Hintergrundmusik (je nach Anlass) und Informationstafeln heissen schon auf der Strasse willkommen. Zeitschriften liegen auf, dazu Infomaterial zum Sommer im Feld und zum ganzen Projekt.

Atmosphäre entsteht auch durch die gastliche Haltung gegenüber den Gästen. Älteren Personen wird geholfen, kleckernde Kinder sind akzeptiert. Die Gastgebenden sind durch ein einheitliches Shirt gekennzeichnet, das alle mit Freude tragen, von den Freiwilligen bis zur Pfarrperson.

Parkplätze

Für Rollatoren und Kinderwagen ist auf dem Gelände Platz. Speziell geschätzt wird der autofreie Park mit den gefahrenfreien Spielmöglichkeiten für alle Generationen. Autos und Motorräder können auf dem offiziellen Parkplatz abgestellt werden.

Werbung

Flawil wirbt für den *Sommer im Feld* mit einer Website (www.im-feld.ch) und mit Plakaten oder Inseraten im Dorfblatt. Das Design erlaubt sowohl Wiedererkennbarkeit wie Vielfalt.

Kosten 2019

Die Einnahmen betragen CHF 60 500, die Ausgaben CHF 62 500. Das Ziel: Der Sommer im Feld wird nach fünf Betriebsjahren selbsttragend.

Evaluation

Der Versuchsballon *Sommer im Feld* war mit seiner tollen Atmosphäre ein Höhepunkt. Und trifft einen Nerv: Das Zelt könnte von der Nachfrage her das ganze Jahr dastehen. Mark Hampton erwähnt, dass das Team oft darauf angesprochen wird: Er gilt als Leuchtfeuer und zeigt, wie die Generationenkirche zusammenführt und integrativ wirkt. Aber der grosse Erfolg konfrontiert die Kirchgemeinde auch mit ihren begrenzten Ressourcen. Daniela Zillig-Klaus stellt fest: «Diese Intensität, mit der wir den Sommer im Feld gestaltet haben, ist auf Dauer nicht möglich.» Deshalb rücken nun Fragen zur Betriebsorganisation in den Vordergrund, und wie eine permanente niederschwellige Drehscheibe optimal verwirklicht werden kann.

Erfahrungen mit dem ganzen Prozess: Es wird mitgetragen

Präsidentin Daniela Zillig-Klaus, Pfarrer Mark Hampton und Sozialdiakonin Karin Gubser schauen zurück:

Support durch die Evangelisch-reformierte Kirche des Kantons St. Gallen

Die Rückendeckung der fortschrittlichen und zuverlässigen Kantonalkirche war für Flawil eine grosse Hilfe. Diese unterstützte das Projekt für drei Jahre mit einem grossen finanziellen Betrag. Mark Hampton berichtet: «Wir hätten die Kosten nicht allein stemmen können. Ihre Ansprechpersonen nahmen sich Zeit für unsere Fragen. Zwar entsprachen die Antworten nicht immer unseren Wünschen, aber sie haben versucht, mit uns einen weiteren Weg zu entwickeln und gaben uns den Freiraum, vor Ort unsere eigenen Experten zu sein.» Er sieht auch einen inhaltlichen Bezug zwischen der Gemeindeentwicklung in Flawil und dem kantonalkirchlichen Konzept der geistlichen Begleitung. «Was in der Kinder- und Jugendarbeit der Kantonalkirche gedacht und umgesetzt wird, findet bei uns in der gesamten Kirchgemeinde statt.»

Leiten im Team

Die Zusammenarbeit mit Externen im Leitungsteam hat viel gebracht, da die Internen durch ihre Rollen bereits sehr eingespannt waren. Ohne externe Leitung wären sie nie so weit gekommen. Der Aussenblick, die Reflexion über den Prozess und das Vorgehen und die eingebrachten Vergleichsmöglichkeiten waren unabdingbar.

Gemeinsam in die gleiche Richtung

Dass bei einem so grossen Projekt alle mit Begeisterung und Überzeugung mitziehen, ist nicht einfach gegeben. Sind wirklich alle im Boot? Dieses Prozessthema beschäftigte Daniela Zillig-Klaus von Beginn an und bei jeder Etappe immer wieder neu. Bis es endlich klar war, auch aufgrund der positiven Erfahrungen: Kirchenvorsteher- und Mitarbeiterschaft tragen die Haltung und die Entscheide mit, auch wenn nicht alle aktiv dabei sind. Ein Meilenstein.

Über die eigene Identität nachdenken

Daniela Zillig-Klaus stellt im Rückblik fest: Für die Kirchgemeinde mit ihrer bewegten Vergangenheit war es wesentlich, über das Selbstverständnis nachzudenken und dem Herzschlag der Kirchgemeinde nachzuspüren. Das brachte Ruhe und ermöglichte Kontinutität. Für Mark Hampton sind die gastfreundliche Haltung, die Offenheit, das Wohlwollen und das Interesse aneinander Gold wert. «So konnten wir eine Haltung ableiten, von der heute einige sagen, diese sei selbstverständlich.»

Schwerpunkte setzen, Nischen finden

Eine Kirchgemeinde kann und muss nicht alles für alle abdecken. Sie kann ihre Schwerpunkte setzen und das tun, was sie gut beherrscht. Und anerkennen, dass andere gewisse Sachen besser machen.

Kulturkirche als Motor

Die Kulturkirche erwies sich für die Kirchgemeinde als Türöffnerin. Sie weckte Interesse, schuf eine positive Energie und motivierte die Menschen, sich zu entfalten. «Es war farbenfroh und lebendig, die Kinder nahmen sich ihren Raum», blickt Karin Gubser auf die Musicalwoche zurück.

Betriebsorganisation und Personalplanung

Die Gemeindeentwicklung nach dem Modell Generationenkirche verändert die betriebliche Struktur der Kirchgemeinde. Die Präsidentin und der Pfarrer sind sich einig, dass aufgrund der niederschwelligen Zugänge und der vier Handlungsfelder die Betriebsorganisation angepasst werden muss, um bei der Personalplanung Klarheit zu schaffen. Und sie überlegen sich: Welche Berufsgattungen braucht es für das Team, auch neue? Gerade die sozialdiakonische Arbeit im Bereich Kinder und Familien ist wichtig für die Generationenverbindung.

Permanent kommunizieren

Die Kommunikation ist ein Schlüssel für das Gelingen. In der internen Leitung ist man gedanklich an einem anderen Ort als die Leute in der Kirchgemeinde. Deshalb müsse man immer wieder kommunizieren, betont Mark Hampton: «Weil sonst vieles, dass wir gedacht haben, nirgends ankommt.»

Auch die Zusammenarbeit mit nichtkirchlichen Partnern, zum Beispiel mit der Musikschule, ist ein wirksames Kommunikationsmittel. Es signalisiert: Wir sind offen für gemeinsame Projekte.

Der Paradigmenwechsel beschäftigt immer wieder und braucht Zeit. Daniela Zillig-Klaus führte viele Gespräche, zum Beispiel «mit Leuten, die seit der Konfirmation nicht mehr in der Kirche waren. Für Jüngere ist das Leben offener geworden, man sucht sich das, worauf man Lust hat. Bei Älteren ist es schwieriger, den Haltungswechsel zustande zu bringen. Das traditionelle Verständnis ist noch tief verankert. Diese erreicht man am ehesten über die Predigt.»

Zum Modell Generationenkirche

Die Erfahrungen mit dem Modell sind sehr positiv. Daniela Zillig-Klaus fasst dieses mit drei Begriffen zusammen: Gastfreundlichkeit, Zielgruppenorientierung, Akzeptanz der unterschiedlichen Kirchenbezüge ohne zu werten. «Es fördert, anders zu denken. Zuerst kommt das Inhaltliche, dann der Rahmen. Ohne das schneidet man sich schon von vornherein von vielen Möglichkeiten ab. Wir wären nie an dem Ort, wo wir jetzt sind. Aber für Aussenstehende ist das Modell sehr komplex.» Mark Hampton ergänzt: «Es ist nah an der Realität des Kirchenalltags, fundiert und breit. Man kann selber Prioritäten zu setzen.» Zudem stellt er fest, dass sich gewisse Strukturen von jenen der Kantonalkirche unterscheiden. «Die Abweichung von der Kirchenordnung ist ein diffiziler Punkt und braucht da und dort kreative Lösungen. Ich meine aber, das Modell ist der Zeit voraus, es ist die Zukunft der Kirche.»

Persönlicher Gewinn

Daniela Zillig-Klaus gab das Projekt die Möglichkeit, aktiv zu gestalten. «Ohne das wäre ich als Präsidentin nie so nahe an die Menschen herangekommen. Ich habe mein persönliches Netzwerk erweitert und verstehe andere Haltungen besser. Ich habe viel gelernt: Ein Projekt leiten, evaluieren, genau hinschauen und erfassen, besser verhandeln und unsere Anliegen intern und extern vertreten. Ich konnte meine eigene Position festigen und habe Vertrauen gewonnen in unseren Weg. Dank des Projekts bin ich nun fest angestellt, meine Arbeit in der Kirchgemeinde wurde damit legitimiert.»

Für Mark Hampton gehörte es schon immer zu seiner Grundüberzeugung, dass es Aufgabe der Kirche ist, Vertrauen zu stiften. Das konnte er auch mit dem Projekt verwirklichen: Einen gemeinsamen Weg gehen, einen Rahmen bieten, sich öffnen und hören, was Menschen brauchen.

Karin Gubser freut sich, dass aufgrund der Gemeindeentwicklung ihre Stelle entstanden ist: «Die Arbeit und das Umfeld sind unglaublich vielfältig.»

Unterlagen zum Projekt in Flawil

18. LIESTAL, PFARREI BRUDER KLAUS

Wie kam es dazu, womit niemand rechnete – dass die Weiterentwicklung der Gemeinde in ein Bauprojekt mündet? Die Pfarrei fragte sich zu Beginn: «Wer sind wir? In welche Richtung gehen wir?» Angebote und Identität wurden überprüft, Zielgruppen befragt. Der Jurtensommer brachte neue Erkenntnisse und Erfahrungen. Positiv überrascht von der Nachfrage steht die Pfarrei vor grossen Herausforderungen. Ein Neubau, eine Renovation und die Aussenraumgestaltung sind ein Thema. Wie geht der Weg der Öffnung und Gastlichkeit weiter?

Beteiligte am Interview

> Siegfried Bantle, Chemiker im Ruhestand, Präsident der Kirchgemeinde seit 2013. «Im dualen System versucht man Mitdenker, Sparringpartner und Mitarbeitender zu sein und mit den vorhandenen Steuergeldern das Möglichste zu machen.»

> Fredy Dinkel, Physiker mit einer eigenen Firma für Umweltberatungen (Carbotech AG), Dozent an verschiedenen Fachhochschulen. Er wirkt seit 30 Jahren in der Pfarrei mit, von 2008 bis 2017 als Präsident des Pfarreirats. «Spiritualität und Gemeinschaft sind mir ein grosses Anliegen.»

> Peter Messingschlager, Theologe, leitet seit sieben Jahren die Gemeinde. «Ich denke strategischer und nicht mehr nur für einzelne Bereiche.»

> Esther Salathé, Katechetin, Erwachsenenbildnerin, Clownin. Sie arbeitet seit dreissig Jahren in der Pfarrei, aktuell in der Familienarbeit, die Seelsorge, Gottesdienste und Projekte umfasst. U.a. ist sie Co-Projektleiterin im Jurtensommer. «Willkommenskultur bedeutet, dass sich alle willkommen fühlen.»

Siegfried Bantle, Fredy Dinkel und Peter Messingschlager gehören zur Steuergruppe der Gemeindeentwicklung.

Steckbrief Römisch-katholische Pfarrei Bruder Klaus Liestal	
Anzahl Mitglieder	6075, Personen (2021); Abnahme in Prozent, letzte zehn Jahre: 6 %
Öffentlich-rechtlich	Römisch-katholische Kirchgemeinde im Kanton Basel-Landschaft
Kirchlich	Kirchgemeindeversammlung (Legislative), Kirchgemeinderat (Exekutive)
Organe Kirchgemeinde[114] **Organe Pfarrei**	Pfarreirat, Pfarreiversammlung

114 Die unterste Römisch-katholische Gliederungseinheit ist in der Schweiz in ein duales System eingebunden: Als Seelsorgeeinheit heisst sie Pfarrei, als öffentlich-rechtliche Körperschaft ist es eine Kirchgemeinde. Wir verwenden hier das Wort Pfarrei.

Stellen	Gemeindeleitung 100 %, weitere Seelsorger/-innen 125 %, Sozialarbeit 70 %, Familienarbeit 50 %, Katechese 200 %, Sekretariat 85 %, Verwaltung 40 %, Abwart/Sakristan 80 %
Liegenschaften	Areal mit Hof, Kirche, altem Pfarrhaus, Pfarreisaal und weiteren Räumen, Remise, neuem Pfarrhaus, Villa (vermietet), grossem Park Lage: Eingang zur Stadt, in Nachbarschaft zu Kantonsspital, Kantonalbank, Kantonsverwaltung, nicht weit vom Bahnhof
Einnahmen	Steuern CHF 1 500´000, Vermietungen CHF 160 000, Finanzausgleich CHF 76 000. Total CHF 1 740 000
Spezielles	Migrationsgemeinschaften und Vereine
Beratung	cottier + zogg, Jean-Pierre Wymann, Architekt

Ausgangslage: Die Komfortzone verlassen

Ein Wechsel der Gemeindeleitung war der Anlass, sich Gedanken über die Zukunft zu machen. «Zwar ging es uns als Kirchgemeinde und Pfarrei relativ gut», blickt Peter Messingschlager zurück. «Finanziell war es ordentlich. Wir hatten nie Probleme, neues Personal zu finden. Vielen Leuten gefiel unser Angebot, es war wirklich befriedigend. Und doch stimmte manches nicht mehr, es war nicht nachhaltig, brüchig. Wir fühlten und fühlen uns durch die erschütternde Krise der Römisch-katholischen Kirche sowie den schnellen und tiefgreifenden Wandel der Gesellschaft herausgefordert, die eigene Perspektive zu überdenken und das Pfarreileben den Erfordernissen der Zeit und den Bedürfnissen der Menschen anzupassen. Wir haben uns gesagt: Gerade, weil es uns noch gut geht und wir nicht aus einer akuten Notsituation heraus handeln müssen, können wir uns die Zeit nehmen und die Ressourcen einsetzen, um eine Gemeindeentwicklung zu machen.»

Folgende Themen beschäftigten:

Wo stehen wir als Pfarrei, als Kirchgemeinde?

Wo liegen unsere Stärken und Schwächen?

Welche sind unsere Werte, unsere Philosophie?

Wie wollen wir heute Kirche sein, in unserer mitteleuropäischen Kultur, zusammen mit den Migrationgemeinschaften? In welche Richtung wollen wir gehen?

Wie verhalten wir uns zur Krise der Kirche? Was können wir tun, um die Menschen in der Kirche zu halten?

Wie füllen wir die Räume mit Leben? Für welche Zielgruppen, für welche Art von Anlässen wollen wir unsere Räumlichkeiten nutzen? Wie müssen diese aussehen?

Projektphasen

Die Pfarrei ging Schritt für Schritt voran. Jahr für Jahr entwickelte sich in rollender Planung eines organisch aus dem anderen.

2013: Umbruch
Der Priester geht, ein Gemeindeleiter kommt. Die Römisch-katholische Kirche befand sich schon damals in einer Krise.

2014/2015: Brachjahr und Perspektivenwechsel
Alles Betriebliche wurde auf das Notwendige heruntergefahren. Die Pfarrei nahm sich Zeit, in grosser Runde den Wurzeln des Glaubens nachzuspüren. Eine Retraite mit Fulbert Steffensky inspirierte das Team. Er bestärkte es: Ihr habt etwas zu bieten, zeigt euch! Esther Salathé begann, sich Gedanken über die gastfreundliche Kirche zu machen. Fredy Dinkel realisierte: «Einerseits können wir stolz sein auf unsere Traditionen und die Reichhaltigkeit des Christentums. Andererseits ist es Zeit, nach vorne zu schauen und die Herausforderung anzunehmen, diese mit unserem Leben zu füllen.»

2016: Aufbruch, Einbezug einer externen Begleitung
cottier + zogg wurden 2016 kontaktiert und als Beraterinnen engagiert. Peter Messingschlager meint dazu: «Als wir merkten, wie komplex eine Neuorientierung ist, haben wir uns Begleitung geholt. Wir hätten das Projekt nicht alleine durchführen können. Wir schätzen den Blick von aussen, die Struktur. Alle Beteiligten können sich einbringen, ohne dass sie selbst Projektmanagement machen müssen.»

An Retraiten mit Ehrenamtlichen und Freiwilligen, Vereinen und Migrationsgemeinschaften wurden Visionen entwickelt und diskutiert und Rückmeldungen zu den vom Projektleitungsteam ausgearbeiteten Produkten eingeholt. Öffentliche Veranstaltungen informierten regelmässig über die anstehenden Veränderungen.

2016/2017: Situationsanalyse und Angebotsstrategie

Das Anliegen des Teams war, die Vielfalt ernst zu nehmen, näher zu den Leuten zu rücken und die Räume zu öffnen. Anhand der Fragen: Wo ist die Pfarrei stark? Wen erreicht sie womit? wurde eine Übersicht der Angebote erstellt und an einer Retraite analysiert. Es zeigten sich viele Stärken und Potenzial bei der Kultur- und Alltagskirche. «Aber wir hatten kaum Niederschwelliges, wo jemand kommt, sich umschaut und denkt: Aha, hier kann ich einfach mal spontan vorbeigehen. Da haben wir gemerkt, dass sich in der heutigen Zeit die Räume nicht mehr wie von selbst mit Menschen füllen wie noch vor dreissig Jahren», fasst Peter Messingschlager die Erkenntnisse zusammen.

2017/2018: Profilierung

Im nächsten Schritt wurde an einer Retraite das Selbstverständnis entwickelt. Die Beteiligten versetzten sich in einzelne Menschen der Pfarrei (Zielgruppenvertreter/-innen) und nahmen aus dieser Sicht Stellung zu Fragen, die sich mit der zukünftigen Ausrichtung beschäftigten. Als Beispiel: Wie stellst du dir eine Pfarrei vor, die dich interessiert und dir etwas bringt?

Die gesammelten Aussagen führten zum Identitätsprofil.[115] In diesem werden die Situation der Römisch-katholischen Kirche, die unterschiedlichen Kirchenbezüge der Menschen und der Auftrag der Pfarrei explizit angesprochen – sie möchte in allem einladend sein. Auch der diakonische Aspekt ist zentral. Deshalb trägt das Dokument den Titel: «Nah bei Gott – Nah bei den Menschen.»[116]

Die Pfarrei möchte für die Menschen ein gastfreundlicher Ort sein, mit offenen Türen für ihre unterschied-

---

115 ⤓ Pfarrei Bruder Klaus, Liestal, Nah bei Gott – Nah bei den Menschen.

116 Ursprünglich der Leitsatz der Evangelisch-reformierten Kirche des Kantons St. Gallen.

lichen Interessen, Anliegen und Lebenslagen. Sie tut dies aus dem Grundempfinden heraus, reich zu sein: Reich an Menschen, Talenten, Erfahrungen, Räumen und Möglichkeiten. Reich vor allem an Vertrauen auf die Gegenwart Gottes, der uns einlädt und zutraut, an seinem Reich mitzubauen.[117]

2018: Jurtensommer und Zielgruppengespräche

Jetzt war ein Rhythmuswechsel angesagt: Der Jurtensommer diente als Versuchsballon, um die Vision zu konkretisieren. Er wird im nächsten Unterkapitel vorgestellt. Parallel dazu führte die Pfarrei mit siebzig Personen im Alter von 11 bis 78 Jahren Zielgruppengespräche durch, auch mit Gästen des offenen Kirchenparks. Sie überprüfte damit unter anderem, ob die Öffnung der Innen- und Aussenräume akzeptiert würde, und sie sammelte Informationen für deren Gestaltung. Die Umfrage zeigte eine breite Zustimmung zum offenen und vielfältigen Begegnungsraum und dient als Grundlage für die nächsten Schritte.

2019 bis 2022: Planung Bauprojekt

Die bisherigen Schritte festigten die Überzeugung, dass die Pfarrei auf ihrem Weg in die Zukunft ein Bauprojekt an die Hand nehmen will. Zu Beginn des Prozesses wäre dies undenkbar gewesen. Das renovationsbedürftige alte Pfarrhaus soll durch einen Neubau ersetzt, der Aussenraum neu gestaltet, weitere Räumlichkeiten baulich angepasst werden – alles aufgrund des bisher Erarbeiteten. Die Konzepte für die zukünftigen Angebote, die Raumnutzung, den Betrieb und die Finanzierung stehen, eine Machbarkeitsstudie ist durchgeführt. Das Herzstück ist die niederschwellige Zugänglichkeit innen und aussen mit einer gastlichen Atmosphäre und einem Café oder Bistro.

Corona führte zur Verschiebung von grösseren Zusammenkünften und auch zu einer Verschnaufpause. Das Projekt wurde im kleinen Kreis präzisiert. Siegfried Bantle stellt sich nun auf die kommenden Verhandlungen ein: «Jetzt geht es um die Mitspieler und Gegenspieler: Stadt, Kanton, der Denkmalschutz (kantonal und national), die

---

117 ⤓ Pfarrei Bruder Klaus, Liestal, Lebensraum Bruder Klaus, Gastliche Kirche für Jung und Alt. Umbauprojekt 2021 bis 2024, 3.

Ortsbildkommission – eine Herausforderung, der wir uns stellen müssen.»

Nach der umfassenden Orientierung der Öffentlichkeit, unter anderem mit der Broschüre *Lebensraum Bruder Klaus*, bewilligte die Kirchgemeindeversammlung den Kredit für einen Architekturwettbewerb. 2022 wurde das Siegesprojekt präsentiert. Die Realisierung wird für die Jahre 2023 bis 2024 angepeilt.

Jurtensommer ab 2018: Wie ein Festival

Ob die Leute kommen?

Zur Pfarrei gehört ein grosser Park mit alten Bäumen, Wiesen, Nischen und Hängen. Er liegt neben dem Kantonsspital Baselland und ist von dort aus direkt zugänglich, da es zum Glück keine Zäune gibt. Von der extrem befahrenen Strasse aus gesehen liegt er etwas versteckt und dadurch geschützt. Ein Geheimtipp.

Was passiert, wenn dieser Park geöffnet und vielfältig bespielt wird? Mit Grundangeboten und mit einem reichhaltigen Sommerprogramm, an dem ausserkirchliche Partner/-innen partizipieren können. Bei der Kirchgemeindeversammlung vor dem *Jurtensommer* gab es viele skeptische Fragen: Kommen da überhaupt Leute? Funktioniert das wirklich? Werden es nicht wieder die Immer-Gleichen sein, die dann helfen? Aber trotz der Vorbehalte wollte man einfach mal ausprobieren, ob und wie eine niederschwellige Drehscheibe auf Zeit[118] gelingt, dabei Erfahrungen sammeln und herausfinden, was auf Resonanz stösst.

So öffnete die Pfarrei ihre Räume für *Rauszeiten mit unbeschwerten Begegnungen und Erlebnissen.* Der *Jurtensommer* wurde von einem interdisziplinären Team mit Angestellten und Freiwilligen aufgegleist. Ein Fokus lag dabei auf der Kulturkirche. Peter Messingschlager empfiehlt, solche neuen Sachen in einem kleinen Segment auszuprobieren und über einige Jahre. «So merkt man, worauf es ankommt, und entdeckt Dinge, die man sonst nicht beachtet hätte.» Auch aus Sicht des Kirchgemeindepräsidenten ist

---

118 Vgl. Kapitel 8, Die niederschwellige Drehscheibe.

das ein guter Weg: «Da wäre nicht viel verloren gewesen, wenn es nicht geklappt hätte. Aber es hat geklappt!»

In einem Konzept wurden die Leitlinien für den Jurtensommer festgehalten: Der Zweck «besteht darin, den Menschen einen sie wertschätzenden und sinnstiftenden Raum zu bieten. Die Jurte ist Symbol dafür. Die Menschen entdecken die Pfarrei mit ihren Aussenräumen als einen schönen Lebensraum – als grüne Oase inmitten von Liestal. Sie verbringen darin eine gute Zeit. Sie treffen andere, Freunde und Bekannte. Sie fühlen sich wohl. Sie erleben die Pfarrei als offene Gastgeberin. Bei der Gestaltung des Jurtensommers orientiert sich das Team an den grundlegenden Bedürfnissen der Leute.»[119]

Steckbrief Jurtensommer

> Bisherige Durchführungen: 2018, 2019, 2021, 2022, je von Mai bis September
> Ort: Pfarreigarten von der Remise über Spielwiese bis zum Eventbereich unter der grossen Linde
> Organisation: Projektgruppe mit fünf Personen, mit verteilten Aufgaben (Co-Leitung, Programm, Infrastruktur, Finanzen, Öffentlichkeitsarbeit)
> Hauptzielgruppen: grundsätzlich generationenübergreifend; Familien, Jugendliche und junge Erwachsene, Seniorinnen und Senioren
> Partner/-innen: Freiwillige, Firmen, interne und externe Gruppen, Kultur-Anbietende
> Werbung: www.jurtensommer.ch, Pfarrblatt, Gemeindeanzeiger, Lokalzeitung, soziale Medien, Newsletter
> Budget: Sachkosten im ersten Jahr ca. CHF 80 000, danach ca. CHF 30 000
> Personalaufwand: ca. 40 bis 60 %

Spaziergang durch die Kulturplattformen

Annäherungszone

Eine riesige Blache am Kirchturm weckt Aufmerksamkeit und macht die Vorbeikommenden neugierig. Eine Stelltafel informiert über die Aktivitäten. Von der befahrenen Strasse aus sieht man ein grosses Eingangstor, das einen in vielen Sprachen willkommen heisst. Esther Salathé stellt

119 ⤓ Jurtensommer 2019, Konzeptleitlinien,

fest: «Dieses Tor brachte einen Sprung. Dadurch sind viel mehr Leute einfach mal schauen gekommen. Ich wurde oft angesprochen: ‹Ah, ihr macht das toll!› oder ‹Ich wollte eigentlich kommen, habe es aber leider verpasst.›» Unversehends taucht man in eine Oase ein.

Essen und trinken im Grünen

Das Essen wird in Kooperation mit dem nahegelegenen Restaurant Falken, einer sozialen Institution, geliefert. Die Remise dient als Backoffice. Ein 44-jähriger Mann schwärmt: «Im Bistro mit dem Angebot des Mittagstischs ist man in der Natur, im Grünen, an der frischen Luft. Das Angebot ist frei zugänglich, ungezwungen und nicht überlaufen. Das Essen verbindet, man lernt neue Leute kennen. Man kann allein sein, wenn man das will. Es ist eine Abwechslung zum Arbeitsplatz und spricht verschiedene Zielgruppen an.»

Den Jurtensommer gemeinsam aufbauen

Verweilen

Über das ganze Areal verteilt gibt es Orte und Nischen zum Verweilen, im Hof auf den Paletten, auf der Wiese, unter den Bäumen, in der Jurte oder drinnen.

Spielen

Verschiedene Spielbereiche laden Jung und Alt ein, sich zu betätigen. Kleine Kinder geniessen den Spielschopf und den grosszügigen Sandplatz im hinteren Teil des Parks nahe bei den grossen Bäumen. Tischtennis und Tischfussball erfreuen alle Generationen. Auch eine Bocciabahn fehlt nicht.

Programm

Ein vielfältiges und multikulturelles Programm bietet während drei Monaten Besinnliches und Lustiges, Kulinarisches und Spielerisches, Nachdenkliches und Feierliches. Es weckt Interesse und viel Zuspruch und generiert neue Kooperationen und Partnerschaften.

Erfahrungen: Es ist Dynamik drin und macht Sinn

Gemeindeleiter Peter Messingschlager, Projektleiterin Esther Salathé, Kirchgemeindepräsident Siegfried Bantle und Pfarreiratsmitglied Fredy Dinkel ziehen gemeinsam Bilanz.

Rückblick auf den Jurtensommer

> Die Rückmeldungen zur Öffnung der Pfarrei waren sehr ermutigend. Aufgrund der positiven Erfahrungen wurde der Jurtensommer 2019 zum zweiten Mal durchgeführt, nach einer Pandemie-Pause wieder ab 2021. Der zweite Sommer war viel stärker besucht, trotz weniger geöffneter Tage. Im Durchschnitt waren pro Öffnungstag etwa fünfzig Leute da. Viele kamen, weil sie das von jemandem gehört hatten.

> Die gesamtbetrieblichen Erfahrungen sind hilfreich für das geplante Bauprojekt. Auf die Details kommt es an. Zum Beispiel braucht es Stauraum für das Mobiliar des Aussenraums.

> Das Team war überrascht, dass so viele aus der Pfarrei mitmachten, ob beim Mittagsbistro oder bei den Veranstaltungen am Freitagabend. Somit haben die Menschen den Ex-

perimentierraum selber erlebt. Die, die später entscheiden, ob die Pfarrei einen Neubau wagt, haben eine Erfahrung, was das sein könnte und erzählen es weiter.

> Es erforderte Zeit und eine Wiederholung, bis der Jurtensommer bekannt wurde, unter anderem bei den Vernetzungspartner/-innen.
> Auch neue Menschen kamen dazu. Mittlerweile melden sich sogar Leute, die von sich aus etwas anbieten oder mithelfen wollen, ohne dass sie aktiv gesucht werden.
> Laut Peter Messingschlager sind die finanziellen und personellen Auswirkungen auf den Betrieb und die Ressourcen extrem. «Der Kirchgemeinderat ist zum Glück grosszügig und unkompliziert, er hat uns im zweiten Jahr zusätzliche Stellenprozente für dieses Projekt gesprochen. Bis man sieht, ob es sich etablieren kann.»

Rückblick auf den Gemeindeentwicklungsprozess

Es braucht eine Vision

Für Peter Messingschlager ist es wichtig, dass die Identität ausgearbeitet wurde: «Wir wissen, welche Begriffe für uns wichtig sind und uns beim Aufbau von Neuem leiten. Durch die neuen Leute in unserem Team ist sie aber auch in Bewegung.» Der Fokus liegt auf dem Mitnehmen der Menschen, dem Mitgestalten, der Selbstermächtigung. Viele, die von Anfang an dabei waren, sind immer noch dabei, weil sie merken: Es ist etwas Gutes, Frisches, es ist eine Dynamik drin und macht Sinn. Auch neue Leute sind gekommen und engagieren sich.

Beziehungskirche

Für das Team hat sich der Fokus verändert: Begegnung allgemein steht im Mittelpunkt, nicht *nur* Begegnung im Gottesdienst. Peter Messingschlager gefällt deshalb das Motto: *Nah bei Gott – Nah bei den Menschen.* Es erinnert ihn an das Leitwort von Joseph Maria Bonnemain, dem Bischof von Chur: Der Weg der Kirche ist der Mensch. «Für ihn ist Begegnung mit Menschen Begegnung mit Gott. Das erdet unseren Glauben. Es ist egal, mit welchen Absichten jemand kommt, ob er oder sie zufällig hereinstolpert oder ein Seelsorgegespräch will. Das ist die Haltung, die ich zu leben versuche, und die ich mir für unsere Pfarrei wünsche. Dass wir da und offen sind.»

Gesprächskultur

In der Gruppe ist viel passiert. Das Bild der *Kirche als Gasthof*[120] führte zu Diskussionen. Es gab verschiedene Meinungen und man musste sich selbst hinterfragen. Das war wertvoll und gut für den identitätsbildenden Prozess.

Ausserkirchliche Vernetzung

Es ergaben und ergeben sich schöne Kooperationen vor Ort. Die Positionierung als gastliche Kirche bewirkt, dass die Pfarrei positiv wahrgenommen wird. Die Vernetzungspartner/-innen meldeten zurück: «Was ihr macht, ist toll. Wir kommen gern. So gefällt uns Kirche.»

Angebotskonzept

Die Angebote haben einen Schub erhalten. Es gibt viele neue Ideen – zum Beispiel für eine niederschwellige Form eines generationenübergreifenden Gottesdiensts, *Kirche Kunterbunt*. Oder die *Kleiderkammer*, ein diakonisches Projekt. Die Realisierung dieser Ideen hängt nicht nur vom Neubau ab, das Team hat schon damit begonnen.

Kulturkirche

Die Kulturkirche schuf eine neue Plattform für die Kirchenmusik. Zu Musizierenden, die im Rahmen der Kulturkirche konzertierten, ergaben sich neue Verknüpfungen. Wenn man sie für einen musikalischen Beitrag anfragt, freuen sie sich darüber. So wachsen Bekanntschaften. «Diesen Bereich wollten wir eigentlich zuerst auf die Seite schieben, wegen unserer Ressourcen. Und nun entwickelt sich die Kulturkirche prächtig, mit einer ungeheuren Dynamik. Das haben wir jetzt irgendwie als Gottesgeschenk», freut sich Peter Messingschlager.

Es muss schön sein

Für Esther Salathé ist klar: Damit man sich willkommen geheissen fühlt, muss der Ort schön sein. «Unser Garten ist wunderbar. Man kann sein und verweilen, unter freiem Himmel oder im überdachten Bistro. Die Konzertbesucher

---

120 Metapher von Fulbert Steffensky: Wo die Türe offen sind und die Leute ihre Bedürfnisse befriedigen können (mit Stille, Essen und Trinken, Gespräch, Bekanntschaft …).

bleiben zum anschliessenden Apéro, weil sie sich wohlfühlen und merken, dass dies zu uns gehört.»

Neue Rolle: Gastgeberin und Gastgeber sein

Mit dem Jurtensommer hat sich das Rollenbild des Personals um eine schöne Facette erweitert, nämlich die des Gastgebers: Da sein für Gäste, spüren, welche Bedürfnisse sie haben. Peter Messingschlager zum Beispiel setzt sich beim Mittagessen zu den Leuten: «Zu Bekannten, wo ich merke, jetzt haben wir mal Zeit zusammen zu reden. Oder zu Fremden, wo sich Gespräche ergeben. Ich bin erkennbar da als jemand, der hier arbeitet.»

Betriebskonzept

Der Erfolg des Jurtensommers erforderte betriebliche Anpassungen. Siegfried Bantle analysiert: «Es kommt immer mehr dazu. Das führt zur Überlastung von einzelnen Mitarbeitenden. Da ist es wichtig, dass die Verantwortlichen Gegensteuer geben.» Auch für Peter Messingschlager ist klar: «Wir haben das unterschätzt, dass es so gut läuft. Wir müssen nun ein sauberes Betriebskonzept erstellen. Was bringt es an Veränderungen für bestehende Pflichtenhefte? Braucht es neue Stellen und welche? Wenn mehr Leute und Mieter/-innen kommen, wird es komplexer. Es erfordert mehr Organisation und mehr Reinigung. Und eine Zentrumsleitung.»

Experimentieren mit Kommunikation

Die Pfarrei experimentiert mit dem Smartphone und Veranstaltungen via Zoom – angestossen durch Corona. Sie nutzt nichtkirchliche Quellen, die Gemeindezeitung oder Facebook. Mit auffallenden Aktionen (Fahnen, Transparente …) macht sie auf sich aufmerksam. Alle Kommunikationsmittel zielen darauf, Begegnung zu ermöglichen.

Längerfristig ist zu klären: Soll zukünftig ein Schwerpunkt Kommunikation und Organisation aufgebaut werden, mit allen Konsequenzen? Was macht Sinn? Von einem stimmigen Konzept ist Bruder Klaus aber noch weit entfernt.

Wie viel Öffnung verträgt es?

Dass die Kirche sich öffnet, ist ein grosses Thema. Dabei stellte sich immer wieder die Frage, ob zu viel Öffnung wegen der begrenzten Ressourcen der Pfarrei nicht gefährlich sein könnte. Wäre es nicht besser, sich mit den begrenzten Mitteln auf die Leute zu fokussieren, die (noch) da sind? Wo die Grenzen einer Öffnung sind, ist weiterhin ein Thema.

Zum Modell Generationenkirche

Peter Messingschlager fasst zusammen: «Die Systematik, die Struktur und die Art, in einer Zeitschiene zu arbeiten – das ist für uns wertvoll. Die fünf Säulen berücksichtigen alle relevanten Aspekte für einen Prozess. Das Modell – mit dem Niederschwelligen, der Gastfreundschaft, der Partizipation – ist kompatibel mit der Botschaft von Jesus. Für mich war das eine Hilfe, auch bei der Überzeugungsarbeit.»

Dokumente zum Projekt in Liestal

Literaturverzeichnis

Das Handbuch ist ein Werkstattbericht aus der Praxis und in enger Zusammenarbeit mit den Projektgemeinden entstanden. Verweise auf Literatur sind deshalb knappgehalten.

Evangelisch-reformierte Landeskirche Graubünden, GemeindeBilden, Grundlagen zum Bildungsmodell, Modell/Material/Karten, Chur 2012. ⭳

Jan Hendriks, Gemeinde als Herberge, Kirche im 21. Jahrhundert – eine konkrete Utopie, Gütersloh 2001.

Kirche hat viele Stimmen, Hg. Reformierte Kirchen Bern-Jura-Solothurn, Synodalrat, Bern 2013, Texte: Lisbeth Zogg Hohn, PR-Beratung: Karl Johannes Rechsteiner, Grafik: Renata Hubschmied. ⭳

Jörg Stolz und Edmée Ballif, Die Zukunft der Reformierten. Gesellschaftliche Megatrends – kirchliche Reaktionen, TVZ 2010.

Fulbert Steffensky, Das Haus, das die Träume verwaltet. Von der Schönheit tradierter Glaubensformen, verlagsgemeinschaft topos plus, Kevelaer 2014, Bd. 871.

Heinrich Werthmüller, Menschlich Lernen, TZT-Basisbuch, SI TZT-Verlag, 1988.

Monika Wilhelm, Matthias Bachmann: Gemeindeentwicklung in 7 Tagen. Geschichten, Tools, Methoden, TVZ 2021.

Lisbeth Zogg Hohn:

- Erkenntnisse aus den Zielgruppengesprächen. Herzlich, warm und ohne Gefühl von Schranken. In: Kirchliche Elternbildung: vielfältig – inspirierend – offen, Jessica Stürmer-Terdenge, Dorothea Meyer-Liedholz, Hg. Reformierte Kirche Kanton Zürich, 2018, 14–16. www.zhref.ch/intern/religionspaedagogik/lehrmittel/broschuere-kirchliche-elternbildung/broschuere-kirchliche-elternbildung.
- Familienfreundlichkeit entwickeln – das 5-Säulen-Modell für eine Generationenkirche. In: Eltern und Familien in der Kirche. Handbuch. Herausgeberinnen: Dorothea Meyer-Liedholz, Jessica Stürmer Terdenge. TVZ 2017, S. 27–30.
- Generationenkirche aus Berner Perspektive. Konkretion einer alltagsnahen Ekklesiologie. In: Ekklesiologie der Volkskirche. Theologische Zugänge in reformierter Perspektive. Herausgeber/innen: David Plüss, Matthias Wüthrich, Matthias Zeindler. TVZ 2016, S. 255–263.
- Interessiert, persönlich, präsent, lebensnah, Auswertung der Zielgruppengespräche 2014, Evangelisch-Reformierte Landeskirche des Kantons Glarus, 2014.
- Zielgruppengottesdienste innerhalb der Gemeinde. Eine Verhältnisbestimmung zum klassischen reformierten Gottesdienst. In: Der Gottesdienst in der reformierten Kirche – eine Einführung. Herausgeber/innen: Ralph Kunz, Katrin Kusmierz, David Plüss, Matthias Zeindler. TVZ 2017, S. 449–459.

Link

Das Downloadzeichen ⤓ verweist auf die Website www.generationenkirche.ch. Diese wird von der Firma Kontextplan betrieben. Sie bietet:
- Weiterführende Informationen und Tools zu diesem Buch
- Informationen zu kommenden Veranstaltungen, u. a. dem Forum Generationenkirche
- Informationen und Tools zu Beratungen von Kontextplan – Lebensräume mit Qualität

Bildnachweise

Brunhilde Bergmann (11/3, 30)
Barbara Bregy (125)
Orlando Colonello (97)
Danielle Cottier
Markus Fässler
Jean-Claude Graf
Matthias Hubacher (152)
Martin Huber
Martin Jud
Madeleine Kuhn-Baer (252, 261)
Peter Messingschlager
Piotr Metelski
Daniel Müller (264, 275)
Valèrie Poteau (178, 181)
Daniela Zillig-Klaus
Lisbeth Zogg Hohn

Die Bilder, Grafiken und Skizzen wurden zur Verfügung gestellt von:

Reformierte Kirchgemeinde Flawil (11/1, 12, 17/1, 17/3, 18, 28, 49, 52, 64, 112/2, 113, 152, 182, 192, 219/4, 264, 269, 273, 275, 278, 279)
Evangelisch-reformierte Landeskirche Graubünden (212)
Pfarrei Bruder Klaus Liestal (97, 107, 112/1, 116, 132, 184, 187, 188, 191, 219/1, 219/3, 284, 292, 297)
Evangelische Kirchgemeinde Uznach und Umgebung (11/3, 17/2, 47, 67, 157, 158, 170, 173, 219/2, 220, 224, 229, 233, 234)
Reformierte Kirchgemeinde Zürich, Kirchenkreis zehn, Höngg (11/4, 17/5, 38, 59, 101, 137, 141, 144, 219/5, 238, 251)
Fachstelle SpielRaum Bern/Spielbusfüralle (138)
Netzwerk Familien-Generationenkirche (176, 177)
Reformierte Kirche Bümpliz (125)
cottier + zogg (17/4, 21, 26, 31, 32f., 34, 43, 56, 63, 76, 79, 90, 95, 102, 119, 120, 143, 148, 154, 160, 162, 163, 166, 169, 178, 181, 197, 200, 207, 208, 217)

WIR DANKEN

Interviewpartnerinnen und -partner aus Projektgemeinden

Miriam Albisetti
Siegfried Bantle
Barbara Bregy
Christina Brüll Beck
Undine de Cambio
Fredy Dinkel
Sebastian Doll
Markus Fässler
Elisabeth Fischli
Mark Hampton
Karin Gubser
Martin Jud
Ulrich Knoepfel
Claire-Lise Kraft
Gudula Matzner
Peter Messingschlager
Esther Salathé
Matthias Schneebeli
Martin Schranz
Daniela Zillig-Klaus

Weitere Wegbegleiterinnen und Wegbegleiter

Wir danken allen Menschen quer durch die ganze Schweiz, mit denen wir zusammenarbeiten durften, die in irgendeiner Form mitwirkten, die uns inspirierten und die inhaltliche Entwicklung bereicherten. Mit Namen seien hier genannt:

Jacques-Antoine von Allmen
Paul Baumann
Trude Bernoulli
Peter Christinger
Catherine Eigenmann
Matthias Hubacher
Renata Hubschmied
Karl Johannes Rechsteiner
Hans Strub
Jessica Stürmer-Terdenge
Beat Urech
Monika Wilhelm
Peter Wilhelm
Joachim Zahn
Familie Zogg Hohn mit Andreas, Manuel, Alexandra, Julia
Familie Cottier Kernen

Für die grosszügige finanzielle Unterstützung

Reformierte Landeskirche Aargau
Evangelisch-reformierte Kirche des Kantons Basel-Landschaft
Reformierte Kirchen Bern-Jura-Solothurn
Evangelisch-reformierte Kirche des Kantons St. Gallen
Evangelisch-reformierte Kirche Schweiz EKS
Reformierte Kirche Kanton Zürich
Kontextplan – Lebensräume mit Qualität

TVZ-Verlag

Lisa Briner, Verlagsleitung
Bigna Hauser, Lektorat / Manuskriptprüfung
Corinne Auf der Maur, Lektorat / Presse
Mario Moths, Grafik